CORA CINNIÚNA

(An Chéad Imleabhar de Ghearrscéalta 'Mháire')

Séamus Ó Grianna

Niall Ó Dónaill
a roghnaigh agus a chuir in eagar

 AN GÚM

BAILE ÁTHA CLIATH

© Rialtas na hÉireann 1993
Athchló, 2001, © Foras na Gaeilge

ISBN 1-85791-045-1

Criterion Press Teo. a chlóbhuail in Éirinn

Le fáil tríd an bpost uathu seo:
An Siopa Leabhar,   *nó*   An Ceathrú Póilí
6 Sráid Fhearchair,   Cultúrlann Mac Adam - Ó Fiaich
Baile Átha Cliath 2.   216 Bóthar na bhFál
ansiopaleabhar@eircom.net   Béal Feirste BT12 6AH
                                              diana@culturlann.org

Orduithe ó leabhardhíoltóirí chuig:
Áis,
31 Sráid na bhFíníní,
Baile Átha Cliath 2.
eolas@bnag.ie

An Gúm, 24-27 Sráid Fhreidric Thuaidh, Baile Átha Cliath 1.

Clár an Leabhair

Réamhrá

Seo díolaim I de ghearrscéalta le Séamus Ó Grianna, 'Máire', as dhá leabhar déag leis a foilsíodh idir 1940 agus 1968, 27 scéal amach as dhá chéad nó mar sin. D'fhoilsigh An Gúm aon leabhar déag acu ó *Scéal Úr agus Seanscéal*, 1945, go dtí *Oíche Shamhraidh*, 1968. D'fhoilsigh Comhartha na dTrí gCoinneal le Colm Ó Lochlainn *Thiar i dTír Chonaill*, 1940. Níor bhain mé leis an leabhar gearrscéalta dá chuid is iomráití ar fad, *Cith is Dealán*, ar fhoilsigh Cló Mercier eagrán nua de i 1977. Sa leabhar sin, ar ndóigh, atá an gearrscéal is foirfe dár chum sé, 'Grásta ó Dhia ar Mhicí', agus an scéal is greannmhaire, b'fhéidir, 'Mánus Ó Súileacháin'.

Rinne mé an rogha go bunúsach as éagsúlacht ábhair agus as daonnacht in insint an scéil. Ba dhoiligh rogha a dhéanamh ó thaobh stíle nó friotail de, mar go bhfuil caighdeán an-chothrom scríbhneoireachta ag an údar ina cuid scéalta ar fad. Baineann an mhórchuid dá shaothar le saol Rinn na Feirste (Rinn na bhFaoileann nó Rinn na bhFeadóg) sa leathchéad bliain roimh an Chéad Chogadh Mór, mar gurbh é sin an saol ar tógadh leis é agus is fearr a raibh aithne aige air, agus go raibh taca an tseanchais aige le a bheith ag cur leis de réir mar a spreag an inspioráid é.

Tá a lán tráchta ina chuid scéalta ar choraíocht teaghlach le beatha a bhaint as screabáin talaimh fá chladaí na Rosann, an imirce go hAlbain agus go Meiriceá, teacht agus imeacht na hiascaireachta fá na hoileáin, coimhlintí bád agus gaisciúlacht lucht stiúrach nó iomartha, seanfhaltanais idir chomharsana agus mar a leigheasadh cuid acu go tubaisteach, cúrsaí cleamhnais a chuaigh in aimhréidh agus ar phós an ainnir an neamhlaoch, murar éalaigh sí bealach na himirce amach as triantán an ghrá. Tarraingíonn sé téamaí eile air féin as seanscéalta na ndaoine, na hathruithe a tháinig ar dhearcadh polaitíochta an phobail le fás Sinn Féin, tubaistí farraige le linn cogaidh nó stoirme, fiú an chinniúint a chuir beirt dearthár chun lámhaigh le chéile i gCogadh Cathartha Mheiriceá. Tá corrscéal samhaltach aige faoin mhothú atá in intinn an duine ar an tsaol osnádúrtha, agus beagán de scéalta maothchroíocha faoi thimpistí na hóige. Chuir mé isteach mar aguisín scéal leis faoi throid mhadaí, ábhar a raibh dúil mhór aige ann (go háirithe má bhí an bhuaidh le madadh Fheilimí, lena chur sa Táin mar cheann de na curaidh 'ab fhearr idir Gaoth Dobhair agus Gaoth Beara', i gcontrárthacht le 'mílaochas' an scéalaí!).

Níor bhac mé sa chnuasach seo le hathinsintí ar scéalta seanchais faoi Cholm Cille nó Chormac mac Airt, le heachtraí as an Fhiannaíocht nó as an Rúraíocht, nó le corrscéilín staire ar tréimhsí níos faide aniar sa tsaol. Cé go bhfuil stíl ghlan éasca aige sna scéalta sin, mar atá ina chuid scríbh-neoireachta uilig, níl siad dílis go leor do na bunleaganacha, dar liom, le glacadh leo mar fhíoraithris, agus níl go leor de chumadóireacht an údair féin iontu le cruth úr a chur orthu mar scéalta. An áit is gaire a ndeachaigh mé dóibh 'Ar Cheathrú Gheimhridh', faoi bhás Chathail Bhuí Mhic Giolla Ghunna, agus 'Ór an tSagairt', faoi thaisce eaglasta ó aimsir na bpéindlíthe.

Sna sé leabhar de ghearrscéalta leis a foilsíodh sna caogaidí, *Ó Neamh go hÁrainn* go dtí *An Bhratach*, chloígh sé go rialta le foirm ghairid den scéal, cupla míle focal ar fad, mar a bheadh sé ag dréim le spás tomhaiste a líonadh in iris liteartha – cé nach fios dom gur foilsíodh an chuid is mó acu in aon iris riamh. Lean sé go docht iontu le bunrialacha an ghearrscéil, gan imeacht anonn nó anall ón bhuntéama. Chuir sé cruth éasca aithriseoireachta orthu, mar a bheadh seanchaí oilte ag ársaí scéil a raibh bun fírinne leis i dteach airneáin. Scéalta iad a bhféadfaí sásamh ar leith a bhaint astu á léamh os ard do lucht éisteachta. San am chéanna tá cruth liteartha orthu.

Anois is arís cuireann sé cor cliste i scéal atá so-aitheanta mar chleas cumadóireachta. Corruair, ach go hannamh, briseann an ciniceas amach air a bhí coitianta ina dhearcadh ginearálta ar chúrsaí poiblí i ndeireadh a shaoil. Níor bhac mé leis an ghné sin dá scéalaíocht, mar ní raibh i gcuid de ach méar mhagaidh i bpluic aige. Is í an daonnacht an phríomhthréith atá ina chuid scéalta tríd síos.

Niall Ó Dónaill

Bean fána Leanbh is an tAthair i ndiaidh a Mhic

I

Ar Chearbhallán atá na briathra seo maíte sna Rosa. Deirtear gur ar uaigh a charad a chan sé iad agus é ag meabhrú ar an bhrón is troime a ghoineas croí an duine.

Níl a fhios agam cé acu is fíor nó nach fíor nach bhfuil brón ar bith ar an tsaol chomh nimhneach leis an bhrón a bhíos ar an mháthair i ndiaidh a duine clainne. Ach tá a fhios agam go raibh lán a croí de bhuaireamh leatromach ar Nóra Ní Dhónaill nuair a báitheadh a mac. Ní raibh aici de theaghlach ach é. Agus ba mheasa léithi é ná an tsúil a bhí ina ceann.

Is uirthi a bhí an bród as nuair a bhí sé ag éirí aníos ina ghasúr. Agus is uirthi a bhí an brón nuair a tháinig sé i mbun a mhéide agus d'imigh sé ar na soithí.

D'agair sí míle uair é fanacht sa bhaile fá na hoileáin agus a bheatha a shaothrú ar bharr agus ar iascaireacht mar a rinne a mhuintir riamh anall. Ach ní raibh gar ann. Bhí an fharraige á mhealladh ionsuirthi. Is minic a chaith sé tráthnóna samhraidh fá na cladaí ag amharc ar na soithí ag gabháil thart amuigh ag bun na spéire. Is iomaí uair a dúirt sé leis féin gur mhéanar a bheadh ar bord ar cheann acu. Gur dheas a bheith ag imeacht siar, amach siar taobh ba siar de luí na gréine. Bhíodh sé ag smaoineamh agus ag meabhrú ar na scéalta a chuala sé fá shaol mairnéalach. Bhíodh sé ag brionglóidigh san oíche go raibh sé ar bord loinge agus í ag

1

síobadh mara dá bord. Amanna eile go raibh sé ag teacht i dtír i gcuan choimhthíoch maidin samhraidh, spéir ghlan ghorm os a chionn, crainn phailme ag fás ar bhruach an chladaigh, agus fir is mná ina suí ar scáth an duilliúir ag gealgháirí agus ag ól fíona.

Ní raibh gar iarraidh air fanacht sa bhaile. Dá mbeadh ní chorróchadh sé. Nó is iomaí uair a d'agair a athair is a mháthair é ag iarraidh air fanacht.

'Tá an chontúirt sna tíortha coimhthíocha, a mhic,' a deireadh an t-athair, ag iarraidh comhairle a chur air. 'Agus fanadh achan duine amach uathu. Bíonn an uile chineál daoine ar na soithí sin. Daoine nach síilfeadh a dhath de do roiseadh le scian ach oiread is a shílfeadh fear againne de scadán a roiseadh ag baint an mheanaigh as. Chonaic mise iad fá na bailte cuain in Albain. Throidfeadh fear acu lena scáile. Agus bíonn an mhideog chomh réidh leis an fhocal ag a mbunús.'

'Órú, an fharraige bhradach,' a deireadh an mháthair, 'is iomaí duine riamh a bháith sí. Ar ndóigh, tá sé canta gur dual di a ghabháil isteach i dtrí ghogán cárta Lá an Bhreithiúnais le heagla roimh fhearg Dé.'

Ach ní raibh gar ann. Ní fhanfadh sé sa bhaile. Agus nuair a chonaic a mhuintir gurbh é an t-imeacht é thoisigh siad a thabhairt comhairleacha dó. Thaobh a mháthair leis droch-chuideachta a sheachnadh. D'iarr sí air a urnaí a rá maidin is tráthnóna agus a ghabháil chun faoiside is chun comaoin-each chomh minic is a thiocfadh leis. Thug sí Coróin Mhuire dó a fuair ·sí i Loch Dearg nuair a bhí sí ina cailín óg. Ansin thug sí léithi Bratach Bhríde, ghearr cupla píosa beag thrí gcoirnéal aisti agus d'fhuaigh iad taobh istigh de chúl an mhuineáil ar a chuid léinte. 'Sábhólaidh sin thú ar an anbhás,' ar sise. 'Nuair a bheas na léinte atá agat caite bain díobh an bhratach agus fuaigh ar na rudaí úra iad.'

An tráthnóna sular imigh an stócach bhí an mháthair sa bhóitheach ag bleán na bó, agus ní raibh istigh ach an t-athair is an mac.

'Anois, a mhic,' arsa an t-athair, tabhair aire mhaith duit féin.'

'Ó, ní heagal domh,' arsa an fear óg.

'Den imirt an coimhéad,' arsa an t-athair. 'Ná bí araiciseach choíche chun troda. Seachain í a fhad is a thig leat. Ach má tí tú nach bhfuil seachnadh le déanamh uirthi bíodh an chéad bhuille agat. Sin comhairle a bheireadh m'athair go minic dúinn fada ó shin, go ndéana Dia a mhaith ar an duine bhocht.'

Chuaigh sé suas chun an tseomra agus bhain sé an glas de bhocsa a bhí ann. Tháinig sé anuas ar ais agus scian leis a bhí tuairim is ar shé horlaí ar fad. Bhí lann chaol de chruaidh ghil inti agus barr uirthi chomh géar le snáthaid. Bhí cás d'adhmad mhín chruaidh uirthi agus fáinne trom práis ar gach ceann de. Nuair a bheadh sí sa chás shílfeá nach raibh inti ach feadán gan urchóid mar a bheadh cos liáin ann.

'Sin acra a bhí le d'uncal Séimí, as Meiriceá,' arsa an t-athair. 'Bhíodh cupla ceann acu ar iompar leis nuair a bhí sé amuigh sna tíortha cúil. D'fhág sé í sin agamsa ag imeacht go deireanach dó. Ar ndóigh, chan gnoithe ar bith a bhí agam léithi riamh, glóir do Dhia. Ach bíodh sí agatsa anois. Níl a fhios cá huair a thiocfadh ort.'

Bheir an stócach uirthi agus bhreathnaigh sé í ar feadh tamaill. Agus ansin chuir sé ina phóca í.

Ar maidin an lá arna mhárach d'imigh sé. Chuaigh sé anonn go Glaschú agus chuaigh a dh'obair. D'oibir sé ansin a cúig nó a sé de sheachtainí, go dtí go dtáinig soitheach isteach maidin amháin, an ceann a raibh sé ag feitheamh léithi. Bhí fear ar an tsoitheach seo a raibh aithne aige air. An fear a gheall dó go raibh áit fána choinne. Seachtain ina dhiaidh sin chuaigh sé ar bord agus d'imigh.

II

Oíche gaoithe móire i lár an dúgheimhridh. Chuaigh Nóra Rua agus a fear a luí an oíche sin, ach má chuaigh ba chorrach a chodail an tseanbhean. Bhí sí mar a bheithí á thaibhsiú di go raibh a mac i gcontúirt. Go raibh sé amuigh frid na bristeacha agus an báthadh ag teacht.

I ndiaidh an mheán oíche thoisigh sé a chur air. Agus i gceann chupla uair ina dhiaidh sin bhí roisteacha gaoithe móire ann chomh tréan agus a tháinig le cuimhne na ndaoine.

Mhuscail Parthalán Ó Dónaill, d'éirigh sé agus tharraing air a bhríste.

'Cá bhfuil tú ag brath a ghabháil?' arsa an tseanbhean.

'Go giall an tí,' ar seisean, 'go bhfeice mé goidé an aird ghaoithe atá ann, nó goidé an cruth a bhfuil an lán mara ann. Tá an bád i ndrocháit má théid an ghaoth amach.'

'Agus, ar ndóigh, a rún,' arsa Nóra, 'chan a dhath a thiocfadh leat a dhéanamh léithi dá mbeadh sí á briseadh os coinne do dhá shúl.'

'Thiocfadh liom cuid stócach Mhicheáil Éamoinn a chur ina suí,' arsa Parthalán, 'agus chuideochadh siad liom a tarraingt aníos sa chaslaigh.'

'In ainm Dé fan go dtara solas an lae,' arsa an tseanbhean.

'Ní rachaidh mé chun an chladaigh liom féin, ná bíodh eagla ort,' arsa Parthalán. 'Níl mé ach ag gabháil go giall an tí go bhfeice mé goidé an chuma atá ar an ghaoth is ar an lán mhara.'

Chuir sé seanchóta mór anuas fána uachtar, d'fhoscail doras an fhoscaidh agus chuaigh amach. Sheasaigh sé tamall ag giall an tí agus é ag amharc ar an fharraige. Bhí oíche gharbh ann gan bhréig ar bith. Tuargan millteanach ag an ghaoth agus ag na tonna agus ceatha dubha amuigh ag bun na spéire. Sheasaigh Parthalán ansin ar feadh tamaill. Sa deireadh phill sé chun an tí agus dhruid sé an doras.

'Tá oíche léanmhar ann,' ar seisean. 'Ach ina dhiaidh sin tá briseadh foscaidh ag an bhád leis an aird ghaoithe atá ann. Sílim, in ainm Dé, go rachaidh mé a luí go dtara solas an lae.'

'Is beag an chiall duit sin, a rún,' arsa an tseanbhean.

'Tá sé chomh maith againn féacháil le néal a chodladh,' arsa Parthalán.

'Níor chodail mé aon néal ó luigh mé,' arsa an tseanbhean.

'Leoga, ní raibh sé mór ar chodail mé féin,' arsa Parthalán. 'Bhí mé imníoch fán bhád sin.'

'Bíodh aici,' arsa Nóra. 'Má bhristear féin í, ár dtubaiste léithi.'

'Améan, a rún,' ar seisean.

Thost siad ansin. Lig achan duine acu air féin go raibh sé ina chodladh. Ach níor chodail ceachtar acu aon néal go maidin.

Eadar sin is tráthas thoisigh sé a shocrú. Agus cé go raibh gála cruaidh ann teacht an lae fuair an seanduine uchtach éirí go dtéadh sé chun an chladaigh. Nuair a bhí an lá glan chuaigh sé amach agus dhruid sé an doras ina dhiaidh. Chuaigh sé soir go dtí an áit a raibh an bád feistithe agus d'amharc sé uirthi. Bhí foscadh maith aici i rith na hoíche agus ní dhearnadh a dhath uirthi. Ach bád Mhicheáil Éamoinn a bhí ar an taobh eile den ghob, bhí sí ina smionagar ar an chladach.

★ ★ ★

Tamall ina dhiaidh sin chuaigh Micheál Éamoinn agus a chlann mhac síos chun an chladaigh go bhfeicfeadh siad goidé an cruth a raibh a mbád ann. Nuair a bhí siad ag tarraingt síos ar an chaslaigh d'amharc fear de na stócaigh amach bealach na farraige agus chonaic sé mar a bheadh crann soithigh ann giota amach uaidh.

'Goidé rud sin amuigh, a athair?' ar seisean.

'Cá háit?' arsa an t-athair.

'Amuigh ansin, taobh thiar den Bhulla Dhearg,' arsa an stócach.

'Cumhdach Dé orainn!' arsa Micheál Éamoinn. 'Tá soitheach briste ar na Doichill. Agus iomlán báite. Nó ní tháinig aon fhear beo dá corp sa mhórtas a bhí aréir ann. Coisreacadh an Athar Shíoraí orainn!'

'Ó, a athair, tá an bád ina conamar,' arsa an fear ab óige de na stócaigh nuair a tháinig siad ar amharc na caslach.

D'amharc Micheál Éamoinn síos ar chupla maide casadhmaid a bhí á luascadh ag an toinn i mbéal na trá. 'Tá sí ina conamar, a mhic,' ar seisean. 'Ach bíodh aici. Ár dtubaiste léithi. Is beag an chaill í le taobh na gcréatúr a fágadh ar na Doichill aréir.'

Chuaigh siad síos na fargáin go raibh siad ag bun na mbeann. An dara rud a chonaic siad rafta garbh caite ar leic a bhí ann.

'Mo thruaighe!' arsa Micheál Éamoinn, 'thug cuid acu iarraidh an cladach a bhaint amach.'

Leis sin féin tí siad fear ina luí báite taobh thoir de Ghob na Dumhcha. Agus fear eile agus fear eile.

★ ★ ★

D'éirigh an scéala amach go raibh soitheach briste ar na Doichill agus cuid den fhoirinn ina luí báite fá thír. Agus i bhfaiteadh na súl bhí a raibh ar an oileán, ó dhuine liath go leanbh, ina rith chun an chladaigh. Chomh luath agus a chuala Nóra Rua an scéala thoisigh sí a chaoineadh agus siúd sa tsiúl í chomh maith le duine. Bhíothas á thaibhsiú di go raibh a mac ar dhuine den fhoirinn agus go raibh sé báite. Ar a theacht chun an chladaigh di fuair sí trí coirp ina luí ar na leacacha. Chuaigh sí anonn a fhad leo agus d'amharc sí orthu. Fir mheánaosta a bhí iontu, féasóg dhruidte ar achan fhear acu agus aghaidheanna coimhthíoch. Thiontóigh sí cúl a cinn leis na coirp agus leis an tslua a bhí cruinn orthu agus d'imigh léithi soir bealach na Reannacha Gairbhe. Amuigh thoir ag taobh na reannach chonaic sí toirt ina luí i mbéal na trá. Shiúil sí caol díreach a fhad leis. Bhí fear ansin ina luí báite. D'amharc sí air, ach bhí sé as aithne. Ní raibh béal ná súil ann nach raibh steallta as ag na tonna, á ghreadadh in éadan na mbeann. Chonacthas di go raibh sé cosúil lena mac ina mhéid agus ina chrothaíocht. D'amharc sí ar a cheirteach ach ní raibh a oiread is aon bhall amháin air den éadach a bhí lena mac ag fágáil an bhaile dó. Chuartaigh sí a phócaí, ag déanamh go mbeadh an Choróin Mhuire iontu a thug sí dó an oíche sular imigh sé. Ach ní raibh. Sa deireadh thiontóigh sí anuas muineál a gheansaí, agus baineadh scread léanmhar chaointe aisti. Bhí píosa beag thrí gcoirnéal de Bhratach Bhríde fuaite ar an léine i gcúl an mhuineáil.

Chrom sí anuas ar an chorp. Thóg sí aníos an chloigeann eadar a lámha agus phóg sí í. 'Órú, a leanbh, a leanbh,' ar sise, agus thoisigh sí a chaoineadh chomh hard is a bhí ina ceann.

Ba truacánta an t-amharc é. An stócach ina luí báite i

mbéal na trá maidin gheimhridh agus a mháthair á chaoineadh. Bhí sé ina luí ansin ar an tráigh, an áit ar ghnách leis a bheith ag déanamh tithe beaga sa ghaineamh nuair a bhí sé ina ghasúr. Bhí spéir nimhneach dhuibhnéaltach ann, agus an fharraige ina cáir gheal agus treallta liathghlasa inti. An fharraige a raibh gnúis shoineanta uirthi fada ó shin nuair a bhíodh an gasúr ag cur blaoscacha ruacan ar snámh uirthi.

'Órú, mo leanbh agus mo leanbh go deo,' a deireadh Nóra agus a croí á réabadh le buaireamh. Ach sin a dtiocfadh léithi a rá. Bhí sí mar a bheadh duine ann a chaillfeadh a mheabhair agus a stuaim. Bhí an brón uirthi a bhíos ar bhean fána leanbh.

Sa deireadh amharcaidh sí siar agus tí sí cuid den tslua ag tarraingt aniar. Thug sin chuici féin rud beag í. Dar léithi féin, tá Parthalán sa scaifte sin. Nach trua é! Brisfidh sé a chroí. Gheobhaidh sé bás den bhuaireamh. Agus ansin smaoinigh sí go gceilfeadh sí air é. Scaoil sí na greamanna a bhí sa phíosa bheag de Bhratach Bhríde a bhí fuaite ar an léine agus d'fholaigh sí ina hochras é. Dar léithi féin, anois ní bheidh comhartha ar bith air a aithneochas an t-athair. Parthalán bocht! Ghearrfadh sé a shaol!

Chuaigh sí ar a glúine sa ghaineamh agus d'amharc sí in airde ar na spéartha. 'A Mhaighdean gheal Mhuire,' ar sise, 'a chonaic d'aonmhac spólta ar chrann na croiche, cuidigh liom an t-ualach seo a iompar orm féin.'

D'imigh sí thart soir i gcúl an ghoib agus bhain sí an teach amach. Ní fhaca aon duine í, an bealach a bhí léithi, nó bhí a raibh ar an oileán thíos fá na cladaí. Bhí eagla uirthi nach dtiocfadh léithi a buaireamh a cheilt dá bhfanadh sí go dtaradh na daoine a fhad léithi.

Nigh sí a haghaidh le huisce fuar agus nuair a tháinig sí chuici féin eadar sin is tráthas chuaigh sí síos chun na trá ar ais. Bhí an cladach cuartaithe ag na daoine an t-am seo. Bhí ceithre coirp sínte le taobh a chéile ar leic na feamnaí agus scaifte fear ag teacht anoir an tráigh agus an cúigiú corp leo á iompar ar comhla. Bhí Parthalán Ó Dónaill sa tsiúl agus cuma bhrúite i gceart air, mar a bheadh sé ag smaoineamh nach raibh a fhios cén lá nó an oíche a bhainfeadh an tubaiste chéanna dá mhac féin. Dar le Nórainn, a Pharthaláin bhoicht, is beag a shíleas tú gur tórraimh do mhic atá ansin agat!

An méid de na coirp a tháinig fá thír cuireadh iad i reilig Mhachaire Maoláin. Chuaigh muintir an oileáin uilig chun an tórraimh. Ghoil Nóra Rua go géar goirt nuair a chonaic sí an chréafóg ag folach na gcónrach. Ach níor chuir aon duine iontas ansin. Bhí a raibh de mhná sa reilig ag gol. Rud truacánta a bhí ann. Ag amharc ar na créatúir ag gabháil i gcré, i bhfad óna ndaoine eadar dhá dtír.

'Cad chuige a bhfuil tú ag caoineadh?' arsa Parthalán léithi tráthnóna an lae sin. Tháinig sé isteach go tobann agus gan í ag dúil leis. Agus bhí sí ina suí os cionn na tineadh agus achan osna á bhaint amach as a cliabhlach.

'Muise tá, a Pharthaláin,' ar sise, 'chuir an báthadh sin fríd a chéile mé. Mé ag smaoineamh ar na máithreacha agus ar na dílleachtaí atá ina ndiaidh.'

'B'éigean do na créatúir go raibh siad iontach aineolach ar na cladaí seo nuair a fágadh mar a fágadh iad,' arsa Parthalán. 'Níorbh é tréan na doininne a bhrisfeadh iad, dá bhfanadh siad taobh amuigh de na Doichill. Dá gcoinníodh siad solas an Toir Bhuí ar a n-amharc bhéarfadh an cúrsa sin thart taobh amuigh de na líonáin iad. Is furast a aithne nach raibh aon duine ar bord leo a chuaigh riamh an bealach.'

Dar le Nórainn, is beag atá a fhios agat, a dhuine bhoicht, go raibh fear ar bord leo a raibh aithne agus eolas aige ar achan orlach farraige fá dheich míle de na Doichill. Is beag atá a fhios agat go bhfuil do mhac breá sínte faoi na fóide sa reilig sin thíos ar bhruach na mbeann!

'Óch óch, a Dhia,' ar sise, 'is í an fharraige an gadaí bradach fealltach!'

III

Oíche fhómhair agus iomlán gealaí ann. Chuaigh Nóra Rua amach fá choinne bacóg mhónadh. Bhí rud éigin i solas na gealaí agus i gciúnas na hoíche agus in éagaoin toinne i mbéal trá i bhfad uaithi, rud éigin a chuir cumha uirthi. Tháinig taom thobann bhróin mar a thig ar dhuine corruair, blianta i ndiaidh a shílstin go bhfuil na cneadhacha

cneasaithe. Smaoinigh sí ar a mac agus an dúil a bhí aige a
bheith ag gabháil síos an dumhaigh oíche ghealaí san
fhómhar. Smaoinigh sí ar achan lá dá shaol, ó bhí sé ina
leanbh ina hucht go dtí an lá a d'imigh sé ar na soithí.
D'amharc sí uaithi. Thíos ansin ar bhruach na mbeann a bhí
reilig Mhachaire Maoláin. Thíos ansin ar an uaigneas a bhí a
leanbh sínte faoin ghaineamh!

Tháinig taom mhillteanach bhróin uirthi. An brón nimh-
neach sin nach bhfuil léamh ná scríobh ná inse béil air. An
brón a bhíos ar bhean fána leanbh. Bhí a fhios aici nach
dtiocfadh léithi an t-ualach a iompar go maidin gan faois-
eamh a fháil. Ach goidé mar a thiocfadh léithi a ghabháil síos
chun na reilige gan fhios do Pharthalán? Phill sí chun an tí
agus chuir sí móin ar an tine. Bhí an seanduine ina shuí sa
chlúdaigh ag caitheamh tobaca.

'Nár fhéad tú a ghabháil anonn chuig Tarlach Éamoinn,
leathuair bheag a thógfadh cian de,' arsa Nóra. 'Tá an duine
bocht ina luí le seachtain le plúchadh. Is mór an truaighe an
té atá leis féin.'

'Muise, go díreach ó dúirt tú é,' arsa Parthalán, 'is mór an
truaighe an créatúr, ina luí ansin agus gan aon duine aige le
labhairt leis. Rachaidh mé anonn, ó thug tú i mo cheann é,
go ndéana mé cupla uair airneáil aige. Beidh mé ar ais nuair
a bheas an brúitín bruite.' Agus thug leis a bhata agus amach
leis.

'Parthalán bocht,' arsa Nóra léithi féin i ndiaidh é imeacht.
'Títear domh go bhfuil sé ag éirí tromchroíoch anois le
tamall. Is fada leis atá an fear a d'imigh gan scríobh.'

Agus bhuail smaoineamh í go bhfaigheadh sí duine éigin le
leitir a chur chucu in ainm an mhic. Ach cé leis a ligfeadh sí
a rún? Cé a choinneochadh ceilte é mar a bhí sé ceilte aici
féin? Smaoinigh sí ar chupla duine. Ach bhí eagla uirthi nach
raibh siad iontaofa. Sa deireadh tháinig an sagart ina ceann.
B'fhéidir nach scríobhfadh sé a leithéid de leitir di. Ar scor ar
bith d'iarrfadh sí comhairle air, an chéad uair a rachadh sí go
tír mór!

Nuair a mheas sí go raibh faill ag Parthalán a bheith thall
tigh Tharlaigh Éamoinn, thug sí léithi Coróin Mhuire a bhí
crochta ar thaobh na fuinneoige, tharraing an doras amach

ina diaidh agus d'imigh léithi ag tarraingt ar an reilig. Shiúil léithi síos léana lom gainimh a bhí ann go raibh sí ag geafta na reilige. Sa choirnéal ab fhaide anonn ón gheafta a bhí uaigh a mic. Thall i gcúl bhallóg an teampaill. Chuaigh sí isteach agus anonn an cosán gur fhág sí giall na ballóige ina diaidh. Leis sin féin baineadh léim amach as a croí. Bhí toirt dhorcha fá mhéid duine thall sa choirnéal, sínte ar uaigh a mic.

'M'anam do Dhia is do Mhuire!' ar sise.

'Ná scanraigh, a Nóra,' arsa an toirt. 'Mise atá ann.'

'A Dhia, a Pharthaláin, cé a d'inis duit é?' ar sise.

'Bhí a fhios agam ó thús,' arsa Parthalán. 'Tháinig mé air an mhaidin sin go luath. Chuartaigh mé a phócaí agus fuair mé an scian a thug mé dó ag imeacht dó, agus an Choróin Mhuire a bhí leatsa as Loch Dearg fada ó shin. Fuair mé cupla leitir fosta. Thug mé liom an t-iomlán ar eagla go dtiocfá thusa an bealach agus go n-aithneofá é. Bhí eagla orm go réabfadh do chroí le buaireamh ina dhiaidh. Ach,' ar seisean, 'goidé mar fuair tusa amach é?'

'An píosa beag de Bhratach Bhríde a bhí fuaite ar mhuineál a léineadh,' ar sise. 'Nuair a tháinig mé air ina luí i mbéal na trá thug mé barúil aithne dó,' ar sise, agus bhris an gol uirthi. Agus fríd smeacharnaigh a d'inis sí an chuid eile dá scéal. 'Chuartaigh mé a phócaí . . . Ach ní raibh a dhath iontu . . . Ansin d'amharc mé ar mhuineál a léineadh . . . agus fuair mé an píosa beag gorm thrí gcoirnéal fuaite uirthi . . . Órú, a Pharthaláin, ár leanbh go deo deo,' ar sise agus thoisigh sí a chaoineadh. Shnaidhm an seanduine é féin inti agus thoisigh sé a chaoineadh go truacánta ina cuideachta.

Bhí tonn bheag anbhann ag éagaoin go lagbhríoch sa bharra agus feadóg mhara ag scréachaigh go cianach fá bheanna an chladaigh. Bhí dath báiteach ar na crosa agus ar na tumbaí faoi sholas liathghorm na gealaí. Agus scáile uaigneach na ballóige sínte trasna ar an áit a raibh an tseanlánúin snaidhmthe ina chéile agus iad ag caoineadh agus ag osnaíl agus ag mairgnigh go léanmhar – an bhean fána leanbh agus an t-athair i ndiaidh a mhic.

An Teach nár Tógadh

I

Ní fhaca mé aon seanbhallóg riamh nach gcuirfeadh cumha orm. Bheir sé díomhaointeas an tsaoil i mo cheann. Níl fágtha ach an dúshraith agus cupla cloch mhór sna coirnéil nó in áit na tineadh. Tá féar ag fás ar an áit a raibh an t-urlár.

Bhí teach ansin lá den tsaol. Na fir a chuir na clocha móra sin isteach sa dúshraith, tá siad ina gcréafóig thiar i reilig na Cruite le corradh is céad bliain. Nó is fada an lá ó rinneadh an chéad chónaí ar an inseán seo. Mhair an teach seo ar feadh cheithre líne daoine. Tháinig páistí chun an tsaoil ann agus fuair siad bás ansin sa chúil-leaba sin i ndiaidh saol mór fada a thabhairt leo. Bhíothas ag damhsa go minic ar an urlár sin – ní thabharfaí faill fáis don fhéar ann fada ó shin. Is iomaí tine chroíúil a bhí ar an teallach sin. Is iomaí fear bocht a fuair dídean ann oíche gheimhridh. Is iomaí uair a bhí seanchaí dea-chainteach filiúnta ina shuí ag bun na cloiche sin agus scaifte de mhuintir an bhaile ag éisteacht le 'Lon Leitreach Laoi' agus le 'Fiadh Droma Deirg' agus le 'Tonn Rudhraighe ag buain re tráigh'.

Ach, sa deireadh, theann an saol róchruaidh ar an fhear tí a bhí ann. B'fhéidir gur breoiteacht a bhuail é agus nach dtiocfadh leis lá oibre a dhéanamh. B'fhéidir gurbh é rud a tháinig oíche dhoineanta sa gheimhreadh a bhris a bhád agus a stróc a chuid eangach. Nó b'fhéidir nach raibh aon phingin ina sheilbh, lá an chíosa, agus gur 'thóg an báillí uaidh bó na bpáistí.' Cár bith mar a bhí, b'éigean dó imeacht i mbéal a chinn, agus ní dhearna an dara duine cónaí san áit. Ní raibh an teach i bhfad folamh gur thit an ceann de. Tugadh ar shiúl na clocha agus rinneadh claí mainnre agus cró caorach díobh, uilig ach na cupla carraig mhór a bhí sna coirnéil nó in áit na tineadh. Agus sin a bhfuil fágtha anois. Comhartha beag cumhúil a bheir ort a rá leat féin gur beag an rud is buaine ná an duine.

Ach tá ballóg de chineál eile ann agus is cumhúla arís í ná ballóg seantí, mar atá dúshraith tí nár tógadh riamh. Tífidh tú ceann acu seo corruair amuigh fá bhun na gcnoc. Fear móruchtúil éigin a phós mian a chroí agus a shíl go rachadh aige an caorán cadránta seo a chloí agus cónaí a dhéanamh ann. Thoisigh sé a thrinseáil i lár an dúgheimhridh. Bhí rún aige barr an talaimh a dhó agus pór is síol a chur ann nuair a thiocfadh an t-earrach. Tá lorg na n-iomairí is na ndíog ansin go fóill.

Ansin bhain sé dornán cloch agus thoisigh a dhéanamh tí. Cisteanach agus bóitheach a bhí sé ag brath a dhéanamh. Bheadh a sháith sa chisteanaigh go fóill beag. Amach anseo chuirfeadh sé tuilleadh léithi. Chuir sé an dúshraith ina suí. Ach ní raibh sé i bhfad ar obair ar an teach gur thoisigh sé a chailleadh uchtaigh. Bheadh déanamh an tí iontach trom air, nó bhí na clocha i bhfad uaidh, agus iad le tarraingt ar a dhroim aige. Agus ansin nuair a bheadh sé déanta réidh aige! An dtiocfadh leis barr a bhaint as an phortach dhearg? . . . Agus, lá amháin, bhuail taom thobann éadóchais é, mar chluinfeadh sé neach ag labhairt amach as na beanna leis agus ag rá leis stad, nach raibh gar dó a bheith ag obair in éadan na cinniúna. Sháith sé an spád sa chaorán agus d'imigh sé. Tá clocha na dúshraithe ansin go fóill. Tá droim na n-iomairí le feiceáil agat sa chaorán agus fraoch is cíb ag fás sna díoga. Agus sin a bhfuil ann.

Tá dúshraith an tseantí cumhúil. Ach, má tá féin, níl ann ach go dtugann sé i do cheann an rud atá i ndán do shíol Éabha – mar atá an bás. Tá a fhios agat, mar a deireadh na seandaoine, nach dtig le haon duine an dá shaol a thabhairt leis. Ach tá an dúshraith eile coscrach. An fear a chuir ina suí an seancheann, bhain sé a sheal as an tsaol. Ní tháinig air ach an rud nach bhfuil inseachanta, an aois agus an bás. Ach

ní raibh an sásamh sin féin ag an fhear eile. Tháinig an
t-éadóchas air i dtús a shaoil. D'fheoigh a chuid aislingí sula
dtáinig siad i mbláth.

> *'Kerner's tears are wept for withered flowers,*
> *Mine for withered hopes, my scroll of woe*
> *Dates, alas! from youth's deserted bowers,*
> *Twenty golden years ago.'*

Sin an cineál smaointe a bhí i mo cheann, lá amháin anseo
tá cupla bliain ó shin, agus mé i mo shuí liom féin ar thaobh
Ard na gCaorach. Thíos fúm bhí seanbhallóg. Bhí aithne
agam ar chuid den teaghlach dheireanach a bhí ina gcónaí
ansin. Níor chuir mé mórán iontais ann sin. Ach ba ghairid
go dtug mé fá dear, thall ar an léana, moll cloch agus
dúshraith tí nár críochnaíodh riamh. Ní thiocfadh liom, ar
ndóigh, a ligean tharam gan a scrúdú. Chuaigh mé anonn a
fhad leis an áit. Bhí áit na dúshraithe gearrtha agus cupla ró
de chlocha móra garbha sa dá thaobh-balla. An té a chuir na
clocha ansin i mullach a chéile, b'fhurast a aithne nach raibh
ciall ar bith aige do shaoirsineacht. Bhí sé chomh maith aige
stad an áit ar stad sé, nó ní sheasóchadh na ballaí choíche go
mbeadh siad tógtha go dtí an urlainn.

'Cé a chuaigh i gceann foirgnimh ansin?' arsa mise le
seanduine a tháinig thart.

'Tá, muise, fear nach raibh ró-dhea-lámhach,' arsa an
seanduine. 'Mánas Giobach, má chuala tú iomrá riamh air.'

'Chuala go minic,' arsa mise.

'Bhail, sin ansin a chuid oibre,' arsa an seanduine. 'Grásta
ó Dhia ar an duine bhocht, ní raibh ciall aige. Chuaigh sé i
gceann tí ansin i ndúlaíocht geimhridh, agus sin an méid a
bhí déanta ag an duine ghránna nuair a tháinig an bás air. Ní
chríochnóchadh sé choíche é ar scor ar bith. Nó ní raibh aige
ach doirneoga de chlocha cruinne mar a tí tú ansin sa
dúshraith. Agus ní raibh aol ar bith aige. Thitfeadh na ballaí
sula mbeadh siad leathdhéanta.'

Bhreathnaigh mé na clocha móra cruinne a bhí ina ró sa
dúshraith. Ní thiocfadh liom mo shúile a thógáil astu.
Chonacthas domh go raibh scéal le hinse orthu. Goidé a thug
ar Mhánas Ghiobach toiseacht a dhéanamh tí anseo? Cad

chuige nach bhfuair sé saor a dhéanfadh an obair chloiche dó, nuair nach raibh lámh ar bith aige féin uirthi? Chuir mé an cheist seo ar mo sheanduine.

'Tá, muise, an cheacharthacht,' ar seisean. 'B'fhurast dó teach beag seascair a dhéanamh ansin agus fear ceirde a dhíol as, nó bhí dornán maith airgid aige. Ach ní ligfeadh a chroí dó scaradh le haon phingin de. Agus thoisigh an duine bocht é féin, ag déanamh go dtiocfadh leis teach a dhéanamh.'

'Ach cad chuige nár mhian leis an chuid eile dá shaol a chaitheamh sa tseanteach?' arsa mé féin.

'Sin scéal eile,' arsa an seanduine. 'Ach is fearr dúinn an bealach a thabhairt do na mairbh. Bhí daoine ag rá gur amaidí bheag a bhuail é. Ach b'fhéidir nach rabhthas ag cur na fírinne air. Tá sé marbh, agus bhain sé a sheal as an tsaol. Go ndéana Dia a mhaith air.'

Ní dhearna caint an tseanduine ach tuilleadh cíocrais a chur orm. Murab é cupla focal, is dóiche nach mbuairfinn mo cheann ní ba mhó leis. Ach 'amaidí bheag a bhuail é.' Goidé rud amaidí? arsa mise liom féin. Cé leis a dtiocfadh a rá gur chóir amaidí a ghoirstean don tallann a spreag Mánas Giobach le a ghabháil a shaoirsineacht? Thoisigh mé a chur seanchais. Agus hinseadh domh.

II

Bhí Mánas Giobach ina chónaí i riclín de sheanteach cheanntuí agus gan aige ach é féin. Fear saolta santach a bhí ann, rud a d'fhág ansin leis féin é go raibh sé ag brú anonn ar leathchéad bliain. Bhí leadhb bhreá thalaimh aige agus seilbh eallaigh nach raibh a leithéid eile sa pharáiste. Ní raibh mórán láimhe riamh aige ar obair de chineál ar bith. Bhaineadh sé a oiread bairr agus a thógfadh é, mar sin féin. Bhí spéis mhór san eallach aige. Ní raibh bóitheach ar bith aige, ach an t-eallach istigh sa teach aige, amanna dhá bhoin, bearach, colpach agus gamhain. Chluinfeá ag caint le ceann acu é mar a bheadh sé ag comhrá le duine. Dá dtigthí agus bóitheach a dhéanamh dó, ní chuirfeadh sé an t-eallach ann. Ní thiocfadh leis a ligean as a amharc.

Mar a dúirt mé, ní raibh sé dea-lámhach. Ní thiocfadh leis tairne a thiomáint gan a lúbadh leis an dara buille. Bhí a shliocht ar an teach. Bhí na comhlacha ag titim de na doirse. Bhí an fhuinneog briste leis na cianta agus bratóga sáite inti. Bhí na ballaí chomh dubh leis an tsúiche, nó níor cuireadh a dhath aoil orthu ó fágadh Mánas Giobach leis féin. Na cupla seanchathaoir a bhí ann, bhí siad ag titim as a chéile. Agus i dtaca leis féin de, bhí sé ag gabháil thart ina cheamach bhratógach. B'ionann Domhnach is dálach dó. Ní níodh sé a aghaidh ach go hannamh. Agus bhíodh conlach gharbh fhéasóige i gcónaí air. Níor leag sé aon rásúr ar a phluic riamh. Ní raibh ann ach, nuair a bheadh an fhéasóg ag éirí rófhada, an gharbhchuid di a bhearradh le siosúr.

I dtaca leis na mná de, níor bhuair sé a cheann riamh leo. Ní raibh spéis ar bith aige iontu. Agus, dá mbeadh féin, ní thiocfadh aon chailín de chuid na mbailte á chomhair. Ach ba chuma leis. Fear garbh a bhí ann. Fear fiain. Fear a raibh dúil in uaigneas aige, agus a chroí istigh san eallach agus san airgead. Ní raibh rud ar bith ag cur bhuartha air. Ní dóiche go raibh an dara fear sa phobal a bhí chomh sásta ina intinn leis.

San am sin tháinig cailín as baile isteach chun na Rosann ar laetha saoire. Cailín aisteach a bhí inti. Bhí sí ar chailín chomh breá dóighiúil is a chasfaí duit i siúl lae. Is annamh fear óg a tífeadh í nár mhaith leis a ghabháil chun cainte léithi. Ach ní raibh cuma uirthi go raibh spéis ar bith aici ina gcaidreamh. B'fhearr léithi i bhfad ag comhrá le seandaoine. Bhí spéis as cuimse aici sa Ghaeilge. Agus ba é a for is a fónamh ar shiúl ag comhrá le seandaoine, féacháil an gcluinfeadh sí rann nó nathán, scéal nó ceathrú cheoil nach raibh aici roimh ré.

Chonaic sí Mánas Giobach, ar ndóigh. Chonaic sí uaithi Ansin chuaigh sí thart ag a thaobh, lá amháin, agus é obair. Níor thóg sé a cheann a dh'amharc uirthi. Chonactr di gur fear fiain a bhí ann. Níor mhaith léithi forrán a chuir air. Smaoinigh sí go mb'fhéidir go raibh sé ar mire. Ach ch sí faisnéis ina dhiaidh sin, agus hinseadh di nach raibh mearadh ar bith air.

Rinne sí amach go gcuirfeadh sí ceiliúr air, an dara lá

rachadh sí an bealach. Ba mhaith léithi a chluinstin ag caint. B'fhéidir go gcluinfeadh sí Gaeilge aige nach raibh ag aon duine eile ach aige féin. Fear uaigneach corr a bhí ann. Fear a raibh a dtáinig dá shaol caite aige leis féin, ag caint leis féin agus ag meabhrú is ag smaoineamh. Ba dóiche gur fealsúnaí a bhí ann, agus go mbeadh a chuid cainte ag cur lena dhearcadh.

Cupla lá ina dhiaidh sin bhí sé ag baint féir ag taobh an chabhsa. Bhí gasracha cruaidhe copógaí fríd an fhéar. Léim an corrán de cheann acu agus ghearr sé méar colbha na láimhe clí aige isteach go dtí an cnámh. Bhí greim aige ar an mhéar leis an láimh eile agus é ag iarraidh an fhuil a stopadh. Leis sin féin nochtaidh an ainnir chuige as cúl an aird. Shiúil sí anall a fhad leis.

'An é rud a ghearr tú do mhéar?' ar sise.

Fágadh ina sheasamh ansin gan focal é. D'amharc sé uirthi. Bhí sé mar a bheadh fear ann a bheadh i ndiaidh tamall a chaitheamh sa dorchadas agus a ndallfadh an solas é nuair a thiocfadh sé amach faoin ghréin. Bhí neach álainn ina seasamh ansin os a choinne. Neach diamhrach a bhí ag cur iontais agus uafáis agus aoibhnis san am chéanna air. Ba mhaith leis teitheadh, agus ba mhaith leis fanacht. Ba mhaith leis a shúile a dhrud, agus ba mhaith leis a bheith ag amharc uirthi. Bhí sé faoi dhraíocht. Ní raibh sé cinnte gur ar an tsaol seo a bhí sé ar chor ar bith. Arbh é rud a tugadh as é? Ar shíogaí an ainnir álainn a bhí ina seasamh ag a thaobh? Níor fhan focal ann, ach é ina sheasamh ansin agus greim aige ar an mhéar a bhí ag cur fola.

'Is fearr duit a ní, agus cuirfidh mé bréid duit air,' ar sise, ag amharc anonn ar an teach. 'Fan is gheobhaidh mé braon uisce duit.'

Sin an chéad rud a thug chuige féin é. Ní thiocfadh leis an ainnir álainn seo a ligean isteach ina chró bheag shalach shuarach. Bheadh sé náirithe go brách, dá bhfeiceadh sí an áit chónaithe a bhí aige. Tháinig sé chun an bhéil chuige iarraidh uirthi bogadh léithi agus a gnoithe a dhéanamh di féin. Ach ní thiocfadh leis. 'Dhéanfaidh uisce an tsrutháin gnoithe,' ar seisean.

'Is é is fearr, ó dúirt tú é,' ar sise. 'Cuir síos sa tsruthán é

agus nigh go maith é. Fan ort go fóill,' ar sise agus chuaigh
sí ar a leathghlún ag a thaobh ar bhruach an tsrutháin agus
nigh sí an chneadh. 'Anois,' ar sise, 'féachfaimid le táthú fola
a thabhairt dó.'

Tharraing sí amach haincearsan geal agus stróc sí ina ribíní
é. Theann sí béal na cneidhe agus cheangail sí bréid thart
uirthi. Bhí Mánas ina sheasamh ansin agus gan é ag labhairt.
Ní raibh pian ar bith le mothachtáil aige. Ní bhfuair aon
bhean riamh roimhe greim láimhe air. Agus, a Dhia, na
méara boga míne geala a bhí uirthi!

'Anois,' ar sise, 'is fearr duit gan obair ar bith a dhéanamh
go ceann chupla lá. Cuirfidh mé bréid mar is ceart amárach
uirthi – ceann a rachas thart ar chaol do láimhe. Ní bheidh sí
i bhfad uilig ag cneasú, ach a coinneáil glan.'

Níor chaith sé mórán ama istigh, an lá arna mhárach, ar
eagla gur chun an tí a thiocfadh sí. Tháinig sí chuige
tráthnóna agus chóirigh sí an méar arís. Fuair sé an chaint
leis, an lá seo, agus rinne sé tamall comhráidh léithi.

An tríú lá thug sé leis snáthad agus snáithe ar maidin agus
d'fhuaigh sé osán a bhríste. Ansin thug sé leis siosúr agus
bhearr sé an fhéasóg de féin chomh lom is a thiocfadh leis.
Dá mbeadh rásúr aige! Ach, dá mbeadh féin, ní ligfeadh an
eagla dó a chur ar a leiceann. Dá dtéadh sé chuig fear den
chomharsain? Ach ansin d'inseochaí air é. Bheifí ag magadh
air ar fud an bhaile! Chuaigh sé amach go dtí an sruthán agus
nigh sé a aghaidh agus a mhuineál. Ní raibh cíor ar bith aige.
Shlíoc sé a ghruag siar lena mhéara chomh maith is a tháinig
leis.

Tháinig an spéirbhean chuige, tráthnóna, agus shonraigh sí
an t-athrach a bhí air. Ach, ar ndóigh, níor lig sí dada uirthi
ach bail a chur ar a mhéar agus tamall comhráidh a
dhéanamh leis. An ceathrú lá bhí sé ag amharc suas bealach
Ard na Gaoithe ó bhí an meán lae ann, féacháil an raibh sí
ag teacht. Ba mhaith leis a bheith ag amharc uirthi. Ba
mhaith leis a bheith ag éisteacht le glór a cinn. Ar ndóigh,
chan ag smaoineamh ar ghrá a bhí sé. Níorbh fhéidir dó sin
a bheith amhlaidh, ach oiread is ab fhéidir d'fhear grá a
thabhairt d'aingeal as na Flaithis.

Lá amháin i ndiaidh í a imeacht, smaoinigh sé go

mb'fhéidir go raibh sí pósta. 'Ach, a Dhia, nach cuma domh cé acu atá nó nach bhfuil?' ar seisean leis féin. Ach, ina dhiaidh sin, bhí sé ag déanamh meadhráin dó. Ní thiocfadh leis a ligean as a cheann. D'fhéadfadh sé a rá leis féin míle uair gur chuma. Nach raibh rún ar bith pósta aigesean anois ach oiread le haon lá riamh. Agus, ar ndóigh, dá mbeadh féin, chan ar a mhacasamhail de dhoirneálach bhocht ghiobach a chromfadh an 'spéirbhean mhaiseach mar aon bhrat sneachta.' Ach bhí sé ag déanamh meadhráin dó ar fad. Agus, lá amháin sa deireadh, chuir sé ceist uirthi an raibh sí pósta.

'Níl,' ar sise. 'Tá sin le déanamh go fóill agam, má ním choíche é.'

Chuirfeadh an freagra seo beaguchtach ar fhear a bheadh i ngrá. Ach, cár bith ba chúis leis, bhí sólás de chineál éigin ina chroí ó chuala sé nach raibh sí pósta.

I gceann na gcupla seachtain d'imigh sí. Bhí Mánas uaigneach ar feadh seachtaine. Agus bhí sé ag smaoineamh go mbeadh lúcháir air nuair a thiocfadh sí ar ais an samhradh sin a bhí chugainn.

III

Bhain sé an fómhar agus chuir sé isteach é. Ansin bhain sé na preátaí agus thug sé isteach móin an gheimhridh. Bhí sé i ndiaidh na Samhna nuair a bhí sin déanta aige. Agus bhí sé ag brath a ghabháil i gceann oibre de chineál eile. Ba mhaith leis teach úr a dhéanamh. Cisteanach bheag dheas nach mbeadh náire air iarraidh ar dhuine a theacht isteach inti. D'fhágfadh sé an seanteach ag an eallach.

Bhí dornán airgid aige, ach níor mhaith leis scaradh le mórán de. Dhéanfadh sé féin a oiread den obair is a thiocfadh le tuata a dhéanamh. Bhainfeadh sé clocha agus d'fhágfadh sé aol agus gaineamh ar an talamh. Chaith sé cupla rabharta sa tráigh ag tógáil sligeán. Nuair a bhí na sligeáin cruinn aige, dhóigh sé iad. Ansin tharraing sé gaineamh. Agus, i dtrátha na Nollag, thoisigh sé a bhaint chloch.

Bhí, ar ndóigh, muintir an bhaile ag caint air. Ba d'iontas

an domhain Mánas Giobach a bheith ag brath teach úr a dhéanamh. Go dtí an lá a thoisigh sé, ní chreidfeadh aon duine go gcuirfeadh sé cloch i mullach na cloiche eile choíche. Ní chreidfeadh siad go gcaithfeadh sé aon phingin amháin ar an tséala. Agus ba é an bharúil a bhí ag an mhórchuid de na daoine, dá bpronnfaí teach úr air, nach rachadh sé a chónaí ann; go mb'fhearr leis sa tseanchró i gcuideachta an eallaigh.

Nuair a bhí na clocha cruinn aige rinne sé amach go gcuirfeadh sé féin an dúshraith ina suí. Rud a bhí ann, dar leis, a dhéanfadh fear ar bith. Ní raibh ann ach carraigeacha móra garbha a chur isteach i ndiaidh a chéile. Shábhálfadh sé páighe seachtaine do shaor.

Bhí an dúdheifre air. Ba mhaith leis an teach a bheith déanta agus ceann air sula dtoisíodh obair an earraigh. Ansin thiocfadh leis féin a bheith ag obair air tamall gach aon tráthnóna. Thiocfadh leis aol a chur leis na ballaí agus cabhsa a dhéanamh amach ón doras. Bheadh sé réidh le a ghabháil a chónaí ann i dtús an tsamhraidh. Chosónadh sé pingin mhaith. Agus ansin an costas eile a bhí sé ag brath a chur air féin. Nó bhí rún aige culaith Dhomhnaigh a cheannach agus péire úr bróg. Ba doiligh scaradh leis an airgead, agus ba ródhoiligh. Ina dhiaidh sin, bheadh saol is sláinte do dhuine a bheith ina chónaí i dteach bheag ghlan ordúil. Agus, lena chois sin, ní bheadh náire air, dá dtigeadh comharsa a chuartaíocht chuige – nó strainséir ach a oiread.

Bhí sé ag obair ar theann a dhíchill. Bhí aimsir dhoineanta cheathach ann. Ach bhí Mánas amuigh ag coraíocht le clocha agus gan cuma air go raibh aird ar bith ar an aimsir aige. D'oibir sé leis, lá amháin, faoin fhearthainn, agus nuair a tháinig an oíche bhí sé marbh tuirseach agus bhí tinneas cinn air. Chuaigh sé isteach chun an tseantí agus shuigh sé os cionn beochán tineadh. Bhí sé ag éirí fuar. D'éirigh sé agus chuir sé tuilleadh mónadh ar an tine. Ach dá gcuireadh sé síos trí chliabh mónadh ní thiocfadh leis a ghoradh a dhéanamh. Bhí pianta ina chnámha. Bhí rud éigin air nach raibh riamh roimhe air.

Chuaigh sé a luí. Bhí sé ar crith leis an fhuacht. Níor fhág sé aon bhratóg sa teach nár chuir sé anuas air féin, ach bhíothas á chonáil. Luigh sé ansin i rith na hoíche gan súil a dhrud. Agus an fad a bhí san oíche sin! Shíl sé nach dtiocfadh solas an lae choíche.

Tháinig an mhaidin sa deireadh. Bhí lá cruaidh tirim ann. Ní raibh Mánas le feiceáil ag obair ar an teach. Chuir na comharsana gron ann. Tháinig an tráthnóna. Tháinig an dara hoíche, agus an dara lá, ach ní raibh Mánas le feiceáil. Rinne cuid de na comharsana amach go raibh an t-am acu a thuairisc a chur. Chuaigh cupla fear acu go dtí an doras. Bhí an t-eallach istigh agus iad ag búirigh leis an ocras. Bhuail fear acu cnagán ar an doras. Thoisigh an madra a thafann istigh, ach freagra ar bith eile níor tugadh orthu. Chuir siad isteach an chomhla.

Bhí Mánas Giobach ina luí ar cnaiste leapa agus moll bratóg anuas air. Tháinig siad aníos os a chionn. 'Goidé a tháinig ort, a Mhánais?' arsa Conall Néill Óig.

'Slaghdán,' arsa Mánas go lagbhríoch. 'Dá mbeadh braon biotáilte agam. Tá airgead ansin ar an chlár os cionn na tineadh. Dhéanfaidh naigín gnoithe.'

'Bhéarfaimid an dochtúir chugat,' arsa Conall.

'Níl gnoithe ar bith le dochtúir agam,' arsa Mánas. 'Níl orm ach taom shlaghdáin.'

Ach bhí a fhios ag an bheirt eile go raibh rud éigin ní ba mheasa ná slaghdán air, agus d'imigh fear acu fá choinne an dochtúra agus an fear eile fá choinne an tsagairt. Tháinig mná na comharsan agus cupla plaincéad leo, agus chuir siad deis ar an tseanchró chomh maith is a tháinig leo. Nuair a tháinig an dochtúir agus rinne sé scrúdú air, dúirt sé go raibh niúmóine air agus nach raibh a fhios goidé mar a rachadh sé dó go dtéadh naoi lá thart.

Chuaigh seachtain thart. Tháinig an t-ochtú lá. Bhí sé féin agus an bás ag imirt an chluiche, agus cuma air gur cluiche cruaidh a bhí ann. Tráthnóna thoisigh Mánas Giobach a rámhailligh. É tamall mar a bheadh sé ar an aonach ag díol bó. Tamall eile ina chónaí sa teach úr. 'Cúig phunta dhéag. Aon phingin amháin níos lú ná cúig phunta dhéag . . . Beidh dhá chéad cruinn agam . . . Teach beag deas seascair, glan ordúil . . . Mé féin a rinne an chuid ba troime den obair . . . Chosain sé pingin mhaith domh. Ach is maith liom déanta é

. . . Tiocfaidh sí isteach . . . Gabh ar d'aghaidh, a chailín deas
. . . Tá teach úr déanta agam . . . Tar aníos agus suigh ar an
chathaoir úr sin . . . Á, mo mhéar! Ghearr mé go dtí an
cnámh é le buille den chorrán . . . Nigh é. Sin thiar mias ar
an dreisiúr . . . Cuir bréid air a stopfas an fhuil . . . Ní
imeochaidh tú feasta . . .'

Fuair sé bás, an oíche sin, eadar meán oíche is lá.

'Dheamhan go raibh sé coscrach ag amharc ar na clocha
agus ar an aol ansin ina moll agus brat sneachta air, laetha
na faire,' arsa Micheál Mór agus é ag inse an scéil domh.

'An teach a mharbh é,' arsa mise.

'Gan bhréig gan amhras,' arsa Micheál. 'Bheadh sé ar a
sheanléim inniu, murab é go ndeachaigh sé amach a chur
dúshraithe ina suí lá na seacht síon agus ceatha ann a
rachadh fríd chlár darach.'

'Ach nár mhór an deifre a bhí air le teach úr?' arsa mise.

'Nár chóir, an dóigh ar chaith sé a shaol sa tseanteach, go
dtiocfadh leis bliain eile a bhaint as, agus an teach úr a
dhéanamh ar a shuaimhneas, de réir mar a bheadh faill aige.
Goidé an deifre a bhí air leis? Cad chuige a gcaithfeadh sé a
chríochnú roimh an tsamhradh sin a bhí chugainn?'

'Tá barúil agam,' arsa Micheál Mór, 'más cóir aird a
thabhairt ar na rámhaillí a bhíos ar dhuine ar leaba an bháis.
Ach, ar scor ar bith, sin ansin an dornán beag cloch a chuir
an duine bocht chun na cille.'

Curca Bán agus Iad

I

Bhí siad scaifte ann. Curca Bán agus bó. Beirt fhear agus beirt bhan. Dhá shúgán agus dhá ghaiscíoch. Dhá áibhirseoir agus dhá aingeal.

Bhíomar beo bocht. Bhí cearca i ngach aon teach. Ach ní bhfaighfeá aon uibh le hithe ó cheann ceann na bliana, ach Domhnach Cásca. Bhí luach na n-uibheacha de dhíobháil le gráinnín tae is siúcra a cheannacht. Ní dhéanfaí maith gan na cearca.

Ach b'ar na preátaí ba mhó a bhí ár seasamh, an mhórchuid den am. Ba mhinic nach raibh eadar sinn agus an imirce ach iad, mar phreátaí. Nuair a bhíodh an t-earrach mall bhíodh imní orainn, ar eagla nach mbeadh na preátaí úra in am againn agus go mbeimis i muinín na mine cairde an mhí dheireanach den tsamhradh. Nuair a thigeadh samhradh bog bhíodh eagla ár mbáis orainn roimh an aicíd dhuibh. Dá dtigeadh an smoladh go luath ar na preátaí ní raibh i ndán dúinn sa gheimhreadh ach an ghorta.

Ba bhreá an rud a bheith ag baint na bpreátaí an bhliain a bheadh siad maith. Cupla seachtain roimh Shamhain a thoisímis á mbaint. Bhíodh aimsir mhaith ann fada ó shin an tráth sin den bhliain. Ciúnas na Samhna. Ní bhíonn sé ann anois ar chor ar bith.

Tífeá beirt i ngach aon chuibhreann, duine ag baint agus duine ag tógáil. Nuair a bheadh bascaeid lán dhoirtfí isteach i gcliabh í. Nuair a bheadh an cliabh lán d'iompóraí chun an phoill é. Corruair thiocfadh fear na comharsan anall chugat.

'Beannú ort, tá siad maith agat.'

'Tá, muise, míle altú do Dhia, preátaí chomh maith is a bhain mé riamh. Tá siad líonmhar le cois a bheith mór.'

Bhíodh a gcuid aoibhnis féin ag na páistí. Bhíodh barra na bpreátaí tirim feoite, agus nuair a chuirfí cruach acu le thine tífeá calc toite ag imeacht trasna an ghleanna, agus ina dhiaidh sin bladhairí ag éirí seacht slata déag san aer.

Ach is annamh bliain nach gcluinfeá scairt ghéibheannach ag teacht as cearn éigin den bhaile in aimsir bhaint na bpreátaí. Mura raibh tú eolach shíl tú gur duine a bhí i mbaol a chaillte. D'amharc tú amach bealach na farraige, ag déanamh gur bád a bhí á bháthadh ar an Oitir Mhóir. Bhí na spádaí sáite sna hiomairí agus fir ina rith an méid a bhí ina gcnámha, ag tarraingt ar aon láthair amháin. Faoi Dhia, arsa tusa leat féin, goidé an tubaiste mhillteanach a tháinig ar na daoine seo agus a chuir a leithéid de scaoll fúthu?

Ar ndóigh, ní bheifí beo gan na preátaí. Ach beo bocht a bheadh ar an té nach mbeadh aige ach preátaí tura. Ba bheag do sháith acu gan braon bainne le snáthadh leo. Sin an fáth a raibh an bhó chomh measúil againn is a bhí sí. Bó na bpáistí! Ní thiocfadh le fear ar bith teaghlach a thógáil gan bó. Ba mhillteanach an chreach ar fhear teaghlaigh bás bó. Ba í an tubaiste í ba mheasa i ndiaidh bás duine. Is iomaí athair ar chuir bás bó an croí ar crith ina chliabh. Is iomaí máthair ar bhain sé scread léanmhar chaointe aisti.

II

Isteach as an Lagán a tháinig Curca Bán. Bhí sí os méid gach circe dá raibh riamh roimhe sin againn. Cearc rua a bhí inti agus curca geal bán uirthi. Agus b'fhiú a tógáil, nó bhí sí iontach maith ag breith.

Bliain amháin san earrach chuaigh sí ar gor, agus leagadh éilín fúithi. Bhí gearrmhéid san éilín nuair a bhí na preátaí luatha ag briseadh craiceann an talaimh. Is millteanach an roiseadh a ní cearc éilín in iomaire preátaí luatha. Ní dhéanfaidh cearc mórán dochair do chuibhreann curaíochta nuair nach bhfuil sí ach ag soláthar a greama féin. Ach nuair atá ál cíocrach le cur chun bídh aici ní fhaca tú aon bhuldósar riamh ach í. Is iomaí iaróg a thóg sí riamh. Is iomaí beirt a tharraing dhá dhorn ar a chéile ar bhád Dhoire, nó ar an bhealach as Kinlochlevin go Rosythe, agus ba í an chearc éilín ba chionsiocair leis. Bhí beirt d'fheara céillí cneasta sa chomharsain ag a chéile. Bhí siad pósta ar dhá aingeal. Chuaigh cearc an éilín sna preátaí luatha. Rois sí agus stróc sí roimpi is ina diaidh. Chaith sí scoilteáin ar uachtar. Bhris sí bachlóga boga geala. Chart sí an t-iomaire agus líon sí an díog. Ach ní raibh ansin ach beagán dá ndearna sí. Rinne sí dhá áibhirseoir den dá aingeal. Rinne an dá áibhirseoir dhá shúgán den bheirt fhear. Ní raibh na fir sásta fanacht sa riocht sin, agus d'éirigh siad ina dhá ngaiscíoch. *Mischief, thou art afoot!*

Bhí Tuathal Shéamais Óig sa chomharsain agam féin, agus ní iarrfá comharsa ar bith eile de roghain air. Ní raibh dúil ar bith i dtroid aige, mura dtigeadh air. Ach dá mbaintí as é ní raibh aon fhear sa phobal inlámh leis. Duine maith a bhí ann, agus duine garach. Bhí sé iontach sciliúil ar na galair a bhíos ag ruaig ar eallach. Agus dá dtaradh a dhath ar do bhoin nó ar do ghamhain, ní raibh agat le déanamh ach fead a dhéanamh ar Thuathal agus bhí sé agat i moiminte, dá mba ar uair an mheán oíche é.

Bhí mé féin is é féin iontach geallmhar ar a chéile riamh go dtí an bhliain a bhí an t-éilín le Curca Bán. Bhí cupla iomaire preátaí luatha aige agus é iontach bródúil astu. Tífeá á mbreathnú é maidin is tráthnóna. 'Beidh preátaí úra Féile Eoin agam, mura dtara siocán orthu,' a deireadh sé.

Bhí súil ghéar agam féin is ag mo mhnaoi ar Churca Bhán i rith an ama. Bhí a fhios againn dá bhfaigheadh sí aon leathuair amháin sna preátaí luatha gur chuma ina dhiaidh sin cé acu a thiocfadh siocán nó nach dtiocfadh. Ach bhí Curca Bán ag faire na faille. Fuair sí sin fá dheireadh; agus an slad a rinne sí níl léamh ná scríobh air.

Nuair a chonaic bean Thuathail an roiseadh a bhí déanta tháinig racht feirge uirthi, agus thoisigh sí.

'Níl maith duit preátaí luatha, ná preátaí malla ach oiread, a chur feasta, fad is a bheas cos scaoilte ag an iolar sin thíos. Gabh síos anois agus labhair leo, agus abair leo cearc an éilín a cheangal.'

'Ní ligfeadh an náire domh a ghabháil chun an dorais chuig fear ar bith a chasaoid fá chearca,' arsa Tuathal.

'Níl ionat ach súgán gan chasadh,' arsa an bhean, 'agus ní raibh riamh. Dá mbeadh aon deor fhola i do mhuineál ní bheifeá faoi chosa an tsaoil mar atá tú. Ach rachaidh mise síos agus bhéarfaidh mé aníos é, go bhfeice sé an scrios atá déanta. Agus má labhrann giobóg bheag na goice tarrónaidh mé an ghruag di ag a doras féin.'

'Fan san áit a bhfuil tú,' arsa Tuathal. 'Rachaidh mé féin síos.'

Tháinig sé anuas chugam féin. Bhí sé míshásta, agus ní fá na preátaí go hiomlán, ach fán bhail a bhí air ag mnaoi. D'iarr sé orm Curca Bán a cheangal. Dúirt mé féin, ar ndóigh, go gceangólainn, agus mo sháith aiféaltais orm.

'Caithfidh tú Curca Bán a cheangal,' arsa mise le mo mhnaoi eadar sin is tráthas. 'Tá léirscrios déanta aici ar a chuid preátaí luatha.'

Las mo bhean san aghaidh agus tháinig faobhar ar a súile. 'Níl iomrá ar bith,' ar sise, 'ar gach léirscrios dá ndearnadh ar ár gcuid curaíochta-inne le dhá bhliain déag. Níl earrach ar bith nach mbíonn cearc éilín acusan, agus gan ann ach mise ag iarraidh mo chuid preátaí a shábháil uirthi, agus an bhean ar chóir di súil a choinneáil uirthi ar shiúl ag cuartaíocht is ag cúlchaint ar an chomharsain. Cad chuige nár dhúirt tú sin leis?'

'Muise, níor dhúirt,' arsa mise.

'Níor dhúirt,' ar sise, 'ar an ábhar nach bhfuil ionat ach súgán gan chasadh, agus nach raibh riamh. Ach fan go bhfeice mise cailleach an bhéil mhóir; bhéarfaidh mé a gnoithe le hinse di.'

Ar ndóigh, casadh 'cailleach an bhéil mhóir' agus 'giobóg bheag na goice' ar a chéile agus thug siad a ngnoithe le hinse dá chéile. Nuair a bhí an obair sin curtha i gcrích go dóighiúil acu rinne siad dhá ghaiscíoch den dá shúgán. Agus chuaigh an dá ghaiscíoch i gceann na ndorn ar a chéile.

Bhí sé róchliste sna lámha agam. Bhí a fhios sin agam. Bhí a fhios agam go gcuirfeadh sé chun talaimh leis an chéad dorn mé, agus nár luaithe a d'éireochainn ná chuirfeadh sé an bealach céanna arís mé. Ní raibh de sheans ann ach breith

isteach air agus a leagan. Bhuailfinn ina luí é. Tharrónainn a
chuid fola. Ní chloífeadh a dhath ach fuil an racht feirge a
bhí orm – leis an áibhirseoir a rinne súgán díom.

Rug mé thar a chorp air agus thóg mé glan óna chosa é.
Ar thitim dó tháinig a chloigeann ar cloich agus scoilteadh trí
horlaí ina leiceann. D'éirigh sé. Bhí tuilteacha fola leis.
'Caithfidh tú mise a throid ar an Tráigh Bháin i bhféar plé fir,'
ar seisean.

'Lá ar bith ar mian leat é,' arsa mise. Má dúirt féin bhí mo
sheacht sáith eagla orm roimhe. Ach goidé eile a thiocfadh le
gaiscíoch a rá?

III

Tráthnóna breá i ndeireadh an fhómhair a bhí ann agus mé
féin is mo bhean ag baint na bpreátaí. Bhí an gasúr ag
buachailleacht agus súil mhaith ar an bhoin aige, riamh gur
chuir sé tine sna barra a bhí cruinn aige. Nuair a fuair an bhó
an fhaill rith sí go poll na bpreátaí. Ní raibh sí i bhfad ag ithe
gur chónaigh preáta ina sceadamán.

D'éirigh an gháir léanmhar agus bhain sí macalla as na
beanna. Thoisigh mná a dh'urnaí agus páistí a chaoineadh.
Na fir a bhí ar ár n-amharc sháith siad na spádaí agus
tharraing siad orainn. Bhí bean Thuathail Shéamais Óig ag
teacht aníos ón chladach agus bucaeid uisce léithi. D'amharc
sí anoir ar feadh moiminte. Ansin chaith sí uaithi an bhucaeid
agus d'imigh sí ina rith fá dhéin a fir.

Roimh cheathrú uaire seo chugainn Tuathal é féin, an méid
a bhí ina chosa. Bhí slat leis a raibh cuachán beag éadaigh
teannta ar cheann di. Níor labhair sé le haon duine, ach
teacht caol díreach go dtí an bhó.

'Croíóg bhocht!' ar seisean ag gabháil ar a leathghlúin
faoina ceann. Thoisigh sé lena mhéara ar an scornaigh aici
taobh amuigh, ag iarraidh an preáta a thabhairt aniar. Mhair
sé ar an obair sin ar feadh uaire, agus mé féin i mo sheasamh
os a chionn. Ba mhillteanach an cholm a bhí ina leiceann!

Sa deireadh d'éirigh sé ina sheasamh. Shiúil sé thart ar an
bhoin. Ansin labhair sé liom féin. 'Tá sí ag toiseacht a dh'at,'
ar seisean. 'An bhféachfaidh mé an tslat?'

'Féach an uile rud,' arsa mise.

'Beirigí thall is abhus uirthi,' ar seisean. 'Go daingean roimpi, ar eagla gur léim chun tosaigh a bhéarfadh sí.'

Chrom sé agus thóg sé an tslat ón talamh. Choisreac sé é féin. Chonaic mé a liobra ag bogadh. D'fhoscail sé béal na bó agus chuir sé an ceann maol den tslait siar. Ar feadh tamaill bhig bhí sé ag mothachtáil agus ag cuartú. Sa deireadh chonaic mé an fhéitheog a bhí i gcaol a láimhe ag éirí. Leis sin féin chuaigh mar a rachadh crith fríd an bhoin, agus rinne sí casachtach.

'Tá sé thiar, buíochas do Dhia,' ar seisean, ag tarraingt aniar na slaite. 'Tugaigí deoch uisce di.'

Sheasaigh sé go raibh an t-uisce ólta aici. Ansin d'imigh sé. Ba mhaith liom féin imeacht ina dhiaidh agus míle buíochas a thabhairt dó, agus míle maithiúnas a iarraidh air, ach ní thiocfadh liom.

Bhí mé fá imní an oíche sin. Dúirt mé sin le mo mhnaoi. 'Tá tú ar chéill na bpáistí,' ar sise, agus sin a dtug sí de shólás domh. Ach d'imigh an imní díom an lá arna mhárach nuair a d'éirigh mé amach agus d'amharc mé síos bealach an chladaigh. Bhí dhá aingeal ag an tobar agus iad ina suí ag comhrá le chéile.

Tráthnóna an lae sin tharraing mo bhean chuici sparán a raibh pingneacha beaga airgid aici ann. 'Gabh siar ionsar Mhánas Pheadair,' ar sise, 'féacháil an mbeadh aon deor bheag istigh aige. Thug mé cuireadh a dh'airneál do Thuathal is do Ghráinne anocht.'

'Nach é a bhí ina scéal rúin agat?' arsa mise. 'Dá mbeadh a fhios sin agamsa bheadh nuaíocht agam fána gcoinne. Bhí bád scadán úr sa chaslaigh ar ball beag.'

'Tá nuaíocht agam is fearr ná scadáin úra,' ar sise, agus thóg sí éadach geal de mhéis a bhí ar urlár an dreisiúir. Bhí cearc bhreá ramhar sa mhéis agus í bruite.

'Is agat atá an nuaíocht,' arsa mise. 'Shíl mé nach raibh a leithéid sin de chirc agat le marbhadh. Agus, ar ndóigh, ní raibh. Cá bhfuair tú í?'

'Ní aithneofá í gan an curca,' ar sise.

'Mharbh tú Curca Bán!'

'Mharbh mé Curca Bán.'

'Shíl mé,' arsa mise, 'gurbh í Curca Bán an chearc dheireanach i do theach a mhuirfeá.'

'Bhí lá,' ar sise.

'Bhí, creidim,' arsa mise.

'Bhí lá is ní mhuirfinn í,' arsa mo bhean. 'Ach ní raibh neart air. Níor fhan maith ar bith ag breith inti. Ní fhaca mé aon uibh dá cuid le dhá mhí. Bhí sí ag éirí róramhar. Ba ghairid nach mbeadh inti ach cnap gearach. Goidé eile a thiocfadh liom a dhéanamh léithi ach a marbhadh?'

FAN - DOO - A - DADDY - UM

I

Níl a fhios agam cá has a dtáinig an focal. Dúirt fear teangacha liom aon uair amháin gur as an Spáinn a tháinig sé. Dúirt fear eile acu liom gur *onomatopoeia* a bhí ann. Scanraigh an dara fear mé a oiread is nár chuir mé faisnéis ar bith fán fhocal riamh ó shin. Ach is cuma. Tuigim é, agus is leor sin.

Damhsa a bhí ann, agus damhsa a bhféadfaí damhsa a thabhairt air. Is annamh duine a bhí ábalta ar a dhéanamh mar ba cheart. Ach bhí beirt sna Rosa – buachaill agus cailín – agus nuair a d'éiríodh siad chun an urláir a dhamhsa an chúrsa seo, deireadh an mhuintir a bhí óg san am go gcluinfeá biorán ag titim. Agus dá maireadh an cúrsa i rith oíche go maidin, ní labharfadh aon duine aon fhocal, ach aoibhneas an tsaoil ar an iomlán ag amharc ar an phéire a bhí ar an urlár.

II

'Tá Conchúr Dhonnchaidh Bháin marbh,' arsa seanduine as an chomharsain liom lá amháin tá cupla bliain ó shin.

Ní raibh mórán eolais agam féin ar Chonchúr. Bhí a fhios agam go raibh a leithéid ann. Go raibh aois mhór aige. Gur chaith sé a shaol leis féin, ina chónaí i dteach bheag cheanntuí amuigh i Mín na Sionnach. Bhí a fhios agam go dtigeadh sé chun an Aifrinn ina throscadh an uile mhaidin sa bhliain, geimhreadh agus samhradh. Agus bhí sé mar mhearchuimhne agam go gcuala mé aon uair amháin gur

29

daimhseoir fíormhaith a bhí ann nuair a bhí sé óg. Ach sin a raibh d'eolas agam. An té a ní imirce go hóg sa tsaol, mar a rinne mise, is beag eolas a bhíos ar mhuintir a thír dhúiche féin aige.

'Go ndéana Dia grásta air,' arsa mise, mar a déarfadh duine ar ócáid den chineál.

'Tá sé geal sna Flaithis,' arsa an seanduine. 'Níor lig sé aon lá thairis le dhá bhliain déag nár shiúil sé chun an Aifrinn isteach as Mín na Sionnach – trí mhíle, má d'fhan sé air. Dá bhfeicfeá ag teacht aniar an portach é maidin shneachta agus a cheann is a chosa buailte ar a chéile, déarfá go bhfaca tú duine ar a bhealach chun na bhFlaitheas. Is méanar dó inniu, i measc na n-aingeal. Tá súil agam go mbeidh sé ag déanamh áite do chuid eile againn.'

'Tá súil agam go mbeidh,' arsa mise, agus bhí ag brath siúl liom le mo ghnoithe. Ní raibh a dhath le rá agam. Chaith fear dea-bheatha agus fuair sé dea-bhás. Agus an mhuintir a raibh aithne acu air bhí siad cinnte gur i measc na n-aingeal a bhí a lóistín.

Ach dúirt an seanduine cupla focal eile a thug orm seasamh mar a d'fhuafaí don talamh mé. 'Tá,' ar seisean, 'tá sé geal sna Flaithis. Agus bhí lúcháir mhór roimhe ar maidin inniu. Nach minic riamh a chualamar gur mó an lúcháir a bhíos roimh aon anam amháin a ní aithreachas ná a bhíos roimh chéad nár pheacaigh riamh.'

Bhain an chaint sin stad asam. Chuir sí a mheabhrú mé. Pheacaigh Conchúr Dhonnchaidh Bháin tráth dá shaol! Agus, de réir an scéil, ní peacadh folaithe a rinne sé ach peacadh a chuala an tír. Goidé a rinne sé? Arbh é rud a mharbh sé duine, nó a chreach sé comharsa? Nó an peacadh gráiniúil a rinne sé nach mbeifí ag caint air ach i gcogarnaigh? Ní bheadh suaimhneas croí ná intinne agam go bhfaighinn freagra ar na ceisteanna seo, cibé ar bith áit a bhfaighinn é.

Agus chuir mé faisnéis.

III

An mhuintir a raibh aithne acu ar Neansaí Ní Dhónaill nuair a bhí sí i mbláth a hóige, déarfadh siad uilig leat nach raibh aon bhean riamh ann a bhí a dhath ní ba dóighiúla ná í. Bhí a fhios sin aici féin agus bhí sí bródúil as a scéimh. Agus bhí sí 'ar bharr na gaoithe' má bhí aon bhean álainn riamh ann. Ní raibh rud ar bith ar a croí ná ar a hintinn ach greann agus spórt an tsaoil. Bhí, ar ndóigh, an mhórchuid d'fheara óga na dtrí bpobal sa chéill ab aigeantaí aici. Ach ní raibh spéis ag Neansaí i bhfear ar bith acu ach an tamall beag a bheadh sé á comóradh go teach an damhsa. Bhí sí aoibhiúil pléisiúrtha le gach aon fhear. Ach ní raibh gar d'fhear ar bith ceiliúr pósta a chur uirthi. Bhí sí ró-álainn le cromadh ar phósadh. B'fhearr léithi míle uair ag damhsa ná cúram mná tí a chur uirthi féin.

Bhí mórán daoine ann a déarfadh nach raibh croí ar bith aici. Déarfadh daoine eile go raibh an oiread sin bróid inti is gur chuma léithi ach fir an domhain a bheith ar slabhra aici. Agus ina dhiaidh sin bhí aon fhear amháin sna Rosa a raibh spéis aici ann. Bhí an fear sin i ngrá léithi. Rachadh sé i gcontúirt a bháite ar mhaithe léithi. Níor lig an eagla dó ar feadh i bhfad sin a rá léithi. Ach as a chéile bhí sé ag fáil uchtaigh. Bhí spéis ar leith aici ann, dar leis. Bhíodh sé ag an uile dhamhsa ina cuideachta. Agus níodh sí rogha i gcónaí de nuair a bhíodh an cuireadh ar a láimh. Go dtí sa deireadh gur shíl sé go raibh áit ina croí aige. Ní raibh a fhios aige gurbh ag a chuid damhsa a bhí an áit sin agus nárbh aige féin.

IV

Lá Fhéile Muire Mór san Fhómhar. Tráthnóna chomh hálainn is a tháinig ó shin. Bhí an lán mara go barr na gcaslach agus loinnir óir i ngnúis an Eargail. Bhí aos óg na Rosann cruinn ar an Bháinsigh agus iad ag damhsa ar Leac na Sí. Bhí Neansaí Ní Dhónaill ansin, ar ndóigh, agus í ní ba dóighiúla ná a bhí sí riamh, dá mb'fhéidir sin. Mhair sí ag damhsa i rith an tráthnóna, agus in áit a bheith ag éirí tuirseach is é rud a bhí sí ag teacht chun béil. Sa deireadh tháinig an damhsa a bhí in aice lena toil. An damhsa a raibh a croí agus a hanam istigh ann. An damhsa nach raibh aon duine sa phobal ábalta ar a dhéanamh mar ba cheart ach í féin agus aon duine amháin eile.

D'iarr sí air éirí. Fágadh an leac acu féin. Thoisigh an píobaire a sheinm, agus thoisigh an lánúin a dhamhsa. Bhí seisean fíormhaith. Ach níor dhada é i gcomórtas le Neansaí. Shílfeá nach ar an talamh ar chor ar bith a bhí sí, ach san aer. Bhí sí mar nach mbeadh greim ar bith ag an domhan uirthi. Shílfeadh duine, dá mba mhian léithi é, go dtiocfadh léithi éirí de léim agus seasamh ar an gha gréine a bhí thiar ag bun na spéire. Nó, níor chosúil í le neach saolta ar chor ar bith.

Nuair a bhí an damhsa críochnaithe shuigh sí ar ardán gainimh. D'amharc sí siar ar luí na gréine. Thost sí. Tháinig dreach gruama uirthi. Níorbh fhéidir caint a bhaint aisti. Agus an ghruaim sin a tháinig uirthi go tobann bhí sí mar a bheadh sí tógálach. Tháinig gruaim ar gach aon duine. Bhí siad ag éirí tuirseach den damhsa. Ba ghairid gur scab siad. Chuaigh gach aon duine a bhealach féin ag tarraingt ar an bhaile, agus gan a fhios acu goidé a bhí cearr leo.

V

Bhí Báigh Napoli chomh hálainn i gcosúlacht is a bhí sí riamh. An spéir chomh gorm le smál agus scáile na gcnoc san fharraige. Thuas ar thaobh na malacha bhí clochar ban rialta agus dreach ciúin suaimhnis air, dar leat. Dá bhfeicfeá an tseanbhean rialta a bhí ina suí giota beag siar ón fhuinneoig bairr agus í ag amharc ar na scáilí diamhracha a bhí i gcraiceann na mara, déarfá nach n-agóradh Dia uirthi é as ligean dá Coróin Mhuire titim ina hucht agus breathnú seal tamaill bhig ar an áille a bhí os a coinne. Ach ní shamhólfá choíche go raibh imní mhór ar bith uirthi. Cad chuige a mbeadh? Bhí sí ag tarraingt anonn ar dheireadh a saoil agus ní raibh mórán den tsaol sin ligthe sa dul amú aici. Chonaic sí gorta agus pláigh agus cogadh. Agus níor loic sí riamh am ar bith a dtáinig ar a crann faoiseamh a thabhairt don cholainn a bhí loite nó sólás a thabhairt don anam a bhí cráite.

Ach ina dhiaidh sin uilig tháinig taom mhillteanach eagla uirthi an tráthnóna seo. Eagla roimh an bhás. Eagla roimh an bhreithiúnas. Eagla roimh an tsíoraíocht. Ba mhinic roimhe a tháinig an smaoineamh céanna ina croí. Chuireadh sí fá chónaí é le hurnaí agus le hobair. Ach ní thiocfadh léithi a mhúchadh an tráthnóna seo . . . Peacadh nach féidir a mhaitheamh! Anam duine eile damnaithe aici! B'iomaí uair roimhe, nuair a bhuail an eagla seo í, a hinseadh di, má bhí sé damnaithe, nach raibh neart aicise air. Nár ordaigh Dia d'aon mhnaoi óig riamh gairm bheannaithe a thréigbheáil agus pósadh, le heagla go gcaillfeadh fear a chreideamh. Ach chonacthas di an tráthnóna seo go gcaithfeadh sí féacháil leis an anam sin a shábháil. Bean a thug air a chreideamh a chailleadh. Bean a bhéarfadh ar ais ar bhealach a leasa é. Bean a dhamnaigh an cine daonna. Bean a shlánaigh é. Bean a chuir smacht ar an nathair nimhe. 'Cuirfidh mé naimhdeas idir thú agus an bhean, agus brúfaidh a síol do cheann.'

D'amharc sí amach ar an fharraige arís. B'álainn an radharc é. Ach bhí an Bháinseach chomh hálainn leis lá ar bith! Agus ansin smaoinigh sí ar an tráthnóna a bhí siad ag damhsa ar Leac na Sí naoi mbliana déag is fiche roimhe sin. Ar an dóigh a bhfaca sí in aon dealramh amháin nach raibh sa tsaol seo ach mar a bheadh drithle ann a lasfadh agus a rachadh as arís i bhfaiteadh na súl . . . An dóigh ar shíl daoine gan dearcadh gur seachrán céille a tháinig uirthi nuair a chuaigh sí sna mná rialta . . . An dóigh ar thréig créatúr d'fhear gan chéill a chreideamh cionn is nár fhan sí agus a phósadh . . . Bhí cead aici cuairt a thabhairt ar an bhaile an samhradh sin a bhí chugainn. Rachadh sí i gceann an astair, tuirseach, aosta is mar a bhí sí. Agus, mar a deireadh Colm Cille, ba chead léithise má ba chead le Dia, an t-anam a shábháil a bhí i mbaol a chaillte.

VI

Nuair a tháinig an bhean rialta ar ais go baile a muintire bhí glún daoine fána coinne nach bhfaca sí riamh. Ach bhí míle fáilte ag an uile dhuine roimpi. Tháinig Conchúr Dhonnchaidh Bháin, ar cuireadh, a dh'amharc uirthi. Bhí sé cloíte caite agus dreach brúite brónach air. Bhí sé mar a bheadh eagla air roimpi. Ach as a chéile tháinig sé chuige féin. Agus, mar a d'fhágfadh Pádraig uaidh an tsailm agus thoiseochadh sé a chaint le hOisín ar sheilg Sléibhe Cuilinn, thoisigh an bhean rialta a chaint le Conchúr ar an tseantsaol agus ar na damhsaí a bhíodh acu.

'Is millteanach an t-athrach a tháinig ar an bhaile seo ó d'imigh mise,' ar sise. 'Bhí scaifte aosa óig anseo tráthnóna aréir, agus chuir mé a dhamhsa iad, go bhfeicinn an raibh lúth na gcos leo mar a bhí linne. Ach mo léan! Damhsaí úra uilig a bhí acu. Rudaí nach gcuala mé aon iomrá riamh orthu – *Tonna Thoraí* agus *Droichead Átha Luain* agus *Ballaí Luimnigh*. Níl an *Cotillion* ná an *Breakdown* ná ceann ar bith de na seandamhsaí breátha tíriúla acu. I dtaca leis an *Fan - doo - a - daddy - um* ní chuala siad aon iomrá riamh air. Á, ba é sin an damhsa!' ar sise, agus tháinig loinnir ina súile. 'Abair an t-amhrán domh a rinne tú fada ó shin fán *Fan - doo - a.*'

Bhí leisc air. Ach choinnigh sí leis gur thoisigh sé. Bhí tocht ina ghlór ag an cheathrú dheireanach:

'Ó, dá dtigeadh siad arís is na píoba le Macadán,
Agus ainnir dheas na Míne go croíúil ar ais againn,
Dá mbínn 'mo luí go híseal 's an bás a bheith in aice liom,
Go n-éireochainn arís chuig an *Fan - doo - a - daddy - um.*'

'Agus i ndiaidh do bháis,' ar sise. 'Ach d'fhág tú ceathrú gan rá. An oíche a bhíomar i dTráigh Éanach.' Thoisigh sé gur dhúirt sé í:

'Chuaigh mé go Tráigh Éanach 's mo léine ina bratóga,
Bhí buachaillí Chalhéim ann 's iad gléasta go galánta,
Bhí Tuathal Shéamais Aindí agus geansaí agus laigins air,
Ach mise a bhí le Neansaí sa *Fan - doo - a - daddy - um.*'

'Is tú,' ar sise, 'agus a bheas arís. Leag anuas an fhideal sin,' ar sise le mac a dearthára. 'Faigheadh duine agaibh cupla biorán domh a choinneochas an aibíd seo ó scuabadh an talaimh.' Agus amach léithi go lár an urláir.

'Éirigh,' ar sise le Conchúr, 'go ndéanaimid cupla coiscéim i gcuimhne an tseantsaoil.'

Tháinig an dubhiontas ar Chonchúr, ach mar sin féin

d'éirigh sé agus thoisigh an bheirt a dhamhsa. Ní raibh siad chomh lúfar, ar ndóigh, is a bhí siad an tráthnóna a bhí siad ag damhsa ar Leac na Sí dhaichead bliain roimhe sin. Ach bhí aoibh ar aingle na glóire leo an iarraidh seo.

Casadh an bhean rialta agus Conchúr ar a chéile an uile lá ar feadh na míosa a chaith sí sa bhaile. Agus iad ar fad ag caint ar an tseantsaol bhreá a bhí ann le linn a n-óige.

Maidin an lae a bhí sí ag imeacht bhí muintir na mbailte uilig chun an stáisiúin léithi. Bhí lámh croite leo aici ó dhuine go duine sula raibh am traenach ann. Nuair a tháinig an traen chuaigh an bhean rialta isteach. Chroith sí ionsuirthi ar Chonchúr Dhonnchaidh Bháin. Chuaigh sé anonn go dtí an fhuinneog.

'Bí ag guí ar mo shon,' ar sise, ag síneadh a láimhe chuige. 'Mo sheacht mbeannacht agus beannacht Dé agat. Beimid óg arís, agus beifear ag damhsa sna Flaithis. Agus tusa a bheas le Neansaí sa *Fan - doo - a - daddy - um*.'

Agus d'imigh sí.

Leac na Cumha

I

Deir Mánas Ó Dónaill gur i nGartán atá sí. Deir seanchaithe an bhaile s'againne nach ann ach sna Rosa. Dúirt mé féin aon uair amháin le Micheál Rua nach raibh fírinne ar bith i seanchas na Rosann, agus léigh mé scéal Mhánais dó:

'Feachtas do Cholum Cille san ionad áirithe re n-abartar Gort na Leice i nGartán, don taobh thiar den ionad a rugadh é féin agus tháinig duine áirithe den phobal ina cheann ansin óna bhfuair mórán dá chairdibh agus dá dhaoinibh muinteartha bás, agus do bhí tuirse agus dobrón mór air ina ndiaidh. Agus do bhí de mhéid a chumhadh gurbh fhearr leis bás d'fháil ná bheith beo ina ndiaidh. Agus arna fhaicsin do Cholum Cille do ghabh truaighe mhór uime é, agus do bheannaigh sé leac chloiche do bhí láimh ris, agus thug ar an duine sin uisce d'ól di go ndeachaigh a chumha ar gcúl. Agus do fhágaibh sé d'fhiachaibh ar an leic sin cibé neach ar a mbeadh cumha do íbheadh uisce di ó shin i leith, a chumha do dhul de. Agus atá sin á fhíoradh ó shoin, agus *Leac na Cumha* ainm na leice inniu i gcuimhne na miorbhal mór sin.'

'Is cuma liom goidé a deir Mánas Ó Dónaill nó Mánas ar bith eile,' arsa Micheál Rua, nuair a bhí an píosa thuas léite agam. 'Is annamh a bhíos fírinne ar bith i leabhra. Agus ní fhaca mé aon fhear riamh a leanfadh díobh nach ndéanfadh siad amadán de. Nach bhfuil a fhios ag Dia gur thiar ansin i bPort na Glaise atá Leac na Cumha? Nach bhfuil mé ag éisteacht leis ó tháinig ciall nó cuimhne chugam? Nach minic a chuala mé m'athair agus m'athair mór, grásta ó Dhia orthu, ag caint air? Nach raibh sé sa tseanchas ag ár muintir riamh anall? Nach raibh aithne agam féin ar dhaoine a leigheasadh ann? Micheál Dhónaill Duibh a bhí thall ansin ar an Mhachaire Loiscthe, nuair a báitheadh a bheirt mhac ar Bhoilg an Oileáin Charraig, shíl na daoine nach gcoinneochadh sé a chiall ina ndiaidh. Sa deireadh chuaigh sé go Leac na Cumha, agus sula raibh an tríú turas déanta aige bhí biseach den bhuaireamh air. Is fianaise mé féin leis an méid sin. Ansin tiocfaidh tusa agus leabhar leat, agus bhéarfaidh tú iarraidh rud a bhréagnú a chonaic daoine céillí lena súile cinn. Bíodh ciall agat, a dhuine, agus ná creid leath dá bhfeicfidh tú i bprionta.'

Ghoill caint an tseanduine orm féin. Dá labhradh sé mar a labharfadh fear léinn thiocfadh liom a ghabháil chun díospóireachta leis. Dá n-abradh sé nach raibh ag Mánas Ó Dónaill go minic ach an rud a chuala sé – rudaí a bhí 'ina scéalaibh i bhfad ó chéile' – agus gur dhóiche gur duine éigin as Gartán a chuir cor sa tseanchas ag iarraidh a bhaile féin a dhéanamh cliúiteach. Dá n-abradh sé sin b'fhurast domh a chur ina thost. Déarfainn go raibh an scéal céanna ag Adhamhnán, agus lena chois sin go raibh Gort na Leice i nGartán. Ach níorbh é sin an rud a dúirt sé, ach a iarraidh orm gan ligean do ghiobóga de pháipéar amadán a dhéanamh díom i dtús mo shaoil. Agus ansin an gáire beag drochmheasúil a rinne sé! Agus an t-amharc tarcaisneach a thug sé orm! Ionann is a rá: 'Agus ansin tiocfaidh sciorrachán stócaigh agus a cheann séidte cionn is gur chaith sé cupla bliain i mBaile Átha Cliath, agus is mian leis neamhshuim a dhéanamh de sheanchas na gcéadta bliain. Bíodh ciall agat, a chréatúir. Níl ionat ach máistir beag scallta scoile. Teagasc an tA-B-C chomh maith is a thig leat do na páistí atá faoi do chúram. Agus fág Leac na Cumha san áit ar fhág Dia í.'

II

Cupla mí ina dhiaidh sin fágadh Nóra Chonaill Óig ina baintrigh. Ní raibh sí ach i dtús a saoil, agus bhí brón as cuimse uirthi, ní nárbh ionadh. Ní raibh ciall le cur inti. Ní

raibh a dhath ar an domhan a bhéarfadh sólás di ó chaill sí
'an fear ab fhearr a bhí ag aon mhnaoi riamh.'

Bhí truaighe ag muintir an bhaile di agus bhítí ag caint go
minic uirthi. Tarraingeadh an comhrá uirthi oíche amháin a
bhí scaifte ag airneál i dtigh Mhicheáil Ruaidh.

'Tá an créatúr buartha agus a ábhar sin aici,' arsa duine
amháin.

'Tá, ach má tá féin,' arsa duine eile, 'níl sé ceart ag duine
a ghabháil ar bhéala Dé le daonán den chineál sin.'

'Chuaigh mé féin ar cuairt chuici cupla uair,' arsa bean dá
raibh i láthair, 'chuaigh mé sin, féacháil an dtiocfadh liom
cian a thógáil di. Ach ní raibh gar ann. Mhair sí ag caoineadh
agus ag mairgnigh ó chuaigh mé isteach go dtáinig mé
amach ar ais. Tá eagla orm, ach grásta Dé, nach bhfuil an
créatúr inleighis.'

'Tá a fios agamsa goidé a leigheasfas í má tá leigheas i
ndán di,' arsa Micheál Rua, 'tá, turas Leac na Cumha a
dhéanamh.'

'An gcreideann tú i Leac na Cumha?' arsa Tuathal Eoghain.

'Cad chuige nach gcreidfinn,' arsa Micheál, 'agus aithne
agam ar dhaoine a leigheasadh ann?'

'Shíl mé féin nach raibh ann ach pisreoga,' arsa Murchadh
Shorcha Bige.

'Ní pisreoga ar bith na gnoithe,' arsa Micheál Rua. Agus
thoisigh sé gur chuir sé aguisín le seanchas na Rosann leis an
méid a d'inis mise dó. 'I bPort na Glaise,' ar seisean, 'tháinig
Colm Cille i dtír ar theacht as Toraigh dó ina bhád cloiche.
Choisreac sé an leac agus d'fhág sé an bhuaidh úd uirthi . . .
Ba cheart do dhuine éigin comhairle a chur ar Nórainn,
féacháil an rachadh sí siar chun na leice. Má théid, tá mé
cinnte go leigheasfar í, más cead le Dia é.'

★ ★ ★

Micheál é féin a chuaigh chun cainte léithi. Ar feadh tamaill
ar tús ní éistfeadh sí leis. Níorbh fhéidir cúl a chur ar a brón!
Ach d'inis Micheál di go raibh aithne aige féin ar dhaoine a
leigheasadh ar an leic. Gurbh é Colm Cille a choisreac í. Go

raibh sé sa tseanchas riamh anall, agus lena chois sin go raibh sé sna leabhra. As deireadh na cainte thoiligh Nóra ar a ghabháil go Leac na Cumha.

III

Tráthnóna breá i dtrátha na Féile Eoin d'imigh Nóra ag tarraingt go Port na Glaise. Chuaigh sí anonn ar an deán ag Gob Rinn na Mónadh agus siar an Tráigh Bhán go dtí an tseanfharraige. Chonaic mé féin ag imeacht í, agus — is deacair a aidmheáil, ach tá sé chomh maith agam a chur i bhfaoiside don tsaol — bhí súil agam go mbeadh a turas in ascaidh aici. Bhí, ar ndóigh, truaighe m'anama agam di. Ach dá leigheasfaí i bPort na Glaise í bhí mé réidh go deo. Bheinn i m'ula mhagaidh ar fud an bhaile. Chonacthas domh go raibh mé ag éisteacht leis na daoine ag cúlchaint go fonóideach orm: 'É féin is a chuid léinn agus a chuid leabhar! Micheál Rua a bhéarfaidh le fios dó!' Ach bhí rún agam an bhean a bhí fá bhrón a sheoladh go Gartán, dá bhfealladh Port na Glaise uirthi. Agus, a Dhia, nár mhaith! Dá bhfaigheadh sí biseach den chumha i nGartán bhí mo chliú seasta le mo lá, agus ní thabharfadh an dara seanduine ainbhiosach iarraidh a ghabháil a mhagadh orm.

Bhí tráthnóna ann chomh breá is a tháinig riamh, roimhe nó ina dhiaidh. Bhí an fharraige chomh ciúin le clár, agus gan aon deor gheal ag briseadh ina craiceann ó na Toir Bhuí go mbeifeá thoir ag na Tonna Ceannanna. Ní raibh a fhios ag Nórainn cá raibh an leac. Agus ní raibh aon duine ar a hamharc ach fear curaigh a bhí ag cur potaí gliomach thoir eadar í is na hÉilíní. Bhí sí ag brath ar a ghabháil suas fá na tithe agus faisnéis a chur. Leis sin chuala sí casachtach taobh ba thíos di. D'amharc sí síos agus chonaic sí bean i gcúl carraige agus í ag baint duilisc.

'Beannú ort,' arsa Nóra.

'Gurab é duit,' arsa an bhean eile, ag tógáil a cinn. Bean mheánaosta a bhí inti agus í daite ag an fharraige.

'Cá háit fá seo a bhfuil Leac na Cumha?' arsa Nóra.

'Thiar ansin ar do chúl,' arsa an bhean eile. 'Fan go dté mé suas, agus taispeánfaidh mé duit í.'

Tháinig sí aníos agus threoraigh sí Nóra chun na leice. 'Sin ansin í,' ar sise.

'Níl a fhios agam,' arsa Nóra go tuirseach, 'an ndéanfaidh sí maith ar bith domh?'

'Is cinnte féin é go ndéanfaidh, má bhíonn dóchas agus foighid agat,' arsa an bhean eile. 'Níl a fhios agam ábhar do bhróin. Ach tá a fhios agam go raibh mo mhac féin ar fheara buartha dá bhfaca tú riamh, agus gur leigheasadh ar an leic seo é. Fuair a bhean bás i dtinneas dhá lá anseo anuraidh, agus shíl na daoine nach mbeadh sé beo ina diaidh.'

'Is tú bean Mhicheáil Thaidhg?' arsa Nóra.

'Is mé,' arsa an bhean eile, 'agus siúd amuigh mo mhac Donnchadh ag cur potaí gliomach ar na hÉilíní. Sin an fear a bhí ag fáil bháis den bhrón agus a leigheasadh ar an leic seo. Beidh sé isteach ar ball beag agus inseochaidh sé féin an scéal duit.'

I gceann tamaill tí siad fear an churaigh chucu. De réir chosúlachta fear láidir a bhí ann. Ní raibh aon bhuille dá raibh sé a tharraingt nach raibh ag tógáil méile farraige roimh thoiseach an churaigh. Tháinig sé isteach i mbéal na trá agus thóg sé an curach. Ansin labhair a mháthair leis. 'Seo bean,' ar sise, 'a tháinig a dhéanamh turas na leice. Tá an créatúr i mbrón. Tá súil agam go bhfaighidh sí faoiseamh anseo. Tiocfaidh leatsa do scéal féin a inse di. Caithfidh mise gráinnín beag eile duilisc a bhaint nuair atá an uair maith,' ar sise, agus d'imigh sí uathu.

Sheasaigh Donnchadh Mhicheáil Thaidhg tamall beag ar an leic os coinne Nórann. Fear breá a bhí ann gan bhréig ar bith. Bhí sé sé troithe ó thalamh má bhí sé orlach. Bhí muineál air mar a bheadh bun crainn ann, agus gruag chomh dubh le cleite an fhéich. Agus na súile a bhí aige! Bhí siad mar a bheadh drithleoga tineadh ann.

Shuigh sé ar an leic i gceann tamaill bhig. Shuigh Nóra os a choinne agus d'inis sí dó fán tubaiste a tháinig uirthi. As deireadh an scéil thoisigh sí a chaoineadh. Lig Donnchadh di a racht a ligean amach sular labhair sé. Ansin, ar seisean, 'Bíodh dóchas agus bíodh foighid agat. Bhí mise chomh holc leat. Shíl mé nach raibh biseach i ndán domh. Ach, glóir do Dhia, tháinig sé sa deireadh. I dtús ama gheobhaidh tú

faoiseamh ar feadh tamaill bhig. Beidh an tamall sin ag éirí
níos faide gach aon lá. Tiocfaidh brón millteanach arís ort
eadar amanna. Ach bíodh foighid agat. Bhain sé ráithe
iomlán asamsa sula raibh mé leigheasta mar ba cheart.'

An tamall de thráthnóna a chaith Nóra ar Leac na Cumha
thug sé faoiseamh di. Ach le coim na hoíche, nuair a tháinig
sí chun an bhaile agus chuaigh sí isteach i dteach fhuar
fholamh, bhí sí ní ba mheasa ná a bhí sí riamh. Ach chuaigh
sí ar ais lá arna mhárach, agus tógadh an brón arís di seal
tamaill. Bhí aon rud amháin cinnte. Fad is a bhíodh sí ar an
leic gheibheadh sí sólás. Bhí a shliocht uirthi, ní ligeadh sí lá
ar bith thart gan cuairt a thabhairt ar Phort na Glaise.

IV

Bhí Nóra leigheasta, agus bhí a fhios ag an tsaol. Agus bhí
mise míshásta, nár aifrí Dia orm é. Goidé a déarfadh muintir
an bhaile? Goidé a déarfadh Micheál Rua liom an chéad uair
a chasfaí orm é? Goidé a déarfadh sé ach: 'Anois, cé acu i
nGartán nó sna Rosa atá Leac na Cumha?' Ach nuair a casadh
orm é ní dhearna sé cuid mhaíte ar bith den bhuaidh a bhí
faighte aige orm.

'I bPort na Glaise atá Leac na Cumha,' ar seisean, 'siúd is
nár mhaith liom cruthú an scéil sin a bheith go hiomlán i
muinín leigheas Nórann. Tá sé chomh maith an fhírinne a
dhéanamh,' ar seisean, 'is dóiche go bhfaigheadh sí biseach
ón bhrón i nGartán féin dá mbeadh Donnchadh Mhicheáil
Thaidhg, nó a mhacasamhail, lena comóradh ar a turas. Ach
is cuma; is mór an gar an biseach, thoir nó thiar é. Agus, mar
a deir an duine aosta, ní thig an beo i dtír ar an mharbh. Tá
fear breá aici. Agus tá sise i gceart inchurtha leis. Ní raibh sí
riamh chomh dóighiúil is atá sí san am i láthair. Fuair sí féin
is Donnchadh, gach aon duine acu, taom throm de
bhuaireamh an tsaoil sular casadh ar a chéile ar Leac na
Cumha iad. Tá súil agam go mbeidh siad araon sásta den
dara pósadh.'

An Bád Beag

I

Bhí sé ina shuí ar carraig sa chladach agus dreach gruama air. I nGlaschú a rugadh é, agus a tógadh é. Níor fhág sé an chathair sin riamh go dtáinig sé ar cuairt samhraidh chun na Rosann chuig muintir a mháthara, i gceann a dhá bhliain déag. Bhí lúcháir air ag teacht anall. Bhí bród air as féin. Gasúr baile mhóir a bhí ann, agus bhí fiche buaidh aige nach raibh ag gasúraí na Rosann. Bhí Béarla aige agus thiocfadh leis labhairt le fear uasal. Thiocfadh leis a bhealach a dhéanamh fríd chathair a bhí na mílte ar fad is ar leithead. Thiocfadh leis teacht de léim de bhus a mbeadh deich míle fhichead de shiúl faoi.

Tháinig sé chun na Rosann ach ní raibh caoi ar bith aige leis na buanna a bhí aige a chur i ngníomh. Bhí Béarla aige. Ach bhí sé chomh maith aige Gréigis a bheith aige. Ní raibh ina thimpeall ach cladach is carraigeacha is portach. Thiocfadh leis, ar ndóigh, an t-eolas a dhéanamh ón Central go mbeadh sé ag na Gorbals. Ach cá mbeadh sé oíche reo dorcha eadar na Beanna Dearga agus Clochar an Fhir Mhóir?

Ní raibh aon lá dá raibh ag teacht nach raibh á dhéanamh beag ina shúile féin. Ní aithneochadh sé poll ruacain dá mbeadh na mílte acu sa tráigh. Ní thiocfadh leis bairneach a bhaint de charraig gan fiche cuid a dhéanamh de. Ní thiocfadh leis úim a chur ar asal ná méar a thabhairt do ghamhain. Agus nuair a bhíodh siad ag iascaireacht saían ar an Loig Mhóir bhíodh na gasúraí eile á dtarraingt isteach ar gach taobh de, agus ní bhfaigheadh sé a oiread is broideadh dá mbeadh a ruaim amuigh aige trí sheol mara. Mar nár mhaith leis an iasc a mharbhadh le duán coimhthígh!

Ach an lá seo bhí an duine bocht thar a bheith gruama. Bhí scaifte gasúr amuigh sa lán mhara go dtína másaí agus bád beag ag gach aon fhear acu. Bádaí dá ndéanamh féin a bhí acu. Nó níor tógadh aon ghasúr riamh nach dtiocfadh leis bád beag a dhéanamh agus rigín iomlán a chur uirthi. Níl de dhíobháil air ach scian agus smután maide. Nuair a bheas an bád déanta bhéarfaidh a mháthair stiall de sheanléine nó de mhála plúir dó a dhéanfas seolta dó. Tá ciall cheannaithe aici; agus tá a fhios aici mura dtuga sí sin dó, gur leadhb de bhraillín a bheas leis nuair a gheobhas sé faill ar an teach.

Ní raibh bád beag ar bith ag gasúr Ghlaschú. Ní thiocfadh leis ceann a dhéanamh. Ní thiocfadh leis seolta a dhéanamh. Dá mbeadh sí aige féin ní thiocfadh leis an bhaláiste a shocrú inti sa dóigh a seolfadh sí chun na gaoithe. Ní thiocfadh leis a dhath a dhéanamh a thabhóchadh cliú dó. Bhí sé mar a bheadh leanbh ann le taobh na ngasúr eile.

Dar leis féin, 'Thiocfadh le m'athair na rudaí seo uilig a dhéanamh. Thiocfadh leis bád beag a dhéanamh agus seolta a chur inti. Fá na cladaí seo a tógadh é. Is iomaí lá samhraidh a chaith sé amuigh ansin agus bád beag dá dhéanamh féin aige . . . Nárbh iontach nár fhoghlaim sé cuid de na rudaí seo domh sular lig sé anall mé.'

II

I gceann míosa chuaigh sé ar ais go Glaschú. Bhí lúcháir air nuair a bhain sé an 'baile' amach. Ní raibh scéalta ná comhrá ar bith aige fá Éirinn. B'fhearr leis gan trácht ar chor ar bith ar na laetha saoire a chaith sé sna Rosa. D'aithin a mhuintir gur chuir rud éigin míshásamh air. Chuir siad céad ceist air, ach ní raibh gar ann. Ní abóradh sé a dhath ach nár thaitin a chuid laetha saoire sna Rosa leis, agus nach rachadh sé ar ais choíche.

Bhí sin mar sin ar feadh chupla seachtain. Agus ansin tráthnóna amháin tháinig an gasúr isteach agus thoisigh sé a chaint ar an tsaol bhreá a bhí aige nuair a bhí sé ar saoire in Éirinn. Na daoine lácha a bhí ann. An chuideachta bhreá a bhí aige. Agus gach radharc álainn dá bhfaca sé. An tEargal tráthnóna gréine. An fharraige mhór agus na hoileáin . . . Ní raibh sé ach ag magadh, a dúirt sé, nuair a bhí sé ag rá nach rachadh sé ar ais choíche. 'Is mé féin a rachas, má bheir sibh cead domh,' ar seisean. 'Is fada liom nó go dtige an samhradh seo chugainn.'

Goidé a thug air a intinn a athrú chomh tobann sin? Tá, bád beag a chonaic sé i bhfuinneog siopa. Bád nach raibh aon cheann dá cineál sna Rosa riamh. Bhí sí tuairim is ar throigh go leith ar fad agus deic iomlán inti. Bhí sí daite go maiseach agus seolta uirthi a bhí chomh geal leis an tsneachta. Chuaigh an gasúr isteach agus d'fhiafraigh sé cá mhéad a bhí uirthi. Baineadh an anál de nuair a chuala sé a luach. A cúig is punta!

'Ach is fiú a thrí oiread sin í,' arsa fear an tsiopa, ag cromadh agus á tógáil aníos as an fhuinneoig. 'Bhfeiceann tú an doimhne agus an meáchan atá sa chíl sin. Trí phunta luaidhe. Lena chois sin thig leat na seolta a chúngladh má bhíonn géarbhach an-trom ann. Agus dearc ar an stiúir. Níl le déanamh agat ach a ceangal agus seolfaidh do bhád bealach ar bith dar mian leat.'

Ní raibh luach an bháid ag an ghasúr, ná an fichiú cuid de, agus b'éigean dó imeacht gan í. An mbeadh sí aige ar an tsamhradh sin a bhí chugainn? Nár mhéanar! Nár bhreá an rud a bheith thall sna Rosa agus í aige? Nach í a bhainfeadh an t-amharc as an tsúil ag na gasúraí a bhí ag magadh air cionn is nach raibh bád beag ar bith aige agus nach dtiocfadh leis ceann a dhéanamh?

Níor chodail sé aon néal an oíche sin go raibh sé déanach, ach é ina luí ansin ag smaoineamh ar an bhád. Lig sé ceann scaoilte lena chuid samhailteacha. Bhí an bád beag aige. Bhí sé ag gabháil síos chun na trá agus í eadar a dhá láimh leis. Chuaigh sé amach go dtí an deán. Chuir sé ar an tsnámh í. Cheangail sé maide na stiúrach. Lig sé amach í. Tháinig séideán gaoithe uirthi. Luigh sí anonn ar a taobh agus d'imigh léithi. Agus d'fhág sí na cipíní ciotacha eile síos siar ina diaidh!

III

Ach nuair a tháinig an mhaidin smaoinigh sé nach raibh ar an tsaol aige ach trí pingine déag. Cá huair a bheadh luach an bháid bhig cruinn aige? An mbeadh sé aige ar an tsamhradh sin a bhí chugainn? Cá bhfaigheadh sé é? Pingneacha beaga óna mháthair as a ghabháil chun an tsiopa. Scilling óna athair fá Nollaig. Sé pingine ó gach aon fhear den bheirt lóistéirí a bhí acu. Á, ní bheadh sé cruinn aige go ceann chúig mblian. Chaithfeadh sé a shaothrú. Ach cá raibh sé le saothrú?

Ansin smaoinigh sé go raibh aithne aige ar ghasúraí a shaothraíodh airgead ag déanamh garaíochta do dhaoine. Cupla lá ina dhiaidh sin bhí sé thíos ag an chéidh nuair a tháinig bád Dhoire isteach. Tháinig scaifte mór fear den bhád ach ní thug fear ar bith a mhála le hiompar don ghasúr. Sa deireadh tháinig seanbhean chreapalta amach, agus thug sí a mála dó agus sé pingine. Níor mhór é. Ach thug sé dóchas dó.

Bhíodh sé fán Central agus gheibheadh sé pingneacha anois is arís. Ach, ar an chéim a bhí leis, ní bheadh luach an bháid bhig aige teacht an tsamhraidh, ná b'fhéidir bliain ón tsamhradh sin. Ach go luath i mí na Nollag tháinig sneachta trom agus mhair sé i rith seachtaine. Rinne an gasúr an rud a chonaic sé gasúraí eile a dhéanamh. Fuair sé sluasaid agus scuab, agus amach leis go dtí áit a raibh tithe galánta, féacháil cé a bhéarfadh obair dó ag glanadh an tsneachta ó na doirse. Nuair a bhí deireadh le hobair an tsneachta bhí an ceathair is punta ag an ghasúr – luach an bháid bhig ach aon scilling amháin.

Gheobhadh sé an scilling seo, agus tuilleadh, Lá Nollag. Ach nár dhoiligh fanacht seachtain eile? B'fhéidir nuair a thiocfadh an lá sin nach mbeadh an bád beag ná aon cheann dá cineál fágtha sa tsiopa . . . Sa deireadh bhuail smaoineamh é. D'iarrfadh sé scilling ar fhear de na lóistéirí. Ba doiligh a dhéanamh. Ach ní bhíonn fear náireach éadálach.

In am dinnéara d'iarr sé scilling ar an lóistéir nuair a bhí sé ag gabháil amach chuig a chuid oibre.

'Bhéarfad, leabhra, a leanbh, ó b'annamh leat a iarraidh

orm. Ach níl briseadh ar bith agam. Fan go dtara mé isteach tráthnóna, ar a seacht a chlog.'

Chuaigh an gasúr caol díreach chun an tsiopa agus chuir ceist: 'Goidé an t-am a ndruidfidh tú anocht?'

'A sé a chlog,' arsa fear an tsiopa.

'Beidh luach an bháid sin san fhuinneoig agam i ndiaidh a seacht,' arsa an gasúr.

'Thig leat a ceannacht amárach,' arsa fear an tsiopa. 'Coinneochaidh mé duit í.'

'Ach shíl mé go bhfaighinn anocht í,' arsa an gasúr go brónach.

'Maith go leor,' arsa fear an tsiopa. 'Buail ag an doras sin eile am ar bith go ham luí, agus beidh mise anseo.'

IV

'Rud scáfar ag amharc ar dhuine á bháthadh agus gan tú ábalta ar a tharrtháil,' arsa m'athair, oíche amháin a bhí scaifte ag airneál i dtigh s'againne, agus tarraingeadh an comhrá ar bhád as na hoileáin a báitheadh go gearr roimhe sin. 'Is cumhain liom an lá fada ó shin a tiontaíodh Mánas Garbh ar an Fhiacail Daraí. Dá mbeinn beo míle bliain ní dhéanfainn dearmad den amharc a fuair mé uirthi nuair a chonaic mé bosa na rámhaí ag gabháil sa spéir.'

'Is iontach an dóigh a mbeireann rud mar sin greim ar dhuine le linn tubaiste,' arsa fear eile. 'Bhí mé féin i mBaile Átha Cliath an oíche a caitheadh na buamaí ar an chathair. Ar maidin lá arna mhárach, nuair a chuala mé gur marbhadh dhaichead duine, bhain sé léim asam, ar ndóigh. Ach níor dhada é go dtí an Domhnach ina dhiaidh sin. Chuaigh mé síos tráthnóna go bhfeicinn an áit. Ní raibh ansin ach mollta cloch is brící, uilig ach aon teach amháin a raibh cuid dá bhallaí ina seasamh. Bhí dhá chathaoir, ceann ar gach taobh d'áit na tineadh. Chuir an dá chathaoir fholmha sin deann fríd mo chroí.'

'Bhí oíche léanmhar i mBaile Átha Cliath an oíche sin,' arsa Tuathal Óg.

'Mura raibh bíodh aige,' arsa fear eile.

'Tá sibh ag caint ar oíche léanmhar,' arsa Conall Tharlaigh

Dhuibh. 'Ach dá mbeadh sibh san áit a raibh mise i rith an chogaidh! Nuair a bhí gach aon oíche ina hoíche léanmhar. Tig crith ar mo chroí i mo chliabh nuair a smaoiním ar an rud a bhí ann. Bhí sé dona go leor ag daoine eile. Ach mise is mo mhacasamhail a raibh againn le a ghabháil amach ar maidin agus na coirp a chruinniú! Bhí mé corradh le trí ráithe ar *demolition squad.* Agus is iomaí amharc scáfar a chonaic mé ar feadh an ama sin. Is iomaí uair a chruinnigh mé cosa agus lámha agus cloigne agus chuir mé i gcónair iad.'

'Coisreacadh an Athar Shíoraí anocht orainn,' arsa mo mháthair.

'Ní raibh dochar duit a rá gurbh iomaí oíche léanmhar a chonaic tú,' arsa m'athair.

'Is iomaí, agus lá,' arsa Conall. 'Ní raibh aon oíche ná aon lá acu sin nár scanraigh mé. Ach bhí ceann amháin a dhóigh mo chroí mar a dhófaí le bior dearg é . . . Bhí mé go díreach i ndiaidh suí ag mo shuipéar nuair a chualamar an *siren.* D'imigh cuid amach. D'fhan cuid eile istigh, fá mhuinín Dé. Thoisigh an scaoileadh. Bhí an spéir mar a bheadh sí ina caor amháin thineadh. Agus an tuargan a bhí ann shílfeá gur dhual dó an domhan a réabadh, agus nach mbeadh neach daonna beo ina dhiaidh. Mhair sé trí huaire. Nuair a bhí sé thart thug an té a bhí beo iarraidh ar na solais. Ach ní lasfadh aon solas ó cheann ceann na cathrach.

'Chuaigh mé a luí sa dorchadas agus chodail mé tamall. I dtrátha a trí ar maidin scairteadh amach orm. D'oibir mé liom go dtáinig solas an lae. Agus ansin! An bhail a bhí ar an chathair níl léamh ná scríobh ná samhailt air. Tamall beag i ndiaidh éirí gréine bhí mé ar mo bhealach ag tarraingt ar cheantar a bhí loite go trom. Agus ag gabháil síos cúlsráid domh bhí gasúr agus é ina shuí mar atá tusa anois, a Fheilimí – slán an tsamhail – agus a dhroim leis an bhalla. Ní raibh a oiread is gránú air. Ach bhí sé marbh. Bhí sé truacánta, ar ndóigh. Ach dálta mar a bhí sibh a rá, níorbh é a bhás ba mhó a choscair mé, ach an bád beag a bhí faoina ascaill aige . . . Ó, a Dhia Mhór, cad chuige a mbíonn cogadh ann?'

An Dá Dhall

I

Oíche amháin fada ó shin bhí scaifte againn ag airneál i dtigh Eoghain Pheadair agus sinn ag caint ar an chogadh. Dúirt duine amháin go raibh na fir a bhí in Albain i gcontúirt a bpriosála. Go raibh sé i dtairngreacht Cholm Cille go dtiontófaí an fear breoite trí huaire ar a leaba go bhfeicfí an dtiocfadh leis éirí agus siúl go hionad an chatha. Dúirt duine eile go mb'fhíor sin. Gurbh é seo Cogadh an Dá Ghall a bhí luaite sa tairngreacht, agus go raibh an t-ádh ar na fir óga a bhí i Meiriceá sular thoisigh sé.

'Mura mbí Meiriceá í féin ann is ann atá an cheist,' arsa Micheál Rua. 'Is minic a smaoinigh mé féin nach 'Gall' a dúirt Colm Cille ach 'dall.' Ar ndóigh, má dhearcann tú air, ní raibh aon chogadh riamh ann ach cogadh an dá dhall.'

'Ach cad chuige a rachadh Meiriceá chun an chuibhrinn?' arsa Tuathal Eoghain. 'Goidé an bhaint atá aici leis – tír atá ar an taobh eile den domhan?'

'An raibh aon fhear agaibh riamh thoir i mBaile Jack lá aonaigh, tamall beag roimh an oíche?' arsa Micheál Rua. 'Chonaic mé le mo shúile cinn é níos mó ná uair agus ná dhá uair. Na fir ag teacht amach as na tithe agus iad lách carthanach le chéile, agus gan nimh ar aon duine leis an duine eile. I gceann leathuaire bheadh an t-iomlán acu ar shiúl chun an bhaile. Ach leis sin féin casadh beirt ar a chéile a raibh díoltas dá chéile acu. Chuaigh siad a throid. D'éirigh an gleo. An fear a bhí ag imeacht phill sé. Agus roimh cheathrú uaire ní raibh aon bheirt ar an tsráid nach raibh ag greadadh a chéile. Sin mar a bhíos an cogadh. Nuair a mheascas an Diabhal a ruball sna daoine is furast leathscéal troda a thabhairt dóibh.'

'Dia a shábháil an méid is ceist orainn ar anbhás,' arsa bean Eoghain Pheadair. 'Na stócaigh bhochta as an bhaile seo atá i Meiriceá nach trua iad má thig orthu a ghabháil chun an chogaidh? Agus, a Dhia, nach é an éagóir é! Na créatúir a chur in éadan na bpiléar, agus gan a dhath le gnóthú acu ar bhuaidh na bruíne ná a dhath le cailleadh acu lena díomuaidh.'

'B'éigean do mhuintir an bhaile seo troid roimhe i Meiriceá, i gcogadh nach raibh baint acu leis,' arsa Micheál Rua.

'Nach raibh d'athair sa *Civil War*, a Mhicheáil?' arsa mé féin.

'Bhí, ar ndóigh,' arsa Micheál, 'agus gan é thall ach cupla bliain nuair a thoisigh sé. Baineadh leath na cluaise de lá Fredericksburg. Ach chuaigh a thubaiste thart leis an loit sin. Is cosúil nárbh é fód an bháis aige é. Nach raibh sé deas go leor dó an lá a marbhadh Donnchadh Chonchúir Bháin as an Diarach thuas anseo. Bhí sé féin is m'athair ina seasamh ag taobh a chéile.'

'Nár marbhadh beirt mhac do Chonchúr Bhán sa chogadh sin?' arsa Eoghan Pheadair.

'Marbhadh, ar ndóigh,' arsa Micheál Rua. 'Bhí fear acu ar gach taobh – Donnchadh leis an *Union* agus Mánas leis na *Confederates* . . . Dia ár gcumhdach, ba mhillteanach an cás é,' arsa Micheál, ag toiseacht is ag inse dúinn.

II

Ó bhí beirt mhac Chonchúir Bháin ina ngasúraí bhí siad gairthe as an tsúil a bhí ar an ghunna acu. Ní raibh an tríú fear sna Rosa a dtiocfadh leis murúchaill a mharbhadh ar an tsnámh. Ní bhíonn ris den éan sin ach a chloigeann. Agus deir siad go bhfuil sé chomh gasta sin is go dtig leis a ghabháil faoi uisce nuair a tífeas sé an solas ag imeacht ó bhéal an bhairille agus a bheith as contúirt sula mbuaile an t-urchar an áit a raibh sé. Ach chaithfeadh fear de chlann

Chonchúir Bháin murúchaill chomh héasca is a chaithfeadh fear eile coinín a bheadh ina shuí i mbéal poill agus a leath deiridh aniar.

III

Bhí arm an Tuaiscirt fá chupla míle den bhaile agus iad ag brath ionsaí a dhéanamh air nuair a thiocfadh an uair. Bhí lucht eolais ag gabháil amach anois is arís, féacháil an dtiocfadh leo faisnéis ar bith a fháil a rachadh ar sochar dóibh. Ach bhíothas ag marbhadh beirt as gach aon triúr acu. *Sniper* a bhí i bhfolach in áit éigin agus nach raibh le feiceáil ag aon duine.

Tráthnóna amháin chuaigh triúr amach. Marbhadh beirt acu, ach tháinig an tríú fear slán as an ghábhadh. Tháinig agus an scéala leis gur fá imeall na coilleadh a bhí ar thaobh an bhóthair a bhí an *sniper*, ina leithéid seo d'áit, mar a bheadh sé thuas i gcrann, giota siar sa choill.

'Rachaidh mé amach amárach, le cuidiú Dé, go scaoile mé cupla urchar leis, má gheibhim cead,' arsa Donnchadh Chonchúir Bháin lena chomrádaí.

'B'fhearr duit fanacht go n-iarrtaí ort é,' arsa an fear eile. 'Táimid dona go leor mar atáimid is gan a ghabháil in araicis an bháis.'

'Ach dá dtigeadh linn an *sniper* a chur fá chónaí, b'fhéidir go rachadh sé ar sochar dúinn a oiread is go laghdóchadh sé ár gcontúirt anseo.'

'Ach is beag do sheans air, dá fheabhas do shúil ar an ghunna,' arsa an comrádaí. 'Tífidh sé thú i bhfad sula bhfeice tusa é.'

'Ar an taobh eile den choill a rachas mé,' arsa Donnchadh, 'agus anall go mbí mé fá fhad urchair dó. Níl mé ag iarraidh ach aon fhear amháin a bheas liom. Fear a lódálfas nuair a bheas mise ag scaoileadh. Is cuma liom cé acu a bheas súil ag an fhear sin ar an ghunna nó nach mbeidh. Is cuma liom ach aon bhuaidh amháin a bheith aige – misneach.'

Ghoin an chaint seo an fear eile. 'Beidh mise leat,' ar seisean, agus é ag iarraidh labhairt go stuama, ag eagla go n-aithneochadh Donnchadh crith ar bith ar a ghlór.

'Sheacht mh'anam thú,' arsa Donnchadh. 'Labharfaidh mé leis an cheannfort anocht. Tá mé cinnte go dtabharfaidh sé cead dúinn. Tá a fhios anois cá bhfuil an *sniper.* Tiocfaimid taobh thiar air, bealach nach bhfuil súil aige leis. Má gheibhim aon amharc amháin ar mhullach a chinn sílim go gcuirfidh mé fá chónaí é.'

Chuir Donnchadh an scéal i láthair an cheannfoirt. Bhí a bharúil féin aige sin. Bhí a dhóigh féin aige leis an bhaile a ionsaí, gan bacadh ní ba mhó leis an *sniper.* Ach nuair a chonaic sé an díbhirce a bhí ar an Éireannach agus an fonn troda a bhí air thug sé cead a chinn dó. Agus dúirt sé gur dhual sinsear dó é agus go raibh súil aige go n-éireochadh leis.

IV

An oíche sin bhí Donnchadh ina shuí os coinne craos tineadh. Bhí fir ina luí ina gcodladh ar gach taobh de. Bhí cuid eile muscailte agus iad ag comhrá is ag gáirí. Ach de réir a chéile shocair an callán go dtí sa deireadh nach raibh le cluinstin i gciúnas na hoíche ach tuaim tholl na habhann fá imill an champa.

Ní raibh codladh ar bith ar Dhonnchadh. Bhí sé ag smaoineamh ar an ghábhadh a bhí roimhe. An raibh eagla air? Ní raibh air ach an eagla roimh an bhás atá sa nádúir ag an duine. Ach ní chuirfeadh sin cúl air. Bhí fonn troda air. Bhí urchar aige nach raibh ag mórán eile, agus ní bhfuair sé an fhaill riamh ar éacht a dhéanamh. Dá bhfaigheadh sé aon amharc amháin ar an *sniper* bhí sé inuchtaigh gur leis féin ba treise.

Dhruid sé a shúile. Chonaic sé an méid dá shaol a bhí caite, siar fad is a bhí cuimhne aige. Chonaic sé é féin ag scaoileadh le murúchaillí i mbéal Inis Fraoich agus ag marbhadh cúig cinn le cúig hurchar. Ba deacaire i bhfad éan acu sin a mharbhadh ná *sniper!*

Ansin smaoinigh sé ar an rud a dúirt Napoleon – go raibh bata marascail ina mhála le gach saighdiúir . . . Chonaic sé é féin ag marbhadh an *sniper.* Moladh é dá thairbhe. Ní raibh ansin ach tús. Ach bhí a lámh sa mhála aige, ag cuartú an bhata. Níorbh fhada ina dhiaidh sin go ndearna sé éacht ba mhó i bhfad ná an *sniper* a leagan. Thabhaigh sin céimíocht agus órshnáithe dó. Ó chéim go céim gur tharraing sé an bata aníos as an mhála . . . Rinneadh ceann feadhna de ar arm an Union. Chuaigh sé i ndeabhaidh le Lee agus le Stonewall Jackson agus bhris sé an cath orthu. Bhuail sé iad gur agair siad trócaire air. Ansin bhí sé cineálta dea-chroíoch leo. Thug sé an onóir agus an urraim dóibh a bhéarfadh fíorshaighdiúir d'fhíorshaighdiúir eile!

D'amharc sé in airde ar an spéir. Bhí an ghealach iomlán agus an oíche ciúin. An ghealach chéanna a bhí ag amharc anuas ar an Eargal agus ar bhéal na Trá Báine, agus ar theach a mhuintire ar mhala an Diaraigh. Ar a athair agus ar a mháthair agus iad ina luí ina gcodladh. Codladh corrach, b'fhéidir, agus gan a fhios acu cén lá a gheobhadh siad scéala a bháis!

Sin an rud ba mhó a chuir imní air, an crá croí a gheobhadh a athair is a mháthair dá muirfí é. Ach buíochas do Dhia nach raibh ach aon fhear amháin acu sa chontúirt. Ba mhór an gar gur thíos i dTennessee a bhí Mánas. Dá mba sa Tuaisceart a bheadh sé chaithfeadh sé a ghabháil faoina chuid airm dá dheoin nó dá ainneoin!

V

Chuaigh Donnchadh agus a chomrádaí isteach ar an taobh chúil den choill. Bhain sé tamall fada astu sula bhfaca siad an *sniper*. Ach chonaic siad sa deireadh é, thuas i gcrann. Ach ansin is beag nach raibh siad a fhad uaidh is a bhí siad riamh. Chaithfeadh siad áit a fháil nach mbeadh crainn ar bith eadar iad féin is é féin. Bheadh contúirt ann, ar ndóigh, nuair a bheadh siad san áit a dtiocfadh leo an *sniper* a aimsiú, go bhfeicfeadh seisean iad. Agus dá bhfeiceadh ní raibh ann ach an fear ab fhearr súil agus ba luaithe a scaoilfeadh. An raibh de sheans ann nach mbeadh an *sniper* ag amharc an bealach a raibh siad!

Bhí Donnchadh agus a chomrádaí ina seasamh i gcúl crainn agus iad ag cogarnaigh. 'Tá sé ar shlí urchair ón bhearn sin amuigh,' arsa Donnchadh. 'Tá sé chomh maith agam féacháil lena leagan.'

Shnámh sé amach ar a bholg go raibh sé taobh amuigh
den chrann. Ansin d'éirigh sé ar a leathghlún. Chuir sé bun
an ghunna lena ghualainn. Thóg sé an bairille. Scaoil sé.
Agus chomh luath is a scaoil thit sé ina chnap ar an talamh,
mar a mhuirfeadh urchar a ghunna féin é. Thug an comrádaí
iarraidh air, agus b'ansin a chonaic sé an *sniper* ag titim
anuas as an chrann, mar a bhainfeadh na craobhacha moill
as ag titim dó.

Chuaigh an comrádaí ar a ghlúine ag taobh Dhonnchaidh.
Bhí sé ina luí ar an talamh agus é ag lúbarnaigh le pian, agus
a chuid fola ag teacht ina sroite. Chuir an comrádaí a bhéal
lena chluais agus dúirt sé an Gníomh Dóláis. Bhog
Donnchadh a liobra cupla uair mar a bheadh sé ag iarraidh
labhairt. Ach ní tháinig aon fhocal leis. I gceann cheathrú
uaire bhí sé marbh.

An fear a bhí beo chuaigh sé ar ais chun an champa agus
croí cráite aige. D'inis sé an scéal don oifigeach. Tamall
roimh luí gréine tháinig fir amach as an champa agus cupla
cliath iompair leo. Thóg siad corp Dhonnchaidh agus d'imigh
leo ag tarraingt ar an champa leis. Chuaigh cuid eile acu go
bun an chrainn, an áit a raibh an *sniper* ina luí marbh.

'Caithfimid oibreacha corpartha na trócaire a chomh-
líonadh,' arsa an t-oifigeach, 'agus gan an créatúr seo a
fhágáil os cionn talaimh . . . Cuirfimid an bheirt acu in aon
uaigh amháin. Ní bheidh doicheall ar bith orthu roimh a
chéile.'

An oíche sin bhí an ghealach ag amharc anuas arís ar an
áit a raibh Donnchadh Chonchúir Bháin ina shuí aréir roimhe
sin, bata marascail aige agus Lee is Jackson buailte aige. Bhí
sí ag amharc anuas, fosta, mar ghealaigh, ar an dá chorp a
bhí á n-iompar amach as an champa. Tugadh anonn iad go
dtí an áit a raibh uaigh leathan faoi bhun crainn, ar bhruach
srutháin. Síneadh an bheirt le taobh a chéile. Sheasaigh na fir
ansin tamall ag amharc ar an dá chorp, mar ba náir leo an
chréafóg a chur orthu. Agus, seansaighdiúirí cruaidhe a
bhí tuartha leis an bhás, tháinig na deora leo nuair á chonaic
siad an dá chorp sínte le chéile, gan chlár gan chónair,
ach iad ina luí ansin mar a bheadh beirt pháistí a bheadh
ina gcodladh.

VI

'Tháinig seachrán ar bhean Chonchúir Bháin ar mhéad is a ghoill bás a mic uirthi,' arsa Micheál Rua. 'Ach dá gcluineadh sí an t-iomlán! Tamall ina dhiaidh sin tháinig scéala gur marbhadh Mánas. Bhí seisean in arm na gConfederates agus gan a fhios sin ag a mhuintir, go dtáinig scéala a bháis. Cheil Conchúr Bán an scéala sin ar a mhnaoi; bhí eagla air go gcuirfeadh sé deireadh ar fad léithi. Chuala mé na seandaoine ag rá gur mhór an díol truaighe é na blianta úd. É ag iompar a bhróin air féin, agus ag inse dá mhnaoi gur casadh a leithéid siúd air a bhí i ndiaidh teacht as Meiriceá, agus go raibh scéala Mhánais leis. Bhí Mánas ag teacht chun an bhaile i gceann chupla bliain, agus mar sin.

'Nuair a bhí an cogadh thart tháinig m'athair chun an bhaile. Chomh luath is a tháinig sé chuaigh sé suas tigh Chonchúir Bháin. Sileadh deora go fras arís, agus cuireadh fiche ceist ar m'athair fá bhás Dhonnchaidh. An raibh an sagart aige? An raibh a mheabhair aige? Ar labhair sé? Agus mar sin. Thug m'athair, ar ndóigh, a oiread sóláis dóibh is a thiocfadh leis. Bhí a fhios aige go raibh bás Mhánais ceilte ar an mháthair, agus níor thrácht sé air. Agus bhí rún eile a choinnigh sé aige féin tamall fada. Go dtí go raibh Conchúr Bán agus a bhean marbh níor inis m'athair d'aon duine beo gurbh é Mánas an *sniper*.'

Cliú an Bhaile

I

Bhí muintir Ros Scoite ina bhfeara maithe farraige. Bhí dúil mhór sa tseoltóireacht acu. Bliain i ndiaidh na bliana eile bheireadh siad an bhuaidh leo lá na rásaí. Mhair sin ar feadh sheacht mblian, go dtí sa deireadh gur shíl siad nach raibh fir ar bith fá na cladaí inchurtha leo.

Agus ansin bliain amháin chuaigh siad suas chun na gCeall Beag agus buaileadh síos siar iad. Tháinig siad chun an bhaile agus ciall cheannaithe acu. Ach ní raibh rún ar bith acu ligean don chéad bhuille a gcoinneáil ina luí. D'éireochadh siad ar ais, mar a d'éirigh gach aon fhear riamh a raibh maith ann!

Bhí a shliocht orthu. Ar feadh thrí mblian ina dhiaidh sin ní raibh mórán eile ar a n-intinn ach seoltóireacht. Fuair fear amháin bád úr agus chuir sé rigín iomlán uirthi. Fuair an dara fear bád úr agus chóirigh sé mar an gcéanna í. Go dtí sa deireadh go raibh deich bhfoirne ar an bhaile a raibh bádaí úra acu, agus gach aon bhád acu ag súil gur dóibh féin ba dual buaidh a bhreith ar na Cealla.

Bhí stócach ar an bhaile a raibh cuma air go raibh lámh mhaith ar an stiúir aige, mar a bhí Éamonn Óg Éamoinn Ruaidh. Agus de réir chosúlachta ag bisiú a bheadh sé. Ach ní raibh aige ach seanbhád, agus ní thiocfadh leis bád úr a cheannacht. Ní raibh a luach aige. Mac baintrí a bhí ann agus é ar thús an teaghlaigh. Báitheadh an t-athair nuair nach raibh siad ach mion. Agus d'fhág sin bocht iad.

Ach b'fhéidir le Dia nach mbeadh siad i bhfad bocht! Ba

ghairid go mbeadh an dara gasúr inchuidithe leis an fhear ba
sine. Ansin dá dtigeadh cupla séasúr a mbeadh ádh éisc
orthu, bhí leo. Thiocfadh leo bád úr a cheannacht agus a
ghabháil sa choimhlint. Agus cé aige a raibh a fhios nach
dóibh ba dual craobh na condae a thabhairt go Ros Scoite?

II

Cupla bliain ina dhiaidh sin bhí rása seoltóireachta le a
bheith i mbéal Árann agus bhí bád na gCeall ag teacht aniar.
Ar feadh míosa roimh an lá sin ní raibh ábhar cainte ar bith
ag muintir Ros Scoite ach an rása mór a bhí chucu.
Tráthnóna Domhnaigh amháin bhí scaifte acu ina suí ar an
ard os cionn na caslach agus iad ag caint ar an rud a bhí ar
a n-intinn.

'Cinnte le Dia,' arsa fear acu, 'ní bheidh buaidh an lae le
foireann na gCeall an iarraidh seo.'

'Níor chóir go mbeadh,' arsa Diarmaid Bhriain Duibh.
'Táimid deich bhfoirne as an bhaile seo ann, agus bád maith
ag gach aon fhoirinn. Mura bhfuil an mí-ádh dearg ag siúl
linn, ba chóir go mbeadh an bhuaidh le bád éigin de chuid
an bhaile.'

'Ach mura bhfuil bád ar bith acu níos fearr ná bád na
gCeall,' arsa Éamonn Óg, 'cá bhfuil an bhuntáiste atá ag
deich mbád ach a oiread is atá ag aon cheann amháin?'

'Tá, cinnte, buntáiste ag deich mbád,' arsa Diarmaid
Bhriain Duibh. 'Agus dá mbeadh fiche ceann ann bheadh a
dhá oiread buntáiste acu.'

'Ní thuigim sin,' arsa Éamonn Óg.

'Níl ionat ach stócach go fóill,' arsa Diarmaid, 'ach tuigfidh
tú é nuair a thiocfas do lá. Nuair a thiocfas ar bhád seoladh
chun na gaoithe, níl a fhios ag fear stiúrach ar bith, ar
uairibh, cé acu is fearr cúrsaí fada nó cúrsaí gearra. Níl ann
ach mar a bheadh lámh chardaí agat. Choinnigh tú siar do
chuileat le heagla roimh na méir – méir nach raibh ag aon
duine – agus chaill tú an cluiche; sin nó tháinig tú chun cláir
léithi agus scuab tú an bord. Sin mar atá rása seoltóireachta.
Cé acu soir nó siar a rachas tú? Tá an bhuaidh ar aon
bhealach amháin agus an díomuaidh ar an bhealach eile. Cé

acu bealach a rachas tú? Níl a fhios agat. Ach nuair a rachas
fear soir agur fear eile siar, nuair a chaithfeas fear amháin
cúrsaí fada agus fear eile cúrsaí gearra, tá na cleasa uilig sa
mhála. Beidh an rása le fear éigin.'

'Is maith do dhearcadh, a Dhiarmaid,' arsa an tríú fear.
'Ach caithfimid cur le chéile agus gan fear ar bith ag iarraidh
buaidhe dó féin.'

'Cé a bheadh ag iarraidh buaidhe dó féin?' arsa Diarmaid.

'Cliú an bhaile. Sin a mbeidh ar ár n-intinn. Is cuma linn fá
rud ar bith ach cliú an bhaile. Nuair a bheas na Cealla Beaga
buailte againn beidh craobh na condae linn.'

'Ní thuigim cá bhfuil mar a thig libh cur le chéile agus
gach aon fhear ag imirt ar son a láimhe féin,' arsa Éamonn
Óg.

Rinne Diarmaid gáire beag, agus d'amharc sé ar an chuid
eile acu, ionann is a rá, 'Nach beag ciall an stócaigh sin?'

'Beidh an bhuaidh linn, cinnte,' arsa fear eile, mar nárbh
fhiú aird dá laghad a thabhairt ar Éamonn Óg. 'Agus nach
orainn a bheas an bród. Beidh tine ar cheann gach aon aird
againn, agus ní shínfidh aon duine ar an bhaile ar leaba an
oíche sin, ach inár suí go maidin ag déanamh ollghairdis.'

III

'A mháthair,' arsa Éamonn Óg lena mháthair cupla lá ina
dhiaidh sin, 'tá mé ag brath ar a ghabháil amach sa rása.'

'Muise, ná faigh a shaothar, a mhic,' arsa an mháthair. Agus
níor amharc sí air, ach a hintinn go hiomlán, dar leat, ar an
lúb ar lár a bhí sí a thógáil ina stocaí.

'Cad chuige a n-abair tú sin?' arsa Éamonn.

'Cá mbeifeá ag gabháil le do sheanbhád?' arsa an mháthair.

'Is fearr i bhfad í ag seoladh chun na gaoithe ná na bádaí
éadroma,' arsa an mac.

Lig an mháthair do na dealgáin titim ina hucht agus
d'amharc sí air. 'Ná faigh a shaothar, a mhic,' ar sise arís.
'Goidé a bheas ar a shon agat?'

'Cliú an bhaile,' arsa Éamonn.

'Bíodh ciall agat, a mhic, agus ná bí ag tabhú mioscaise

duit féin. Is iomaí uair a thug mé an chomhairle sin do
d'athair bocht, grásta ó Dhia air. Ach ní raibh gar ann.'

Ní thiocfadh le hÉamonn ciall ar bith a bhaint as caint a
mháthara. Dar leis féin, níl ciall acu, mar mhná. Agus bíodh
acu!

Chuaigh sé go béal Árann lá na rásaí, agus bhí buaidh an
lae leis. Bhí sé cruaidh eadar é féin is bád na gCeall. Tuairim
ar scór slat a bhí Éamonn chun tosaigh ag teacht isteach
dóibh, agus bhí an chuid ab fhearr de na bádaí eile
leathmhíle ar deireadh.

Tráthnóna le clapsholas nuair a bhí Éamonn Óg ag teacht
aniar ag na hÉilíní shíl sé go bhfeicfeadh sé an spéir dearg os
cionn Ros Scoite le solas na dtinte. Ach ní raibh tine amuigh
ag aon duine. Ní raibh aon duine ar an chladach le fáilte a
chur roimhe ag teacht i dtír dó ach a mháthair.

Cliú an bhaile!

IV

Maireadh ag caint ar an rása ar feadh seachtaine agus chuala
Éamonn Óg cuid den chomhrá. De réir an tseanchais rinne
Éamonn gach aon rud ach an rása a bhaint go hionraice. Ní
raibh a leithéid de mhaith ann i gceann stiúrach. Bhí fiche
fear ar an bhaile ab fhearr ná é. Tháinig sé salach ar bhád na
gCeall. Agus ba mhór an náire do na breithiúin a thug an
duais dó agus a rinne éagóir ar fhoirinn strainséartha . . . Ní
dheachaigh sé thart ar an bhád sprice ar chor ar bith. Ghearr
sé aichearra líonáin. Thug sé thart le rámha í nuair nach
raibh sé le feiceáil mar ba cheart ón talamh. Níorbh é a bhain
an rása ar chor ar bith. Ba cheart do bhád na gCeall na
breithiúin a thabhairt chun an dlí!

'Agus sin an rud céanna a dhéanfas siad, má tá an aithne
cheart agam orthu,' arsa Diarmaid Bhriain Duibh. 'Tá sé
romhaibh: ní thiocfaidh mí ó inniu go gcaithfidh Éamonn Óg
a lámh a chur ina phóca agus an duais sin a thabhairt don
mhuintir a bhfuil sí tuillte acu. Sin an uair a bheas sé ina
ábhar gáire. Ach is maith an airí air é. Duine ar bith nach
siúlann ar an ionracas ná labhairtear liom air.'

Ón lá sin ní ba mhó ní raibh mórán suilt ina shaol ag

Éamonn Óg i Ros Scaite. An rud a chuir sé fána choinne féin agus a bhain sé amach – mar a bhí cliú an bhaile – ní raibh aon duine á iarraidh. Bhí sin ag cur imní air. Ach mar sin féin dá n-éiríodh an saol leis go measartha ba dóiche go ndéanfadh sé dearmad d'ábhar a imní, go bpósfadh sé i gceann na haimsire agus go gcaithfeadh sé a shaol i Ros Scoite. Ach mheath an iascaireacht an bhliain sin a bhí chugainn. Agus, de bharr ar an mhí-ádh, briseadh bád Éamoinn Óig oíche gaoithe móire. Chaith Éamonn cupla lá ag meabhrú fána chroí. Ansin rinne sé an rud a rinne céad fear eile ar ócáid den chineál. D'imigh sé go Meiriceá.

V

Tá naomh dár gcuid féin againn sna Rosa, mar atá Cróine Óigh. Amuigh ar oileán uaigneach a chaith sí a saol. An té nach mbeadh dóchas aige as an bhan-naomh seo ní bheinn féin carthanach leis. An té a déarfadh nach raibh i dturas Oileán Cróine Lá Fhéile Muire ach amaidí bheadh fearg orm leis. Agus bhí fearg orm le 'duine uasal' a tháinig go teach ósta na Binne Brice samhradh amháin.

Tráthnóna roimh lá an turais chuir fear an tí ceist air an raibh sé ag brath ar a ghabháil go hOileán Cróine an lá arna mhárach. Má bhí go gcuirfí focal ar áit i mbád Ros Scoite dó.

'*There's where you Irish get my goat every time,*' ar seisean. Agus thoisigh sé a mhagadh ar mhuintir na hÉireann agus ar a ndóigh is ar a ndearcadh. Ní raibh ciall ar bith acu, dar leis. Ag síoramharc siar ar na cianta caite, nuair ba chóir dóibh amharc rompu agus cos a choinneáil leis an tsaol mhór. Sin an rud a d'fhág faoi chrann smola riamh iad, agus a d'fhágfadh go lá breithe Dé mura n-athraíodh siad béasa. Thug sé sin fá dear, a dúirt sé, gach aon lá ó tháinig sé go hÉirinn. B'fhearr leis na daoine ag brionglóidigh fá Chú Chulainn is fá Cholm Cille is fá mhórán eile nach raibh riamh ar an tsaol, b'fhéidir, b'fhearr leo sin ná bail mar ba cheart a chur orthu féin is ar a ngnoithe!

Chuir sé rabhán mór thairis. Ansin thost sé tamall. Sa deireadh dúirt sé go rachadh sé. Gur mhaith leis turas den chineál sin a fheiceáil. Go mbeadh scéal le hinse aige nuair a rachadh sé ar ais chun an bhaile.

VI

Bhí lá maith ann nuair a d'imigh bád as Ros Scoite, ag tarraingt go hOileán Cróine. Ach ina dhiaidh sin bhí an aimsir taodach. An aimsir shéideánach a thig corruair le tús fómhair.

Bhí scaifte maith sa bhád. Agus cibé nach raibh ann bhí an strainséir ann, agus é ina shuí thiar i ndeireadh ag taobh fhear na stiúrach. Ní raibh mórán comhráidh aige. Ach níorbh ábhar mór iontais sin, óir ní raibh mórán Béarla ag muintir Ros Scoite le comhrá a choinneáil leis.

Thoisigh an fharraige a dh'éirí dubh amuigh ag bun na spéire. Bhí an séideán ag tarraingt orainn. An mbeimis ar foscadh sula dtigeadh sé?

Ní raibh an-chuid eagla orainn. Bhí bád maith acmhainneach linn. Agus bhí fear maith stiúrach linn, mar a bhí Diarmaid Bhriain Duibh. Cé nár rug sé riamh buaidh ar fhear na gCeall Beag lá rásaí ba é an fear stiúrach ab fhearr sa phobal é.

'Is fearr dúinn reáchtáil leis agus féacháil le a theacht i dtír ar Thráigh an Tearmainn,' arsa Diarmaid.

Bhí Tráigh an Tearmainn tuairim ar thrí mhíle uainn, trasna na báighe. Ach ba é an bharúil a bhí ag Diarmaid nach raibh an dara rogha ann.

'Scaoiligí an t-éadach cinn,' ar seisean. 'Ligfidh mé thart fúm í.'

'*No, you don't,*' arsa an strainséir. '*Allow me,*' ar seisean, ag breith ar chrann na stiúrach.

Lig Diarmaid amach é agus shuigh an strainséir ina áit.

'*Stand by fore and jib halyards,*' ar seisean, mar a déarfadh taoiseach airm. Agus níor luaithe a dúirt sé é ná rinneadh a chomhlíonadh.

'*Haul down fore. Take in main.*'

Ba ghairid gur haithníodh goidé an tseift a bhí aige. Gan imeacht roimh an ghaoth amach ar dhoimhneacht na farraige, ach seoladh le ruball an tseoil deiridh isteach in aice na Rinne Móire agus a bheith ar an fhoscadh sula dtaradh meáchan na doininne. Rud a d'éirigh leis a dhéanamh.

Chuaigh sé isteach go raibh sé fá scór slat de bhun na mbeann. Ansin d'iarr sé orthu leagan agus suí ar na rámhaí, agus a bheith réidh le tarraingt isteach i mbéal na trá dá mbeadh sé riachtanach.

'*I reckon your poor little cockle-shell wouldn't live long out there*,' ar seisean le Diarmaid agus é ag amharc amach ar an bhéal.

B'fhíor é. Bhí an fharraige ag éirí ina cnoca agus bhí gaoth ann a chloífeadh long.

Shocair sé roimh an oíche agus thángamar chun an bhaile go Ros Scoite.

'*Wal, sor*,' arsa Diarmaid Bhriain Duibh leis an strainséir ar theacht i dtír dúinn, '*if I was abeltay on speak in English with you . . .*'

Ansin iontas na n-iontas! Labhair an strainséir i nGaeilge. 'Is cuma duit fán Bhéarla,' ar seisean. 'Ná buair do cheann leis. Is í an ainnise a d'fhág agam féin é.'

'Bhail,' arsa Diarmaid, 'cár bith cearn a dtáinig tú as, is é Dia a chas linn thú. Bhí an t-iomlán báite murab é thú.'

'Ba mhór an tubaiste sin,' arsa an strainséir. 'Ba mhór an truaighe é. Agus ba mhór an milleadh é ar an rud ab ansa leat féin fada ó shin – cliú an bhaile.'

An Mhaighdean Mhara

I

'Ba mhaith liom cuairt a thabhairt ar Oileán na Glaise,' arsa mise le Micheál Rua ar theacht chun an bhaile as Meiriceá domh, anseo anuraidh.

'Bhfuil daoine muinteartha agat ann?' arsa Micheál.

'Níl daoine muinteartha ná lucht aitheantais agam ann,' arsa mise. 'Ach ba mhaith liom cuairt a thabhairt air. Bhí mé ar bainis ann dhaichead bliain ó shin. Bhí mé istigh ag déanamh sciobóil d'fhear de Ghallchóireach, agus fuair mé cuireadh chun na bainise mar dhuine.'

'Fuair, cinnte, má bhí tú istigh lena linn,' arsa Micheál Rua. 'Bhí mé féin ar bainis ann, bliain a bhí mé féin is Eoghan Dubh istigh ag déanamh ceilpe. Sin gnás a bhí ag muintir Oileán na Glaise riamh anall. Má tá an fhéile beo in áit ar bith in Éirinn, ar na hoileáin atá sí . . . Fágfaidh Éamonn s'agàinne istigh amárach thú, má bhíonn an lá maith.'

* * *

Shuigh mé tamall ar an chladach, ag amharc siar ar Oileán na Glaise agus ag meabhrú i mo chroí. Is fada an tamall dhaichead bliain. Níl a fhios agam an bhfuil an lánúin a raibh mé ar a mbainis beo go fóill? B'fhíorálainn an tseoid mná Nuala Ní Dhónaill oíche a bainise. Agus ina dhiaidh sin ní ar a háille go hiomlán a choinnigh mé cuimhne le dhaichead bliain. Ach rud a rinne sí an oíche sin a mhair i mo chuimhne agus atá do mo tharraingt isteach ar ais go bhfeice mé arís í, má tá sí beo!

II

Bhí an bhainis i mo chuimhne chomh glinn is dá mba aréir roimhe sin a bheadh sí ann. Bhí mé féin ar an oileán ag saoirsineacht, agus, mar a dúirt mé, fuair mé cuireadh.

Bhí cineál d'aithne agam ar Phroinsias Ac Grianna roimh ré. Ach ní fhaca mé Nuala Ní Dhónaill go bhfaca mé oíche a bainise í. Dá bhfeicinn! Ach, mar a dúirt Peadar Eoin, goidé an mhaith? . . . Ba bhreá an fear Proinsias. Agus i dtaca le Nualainn de, ní fhaca mé inar shiúil mé riamh aon bhean a bhí leath féin chomh dóighiúil léithi. Agus rud eile: ní fhaca mé aon bhean riamh a bhí chomh croíúil aigeantach is a bhí sí, an mhórchuid den oíche. Ní raibh le déanamh agat ach amharc ar a gnúis agus éisteacht lena gáire, agus shílfeá nach raibh buaireamh ar bith ar an tsaol agus nach mbeadh choíche. Bhí sí lách pléisiúrtha leis an uile dhuine. Agus bhí fáilte ar leith fá mo choinnese aici cionn is go raibh mé i mo strainséir.

Tamall roimh an mheán oíche chuaigh mé amach go bhfuaraínn mé féin i ndiaidh damhsa. Bhí mé i mo sheasamh ag giall an tí agus mé ag amharc ar sholas Thoraí ag scuabadh na farraige amach go bun na spéire. Leis sin féin seo amach an lánúin.

'Tá teas millteanach istigh ansin,' arsa Proinsias.

'Is maith liom d'fheiceáil ag damhsa,' arsa Nuala. 'Chonacthas domh i dtús na hoíche gur chosúil le fear thú a bheadh ag coimhthíos.'

'Goidé an coimhthíos a bheadh air?' arsa Proinsias. 'Fear a tógadh amuigh ansin ar na Maola Fionna. Siúil leat linne síos go bruach na mbeann.'

Shiúil an triúr againn síos chun an chladaigh. Ní raibh tuaim ar bith le cluinstin agam féin ach crónán toinne i mbéal trá. Sheasaíomar ansin tamall gan aon fhocal a labhairt. Sa deireadh, arsa Proinsias, 'Nach binn an ceol atá ag an fharraige anocht?'

'Ní chluinim féin a dhath,' arsa Nuala, 'ach lapadán na toinne i mbéal na trá agus crónán an bharra.'

'Ná mise,' arsa mé féin.

'Níl cluas do cheol agaibh,' arsa Proinsias, ag déanamh gáire. 'Ach cluinimse é. Agus ní hé seo an chéad uair domh. Is iomaí oíche chiúin mar anocht a shuigh mé anseo a dh'éisteacht leis . . . Níl a fhios ag duine.'

'Seo,' arsa Nuala, 'is fearr dúinn tarraingt ar an choirm agus éisteacht leis an Phíobaire Mhór tamall.'

Thángamar ar ais go teach na bainise. Chonacthas domh go raibh smúid ar an mhnaoi óig, agus mhair sin di go meán oíche. Ansin chuaigh sí suas agus sheasaigh sí ar leic na tineadh. 'Anois, a chairde gaoil,' ar sise, 'déarfaimid an paidrín, in ainm Dé.'

Chuir sin iontas orainn, óir níor ghnách linn an paidrín a rá oíche bainise. Ach chomh luath is a d'ordaigh an óigbhean é chuamar uilig ar ár nglúine.

Nuala í féin a chuir ceann ar an phaidrín. Agus an té nach gcuala roimhe sin í, ní shamhóladh sé choíche go raibh sí riamh croíúil aigeantach. Bhí imní le haithne ar a glór agus dúthracht ina guí nach gcluin tú ach go hannamh ag duine óg. Dúirt sí na paidreacha a bhí againn san am. Agus bhí aguisín aici le ceann amháin acu nach gcuala mé ag aon duine eile roimpi, ná ó shin.

'Trí Áivé Máiria in onóir na Maighdine Muire mar i ndúil is go mbeadh sí ag guí orainn lenár sábháil ar bhás a fháil in aon pheacadh de na seacht bpeacaí marfa, le huair na ngrásta ar uair ár mbáis, dea-bhás agus dea-lá chun na cille, agus fáras dár gcnámha i gcré choiscreactha.' Chomh luath is a bhí an paidrín ráite tháinig a haoibh féin ar ais ar Nualainn. Agus bhí sí chomh croíúil gealgháireach is a bhí sí riamh, ó shin go maidin.

III

Ar mo theacht ar ais go hOileán na Glaise dhaichead bliain ina dhiaidh sin bhí mé do mo chur féin i gcosúlacht le hOisín nuair a tháinig sé ar ais as Tír na hÓige agus nach bhfuair aige aon fhear den Fhéinn. Ach bhéarfainn cuairt ar an teach a raibh Nuala Ní Dhónaill ann. Má bhí sí beo dhéanfainn mo chaint is mo chomhrá léithi. Mura raibh chaithfinn an lá fán chladach go dtaradh an bád fá mo choinne.

Cupla céad slat suas ón phort atá reilig an oileáin. Áit aisteach reilig. Tá sí tarrantach ainneoin na heagla atá orainn roimpi. Táimid i rith ár saoil ag doicheall roimh an lá a mbeidh ár gcónaí inti. Agus ina dhiaidh sin is maith linn cuairt a thabhairt uirthi ar ár gcoiscéim.

Chuaigh mé isteach agus thoisigh mé a léamh na n-ainmneacha a bhí ar na crosa is ar na tumbaí. Sa deireadh tháinig mé a fhad le huaigh ar chuir mé sonrú ar leith inti. Bhí clocha beaga duirlinge ar na himill aici agus tumba de mharmar gheal uirthi. Sheasaigh mé gur léigh mé an scríbhinn.

'*Pray for the soul of Frank Greene. Died May 17th, 1923. Aged 35 years.*'

Bhí an scríbhinn seo éagosúil leis na scríbhinní a bhí ar na tumbaí eile: '*Erected to the Memory of ———.*' '*Sacred to the Memory of ———.*' '*In Loving Memory of ———.*' I gcuimhne an té a d'imigh a bhí an t-iomlán eile. Bhí an ceann seo ag iarraidh ár n-urnaí.

Chuir mé paidir le Mac Grianna agus shiúil liom. Leis sin féin tím chugam anall ón choirnéal seanbhean liath agus a Coróin Mhuire ar a méara.

'Strainséir an bealach seo thú,' ar sise, nuair a tháinig sí a fhad liom.

'Anois go díreach a tháinig mé amach as tír mór,' arsa mise. 'Tá an bád ag teacht ar ais fá mo choinne tráthnóna. Tháinig mé isteach anseo ar mo choiscéim.'

'Agus chuir tú paidir leis,' ar sise. 'Siúil leat suas chun an tí agus lig do scíth go ceann tamaill, mura miste leat é. Is fada go tráthnóna, agus ní mórán atá le feiceáil ag duine ar an oileán seo.'

Ba mhaith liom an cuireadh a fháil. Ní bheadh agam le himeacht ar fud an oileáin a chur ceist ar a gcasfaí orm an raibh Nuala Ní Dhónaill beo nó cá raibh sí ina cónaí.

'An é seo an chéad uair duit ar an oileán seo?' ar sise.

'Bhí mé ann tá dhaichead bliain ó shin,' arsa mise. 'Ach ní aithneochainn na tithe anois gan trácht ar na daoine.'

'Ní aithneofá, creidim,' ar sise. 'Tithe cheann tuí uilig a bhí an uair sin ann. Ach bhisigh an saol ó shin, buíochas do Dhia. Thoisigh an t-aos óg a ghabháil go hAlbain is go Meiriceá. Agus ní dhearna aon duine acu dearmad den bhaile.'

Ar a ghabháil isteach dúinn bhí cailín óg ina suí sa chlúdaigh agus í ag cleiteáil.

'Strainséir a fuair mé ag urnaí ar uaigh d'athara,' arsa an tseanbhean. 'Cuir cupla fód eile ar an tine sin.'

'Iníon duit í seo?' arsa mise.

'Sin a bhfuil fágtha anois agam,' arsa an tseanbhean. 'Cúigear iníonacha a bhí agam. Tá triúr acu i Meiriceá agus bean phósta ar tír mór.'

'Iníonacha uilig a bhí agat?' arsa mise.

'Iníonacha uilig,' ar sise. 'Agus is iad ab fhearr liom. Is iad ab fhearr le mná na n-oileán riamh. Eagla go mbáithfí na mic . . . Sin mar a fágadh an fear a bhí agamsa. Grásta ó Dhia ar an duine bhocht, báitheadh amuigh ansin ar na Doichill é, an áit a dtáinig stoirm cheatha air agus é ag tógáil potaí gliomach . . . Is minic a samhladh domh gur fána choinne a bhí sé. Báitheadh a dtáinig roimhe. Bhíodh sé ag rá go gcluineadh sé an fharraige ag gabháil cheoil. Bhí eagla orm i gcónaí gurbh é an báthadh a dheireadh agus nach raibh seachnadh aige air . . . Creidim nach bhfuil ann ach cainteanna gan chéill, ach beiridh an seanchas buaidh duine corruair. Níorbh é an báthadh an eagla ba mhó a bhí orm, ach eagla nach gcasfaí orm sa tsíoraíocht é mura mbeadh sé curtha i reilig choisreactha. Ach rinne an Mhaighdean Mhuire an méid sin domh. Tháinig an corp isteach thíos ansin i mbéal na trá agus gan gránú air.'

'Is tú Nuala Ní Dhónaill?' arsa mise.

'Sin m'ainm is mo shloinneadh.'

'Bhí mé ar do bhainis.'

'Is tú a bhí ag saoirsineacht thiar anseo ag Mánas Rua, grásta ó Dhia air?'

'Is mé.'

·'Agus a bhí linn síos chun an chladaigh oíche mo bhainise,' ar sise, ag éirí agus ag croitheadh láimhe liom. 'An chéad uair a chuala mé Proinsias bocht ag rá go mbíodh sé ag éisteacht le ceol na farraige. Siúd is go gcuala mé roimhe sin ag daoine eile é. Ach oíche na bainise an chéad uair a chuala mé é féin á rá. Scanraigh an oíche sin mé. Sin an fáth ar iarr mé an paidrín a rá ar theacht ar ais dúinn. Sin an fáth ar chuir mé paidir de mo chuid féin leis. Agus fuair mé toradh mo ghuí. Ba treise le Banríon na nAingeal ar an mhaighdean mhara.'

IV

'Bhfuil scéal nuaidh ar bith as Oileán na Glaise leat?' arsa Micheál Rua liom nuair a tháinig mé ar ais tráthnóna.

'Is liom atá na scéalta nuaidhe,' arsa mise, ag toiseacht is ag inse dó. 'Ach dúirt sí rud amháin nár thuig mé. Níl a fhios agam goidé a bhí sí a mhaíomh leis an rud a dúirt sí fán mhaighdean mhara.'

'Shíl mé go gcuala gach aon duine an scéal sin,' arsa Micheál. 'Dónall Mór Ac Grianna an chéad fhear den treibh a chuaigh go hOileán na Glaise. B'as Ros Scoite thall anseo é. Phós sé bean as an oileán agus chuaigh sé isteach a chónaí. Bhí siad lá amháin, foireann acu, ag tógáil eangach ar na Doichill, agus nuair a tháinig siad go dtí an eangach dheireanach ní thiocfadh sí leo. Bhí an lá glan agus tífeá gach aon rud síos go tóin na farraige. D'amharc Dónall Mór amach thar ghualainn an bháid agus goidé a tí sé ach an mhaighdean mhara agus í i bhfastó san eangaigh. Fear móruchtúil a bhí ann. Ní dhearna sé ach breith ar chorrán báid agus socadh a thabhairt di i gclár an éadain. Chuir sí scread léanmhar aisti féin agus lig sí amach an eangach. Ach an bhliain sin a bhí chugainn báitheadh Dónall Mór ar an talamh chéanna sin. Báitheadh a mhac ina dhiaidh sin agus mac a mhic, agus a mhac sin arís, an Proinsias a raibh aithne agatsa air.

'Bhí bean mhuinteartha do Nuala Ní Dhónaill thall anseo ar an Bhráid agus chuaigh sí isteach go hOileán na Glaise d'aon ghnoithe gur agair sí Nuala, ag iarraidh uirthi gan aon fhear den dream a phósadh, nó go raibh an mhaighdean mhara ar a dtóir. Go gcluineadh siad ceol san fharraige nach gcluineadh aon duine eile. Agus nach raibh ansin ach an mhaighdean mhara ag iarraidh a bheith á mealladh. Dúirt sí go mb'iontach an rud é nach dtug aon fhear riamh acu iarraidh é féin a shábháil agus snámh maith ag gach aon fhear acu. Ach ní raibh gar ann. Ní chuirfeadh rud ar bith Nuala ón rún a bhí aici. Sin anois agat iomlán an scéil.'

'Ach an bhfuil sé fíor?' arsa mise.

'Is fíor, ar an drochuair, gur báitheadh Clann Ic Grianna,' arsa Micheál.

'Ach an mhaighdean mhara?'

'Creid sin nó séan é, de réir mar a thogóras tú. Ach tá sé creidte ag Nuala Ní Dhónaill nár éirigh leis an mhaighdean mhara a fágáil ina baintreach ach tamall beag, agus gurb í féin a bheas ag Proinsias sa tsíoraíocht. Agus, mar a deireadh an mhuintir a tháinig romhainn, nach maith an chuid den scéal sin?'

An Cailín Bán

I

Ní rabhamar féin is muintir Bhaile an Dúin riamh rógheal dá chéile. Agus goidé a bhí le rann eadrainn? arsa tusa. Ní raibh a dhath ach gach aon chuid againn ag meas go mb'fhearr iad féin ná an chuid eile. Iadsan ag meas nach raibh maith ar bith ionainne ar farraige nó ar talamh, agus sinne ag maíomh nár chóir dóibhsean labhairt ná a gceann a thógáil an áit a mbeimis.

Bhímis go minic ag coimhlint ar an fharraige. Ar feadh na mblianta bhíomar cothrom le chéile. Mar a déarfá bhí na buanna rannta cothrom eadrainn. B'fhearr iadsan ag an iomramh, ach b'fhearr muintir an bhaile s'againne ag an tseoltóireacht. Agus bhí a ndearcadh féin ag gach aon bhaile acu ar an dá cheird. 'Thig le gamhain ar bith a bhfuil a sháith méide is meáchain ann a neart a ligean amach ar rámha,' a deireadh fear an bhaile s'againne. 'Ach níl gnoithe ar bith i gceann stiúrach ag aon duine ach ag an té a bhfuil intleacht chinn aige. Sin an áit a bhfuil muintir Bhaile an Dúin fágtha. Níl iontu ach an t-urradh. Tá an t-urradh maith go leor ina áit féin – ag beathach capaill nach bhfuil le déanamh aige ach tarraingt – ach ní fiú mórán neart gan eagna chinn.'

Agus fear Bhaile an Dúin: 'Thig le fágálach ar bith suí ar stiúir agus imeacht le gaoth. Sin muintir Rinn na bhFaoileann agat. Ní raibh a dhath riamh acu ach cleasaíocht agus seanchaint.'

Ach má bhí an manadh seo féin acu ní raibh sé ar a gcroí. Ba mhaith leo an dá bhuaidh a bhreith ar mhuintir an bhaile s'againne. Bhí aon fhear amháin i mBaile an Dúin, mar a bhí Muircheartach Mhicheáil Thaidhg, agus ní raibh mórán eile ar a intinn ach seoltóireacht. Agus ní ar mhaithe leis an cheird a bhí sé ná le cliú a bhaile féin ach a oiread, ach mar a deireadh sé féin, 'go díreach de gheall ar an ghus a bhaint as na smugacháin sin thall i Rinn na bhFaoileann'. Bhí a shliocht air mar Mhuircheartach. Tháinig an lá ar rug sé buaidh ar Éamonn Eoghain Óig, an fear stiúrach ab fhearr a bhí ar an bhaile s'againne.

Bhíomar fá smúid. Ní raibh tógáil ár gcinn againn agus ní bheadh go dtugaimis ár gcliú ar ais agus go mbainimis an bláth de ghamhnacha Bhaile an Dúin. Ach má bhí smúid ar an chuid eile againn bhí seacht smúid ar Éamonn Eoghain Óig. Bhí a chliú fá smál. Bheadh muintir Bhaile an Dúin ag magadh air. Agus, rud a ba ghoilliúnaí ná sin arís, bheadh cuid de mhuintir a bhaile féin ag maíomh nárbh é an fear stiúrach ab fhearr i Rinn na bhFaoileann é agus gur mhór an truaighe gur fágadh cliú an bhaile ina mhuinín.

Ach má bhí sé buailte féin ní raibh sé fá smacht. Dúirt sé sin oíche amháin i dteach an airneáil. 'Beidh lá eile ann,' ar seisean.

'Má bhíonn féin,' arsa Mánas Thuathail, 'sin a mbeidh ar a shon againn. Ní ag maíomh atá mé go bhfuil aon fhear i mBaile an Dúin inseoltóireachta leat. Níl, agus ní raibh ó tugadh 'Baile an Dúin' air. Ach níl aon bhád ar do bhaile a sheolfas bád Mhuircheartaigh Mhicheáil Thaidhg. Ní sheolfadh do bhád í, a Éamoinn, is cuma goidé an stiúradh a bhéarfá di.'

'Tá a fhios sin agam,' arsa Éamonn. 'Tá mo sheanbhádsa ar shéala a bheith caite. Le cuidiú Dé ní thiocfaidh bliain ó inniu go mbí bád úr agam. Agus ansin!'

II

An geimhreadh sin a bhí chugainn bhí iascaireacht na scadán i mbéal Árann, agus cibé nach raibh ann bhí Éamonn Eoghain Óig agus a fhoireann ann. Tráthnóna amháin bhí siad ag teacht isteach i ndiaidh a gcuid eangach a chur. Bhí géarbhach breá gaoithe ann. Níorbh fhada go dtáinig bád aníos leo agus go ndeachaigh sí rompu.

'Is maith an seoltóir báid í,' arsa fear d'fhoirinn Éamoinn Eoghain Óig.

'As Inis Mhic an Doirn í,' arsa fear eile. 'Tá mé ina heolas. An bhfeiceann sibh sin? An dóigh a dtáinig 'sí thart ar a fad féin.'

'Is mairg gan í agam,' arsa Éamonn Eoghain Óig.

'Tá sí róbheag fá choinne iascaireachta,' arsa Séamas Dhonnchaidh Chathail. 'Cluinim an fear ar leis í go bhfuil sé ag brath ar a díol.'

'Ceannóchaidh mé í más féidir margadh a dhéanamh leis ar chor ar bith,' arsa Éamonn Eoghain Óig.

'Bíodh ciall agat, a dhuine,' arsa Séamas.

'Ceannóchad,' arsa Éamonn.

'Ach goidé an mhaith a bheadh duit inti?' arsa duine eile. 'Dá dtigeadh iascaireacht throm agus an t-ádh a bheith orainn ní thógfá leath do chuid eangach léithi. Ní bheadh ann ach airgead amú.'

'Níl mise ag iarraidh ar aon duine a ghabháil i gcomhar liom,' arsa Éamonn. 'Ceannóchaidh mé féin í, ceannóchad sin, dá mba i ndán is go ndíolfainn an bhó, agus an gamhain ina cuideachta.'

Chuir sé lena fhocal, mar Éamonn. Ní tháinig seachtain go raibh an bád ceannaithe aige.

Nuair a tugadh aniar go Rinn na bhFaoileann í chruinnigh fir an bhaile chun na caslach go bhfeiceadh siad í, agus go dtugadh gach aon fhear a bhreithiúnas féin uirthi. Dúirt siad uilig gur dheas an bád í agus gur dheas an t-ainm a bhí uirthi – *An Cailín Bán*. Dúirt siad – as éisteacht Éamoinn – nach raibh mórán de lasta aici, gur dhóiche gur fá choinne seoltóireachta a rinneadh í, agus go raibh sí daor ar a luach ag fear bocht.

'Is dóiche go measann cuid agaibh nach bhfuil mórán céille agam,' arsa Éamonn Eoghain Óig, mar a thuigfeadh sé caint nach gcuala sé. 'Níl lasta mór aici. Ní thabharfaidh sí os cionn tonna go leith mónadh as an Phollaid, agus an meáchan céanna leathaigh as Oileán Eala. Ach is iomaí rud ar an tsaol diomaite de mhóin is de leathach. Nuair a chonaic mé í ní raibh scarúint agam léithi. An chéad rud a tháinig i mo cheann muintir Bhaile an Dúin agus an méid mórtais is batalaí atá déanta le bliain acu. Is iomaí lá le bliain a tháinig Muircheartach Mhicheáil Thaidhg isteach an barra agus é ag gabháil cheoil. Ach ní bheidh mórán ceoil ag cur as dó nuair a bheas mise is mo Chailín Bán réidh leis. Ní bheidh sin.'

III

B'fhíor é. Ní tháinig seachtain gur chuir Éamonn lena chuid cainte. An chéad uair a chonaic sé Muircheartach Mhicheáil Thaidhg ag gabháil síos an gaoth theann sé dhá sheol ar an Chailín Bhán agus lean sé é. Níor mhair an choimhlint i bhfad. Tháinig Éamonn aníos le Muircheartach ag Rinn na mBroc. Chuaigh sé thart leis mar a bheadh saighead ann. Agus bhí sé amach thar an bharra sula raibh Muircheartach ag an Dún Ramhar. Ar feadh tamaill ina dhiaidh sin ní dhearna muintir Bhaile an Dúin mórtas ar bith as a gcuid seoltóireachta. Ná dream ar bith eile fá na cladaí ach a oiread. Bhain an Cailín Bán an bláth den iomlán acu.

Ach ní thugann rud ar bith ar an tsaol seo ach a sheal. Agus ní thug an Cailín Bán ach a seal. Is maith is cumhain liom an oíche dheireanach dá saol. Eadar an dá Lá Nollag a bhí ann. Bhí siúl trom ar na spéartha tráthnóna agus b'fhurast a aithne go raibh gaoth air. Bhí an Cailín Bán feistithe i gCaslaigh an Fhíodóra agus bhí foscadh maith aici. Ach chuaigh an ghaoth amach le coim na hoíche. Bhí an rabharta iomlán, agus bhí an lán mara ann an oíche sin ba mhó a bhí ann le cuimhne na ndaoine.

Ar maidin lá arna mhárach, nuair a shocair an doineann agus tháinig solas an lae, bhí scrios millteanach le feiceáil fá na cladaí. Bhí cruacha leagtha agus tithe ina mballóga loma gan taobhán ná creata. Agus an Cailín Bán? Bhí sí ina cláraí ag bun na mbeann.

Ní fhaca tú aon fhear riamh a raibh an dreach cráite air a bhí ar Éamonn Eoghain Óig an mhaidin sin. Bí ag caint ar 'an rí a chaillfeadh a choróin, a ríocht is a dhúiche uilig.' Níor dhada é le taobh an bhróin a bhí ar Éamonn Eoghain Óig nuair a chonaic sé an Cailín Bán ina cipíní. Shuigh sé i rith lae ar an chladach agus gan focal as, ach é ag amharc amach ar an fharraige. An fharraige bhradach a rinne a chreach!

Tráthnóna le coim na hoíche tháinig Eoghan Thuathail chuige agus labhair sé go céillí leis. 'Seo,' arsa Eoghan, ar seisean, 'scaoil do thubaiste léithi. Níl a fhios ag aon duine aon lá sa bhliain goidé atá Dia a dhéanamh. Nach minic riamh a chualamar an rud is measa le duine ná a bhás go mb'fhéidir gurb é a leas é. Is fearr dúinn, in ainm Dé, na cláraí a chruinniú. Níl ach amaidí a ligean sa dul amú. Mura ndéanfá leo ach a ndó bhainfeá cuid mhaith tineadh astu.'

'An Cailín Bán a dhó!' arsa Éamonn. 'Ní dhófainn ach a oiread is a dhófainn cnámha m'athara nuair a fuair sé bás. Cruinneochaidh mé na cláraí agus dhéanfaidh mé moll díobh ar ard na caslach. Beidh siad ansin fad is a bheas mé beo, agus i ndiaidh mo bháis, tá súil agam. Fágfaidh mé d'fhiacha ar mhuintir an bhaile gan méar a leagan orthu go n-imí siad ina ndeannach leis an aois agus leis an aimsir.'

Chruinnigh sé na cláraí agus rinne sé moll díobh ar an ard os cionn na caslach. Chuir sé clocha thart lena mbun ar eagla go dtitfeadh aon cheann acu. Bhí siad ansin ina leacht ghlórmhar bhrónach. 'Inis do Spartaigh Rinn na bhFaoileann go bhfuilimid inár luí anseo iar gcomhlíonadh a dtola.'

IV

Ar feadh tamaill ina dhiaidh sin rug muintir Bhaile an Dúin ár mbuaidh ag an tseoltóireacht agus ag an iomramh. Sa deireadh stadamar de choimhlint leo. Ní raibh maith linn ann. Bhíomar buailte acu. Ní raibh a dhath fágtha againn ach cuimhne an tseantsaoil agus cnámha an Chailín Bháin.

Chuaigh na blianta thart. Bhí Éamonn Eoghain Óig ag tarraingt ar dheireadh a shaoil. Bhí sé ina sheanduine chreapalta. Ach creapalta is mar a bhí sé b'annamh lá a ligeadh sé thart gan an turas a dhéanamh go dtí an leacht.

Ach bhí glún eile fear ar an bhaile. Fir nach mbeadh sásta le buaidh a sinsear gan cur léithi. Bhí cuid acu ag teacht chun tosaigh ag an stiúir, cuid eile ag an rámha, agus cuid eile ag an chéasla. Agus bhí dóchas acu go dtabharfadh siad an chraobh ar ais go Rinn na bhFaoileann nuair a thiocfadh an fhaill.

Tháinig sí sa deireadh. Lá Fhéile Muire Mór san Fhómhar

bhí na rásaí i mbéal Árann. Bhí Rinn na bhFaoileann agus
Baile an Dúin sa choimhlint arís. An choimhlint sin a bhí
eatarthu le cuimhne na ndaoine.

Ní raibh Éamonn Eoghain Óig ag na rásaí, ar ndóigh. Ní
thiocfadh leis an siúl a dhéanamh. Chaith sé an mhórchuid
den lá ina shuí amuigh agus é ag amharc siar mar a bheadh
sé ag feitheamh le teachtaire a theacht ón fharraige le scéala
chuige. B'fhada leis an lá go dtí an oíche. Bhí eagla air. Ach
bhí léaró dóchais aige. 'Dá mbaineadh siad aon rása amháin
féin,' a deireadh sé, 'ba mhaith é le cur ina cheann.'

Tamall beag i ndiaidh luí gréine tháinig cuid dá raibh ag
na rásaí ar ais agus an scéala leo gur bhain muintir an bhaile
s'againne na trí rása, an tseoltóireacht agus an t-iomramh
agus rása na gcurach.

'Buíochas do Dhia na glóire go bhfaca mé an lá,' arsa
Éamonn, 'mura mbeinn beo ina dhiaidh ach seachtain. Ach
caithfidh sibh tine a chur ar an Ard Mhór. Tine nach raibh a
leithéid riamh ar na bailte. Tine a dhófas an croí ag amhlóirí
Bhaile an Dúin.'

Thoisigh aos óg an bhaile gur chruinnigh siad an uile
chipín dá raibh fána láimh acu. Ach ní raibh a sáith acu, dar
leo. Dúirt duine éigin gur chóir cláraí an tseanbháid a chur ar
an tine. Ar chóir? arsa cuid eile. Bhí an connadh gann. Bhí an
croí óg agus an fhuil te agus an bhuaidh mhór faighte acu
. . . Níor fágadh a oiread is cipín de chnámha an Chailín
Bháin nár cuireadh ar an tine.

Tamall beag i ndiaidh a ghabháil ó sholas dó chuir siad
lasóg inti. Bhí ola agus tarr acu, agus, ar ndóigh, bhí an
t-adhmad tirim. D'éirigh an bladhaire in airde sa spéir agus
chuir sé loinnir i gclár na farraige, amach anonn go dtí na
Maola Fionna.

Bhí Éamonn Eoghain Óig ag a dhoras féin, ina sheasamh
agus a thaca leis an ursain. Bhí sé ag amharc uaidh ar an
tine. Bhéarfadh sé a bhfaca sé riamh ar a bheith thuas ar an
Ard Mhór ag an tine, an áit a raibh an chuid eile de mhuintir
an bhaile.

Chuaigh beirt stócach thart fá ghiota den doras aige agus
iad ag tarraingt suas. Scairt sé leo. 'Gabhaigí faoi m'ascaillí
agus tugaigí suas go dtí an tine mé,' ar seisean.

'Gan a fhios nach titim a dhéanfá agus do mharbhadh,' arsa an tseanbhean, ag teacht anuas an t-urlár ag tarraingt ar an doras.

Titim agus a mharbhadh! Ach nár chuma? Má bhí sé fána choinne cérbh fhearr áit a dtiocfadh sé?

D'iompair an bheirt stócach eatarthu é, mar a hiompradh Gofraidh Ó Dónaill nuair a tháinig Ó Néill air le tine is le harm i ndiaidh lá Chreadrán Cille. Bhí sé ag caint leo ar an bhealach suas agus lúcháir an tsaoil air.

'Nach méanar dúinn anocht?' ar seisean. 'Cuirfidh an oíche anocht fad ar mo shaol . . . Dhá bhliain déag is fiche go geimhreadh seo ag tarraingt orainn ó bhain mé féin is an Cailín Bán an mórtas as muintir Bhaile an Dúin. An Cailín Bán bocht. Dá mbeadh airgead agam dhéanfainn teach gloine agus chuirfinn cnámha an Chailín Bháin isteach ann, sa chruth is go mairfeadh sí le saol na bhfear . . . Tá súil agam go dtabharfar aire dá cnámha i ndiaidh mo bháis. Ach bhéarfar. Tuigeann muintir an bhaile fad is a bheas an Cailín Bán againn go mbeidh an bhuaidh linn.'

Nathán

I

Is tearc duine nach mbíonn buaidh de chineál éigin aige. Agus is teirce ná sin arís an té nach mbíonn bród air as an bhuaidh a fágadh aige féin. Bhí a bhuaidh féin ag Mánas Tharlaigh Ruaidh. Ní raibh aon fhear sna Rosa a dtiocfadh leis cruach fhéir a dhéanamh mar a dhéanfadh sé.

Ba é an dearcadh a bhí ag an mhórchuid d'fheara an phobail gur chuma goidé an déanamh a thug tú ar chruach fhéir má rinne tú í sa dóigh nach n-ólfadh sí an t-uisce nuair a thiocfadh báisteach an gheimhridh. Dúirt Donnchadh Dhónaill Mhóir sin leis lá amháin.

'Ba chuma liom riamh,' arsa Donnchadh, 'goidé an déanamh a bheadh ar chruaich ach díon a bheith inti.' Bhí a bhuaidh féin ag Donnchadh ach nár chruachadóireacht í.

'Ar chuma leat,' arsa Mánas, 'goidé mar a bhainfeá móin ach tine bhliana a bheith i do dhiaidh tráthnóna?'

'Níor chuma liom,' arsa Donnchadh. 'Nuair a bheinn ag gearradh ba mhaith liom aghaidh mo bhachta a fhágáil chomh díreach agus chomh cothrom le taobh balla. Agus nuair a bheinn ag srathnú an fhóid bairr nó ag cur an fhóid íochtair as poll ba mhaith liom na péirí a fhágáil ina luí mar a bheadh díslí ann. Ní fhaca mé a dhath riamh ba mhó a chuirfeadh gráin orm ná móin a bheadh bainte go scrábach.'

'Tá mise mar an gcéanna leis an chruachadóireacht,' arsa Mánas. Agus bhí. Níodh sé cruach fhéir mar a dhéanfadh an Gobán Saor caisleán a mhairfeadh le saol na bhfear.

Ar ndóigh, bhí fear eile ar an bhaile a raibh lámh mhaith

ar an stiúir aige agus ba bheag a mheas ar chruachadóir ná ar fhear mónadh. Agus má bhí fear ann a dtiocfadh leis an triúr acu a leagan ar an Tráigh Bháin bhí drochmheas aige ar an iomlán acu. Is cosúil gur leannán é a shiúlas leis an duine.

II

Ach bhí óigfhear ar an bhaile, mar a bhí mac Shéarlais Naois, agus bhí cuma air, nuair a thiocfadh tuilleadh dá bhlianta, go mbeadh sé ina chruachadóir chomh maith le Mánas Tharlaigh Ruaidh an lá ab fhearr a bhí sé sin, mura mbeadh níos fearr. An chruach fhéir a rinne sé anuraidh roimhe sin bhí sí inchurtha le ceann Mhánais uilig ach nach raibh sí ag fairsingiú ó bhun go sceimheal. Agus, ar ndóigh, ní fhágfadh Mánus an locht sin gan lua.

'Níor thaitin aon chruach riamh liom,' a deireadh sé, 'a mbeadh aon leithead amháin ó bhun go sceimheal inti. Agus gan trácht uirthi ar chor ar bith in amharc súl, ní raibh an díon ceart in aon chruaich riamh nach mbeadh tógáil sa chois aici. Ach is doiligh a dhéanamh. Tá an chontúirt i gcónaí go spréifidh sí ort. Sin an áit a bhfuil an bhuaidh ag an cheardaí.'

Ach tháinig an lá a ndearna mac Shéarlais Naois cruach a bhí inchurtha le ceann ar bith dá ndearna an ceardaí riamh. Bhí Mánas fá imní. Thoisigh sé ar a cheann féin. Bhí an dúdhíbhirce air. Ba é seo báire na fola. Chaithfeadh sé a dhícheall a dhéanamh má rinne sé riamh é. Fiche uair tháinig sé anuas den chruaich nuair a bhí sé á déanamh, agus shiúil sé thart uirthi agus é á breathnú go géar, ar eagla go raibh sí ag gabháil raimhe an ribe anonn ná anall. Go dtí sa deireadh go raibh sí críochnaithe aige.

Tháinig sé anuas den chruaich agus bhreathnaigh sé í ar feadh tamaill. Ní raibh locht dá laghad le fáil aige uirthi. Bhí sí ar an chruaich ab fhearr agus ba deise a rinne sé riamh. Nuair a bhí sí breathnaithe mar ba cheart aige chuaigh sé caol díreach go garraí Shéarlais Naois agus bhreathnaigh sé an ceann a bhí ansin. Agus b'éigean dó a aidmheáil ina chroí go raibh sí inchurtha lena cheann féin ar an uile dhóigh. Bhí

tuí agus súgáin uirthi agus í bearrtha go dtí an sceimheal, gan
bun cleite amach ná barr cleite isteach.

Tháinig brón ar Mhánas. An brón sin a thig ar fhcar i
gcónaí nuair a chaithfeas sé a rá leis féin go dtáinig deireadh
a chaithréime.

Sa deireadh tháinig léaró dóchais chuige. Bhí tuí le cur ar
an chruaich aige. Chaithfeadh sé a fágáil cupla lá go luíodh
sí ar a chéile. Ansin chuirfeadh sé barr maise uirthi. Chuir-
feadh sé tuí uirthi a bhainfeadh an bláth dá chéile comhraic.

'B'fhéidir, ina dhiaidh sin, nár chóir domh,' ar seisean leis
féin. Sheasaigh sé tamall mar a bheadh sé eadar dhá
chomhairle agus é ag amharc amach ar an fharraige. Sa
deireadh ar seisean leis féin, 'Níl contúirt ar bith go dtioc-
faidh a dhath a bhéarfadh orm aithreachas a dhéanamh.'

III

Ní raibh iascaireacht scadán ar bith i mBáigh na Rosann an
fómhar seo. Ní raibh ná le seacht mbliana roimhe sin. An
bhliain dheireanach a bhí siad ann shíl na daoine go dtáinig
siad le gan imeacht. Ar feadh ráithe mhair siad ag tonnadh
anoir béal Thoraí. Tháinig siad isteach ar an inbhear agus
aníos an caolas. Agus ansin, amach i ndiaidh na Nollag,
d'imigh siad mar a tháinig siad, in aon oíche amháin. Agus
ba é an chuma a bhí air nach raibh rún acu teacht ar ais
choíche.

Ach an té a bhí eolach agus an seanchas iomlán aige bhí
dóchas aige go dtiocfadh na scadáin ar ais lá éigin. Ba
mhinic roimhe sin a lig siad na blianta thart gan cuairt a
thabhairt ar Bháigh na Rosann. Ach tháinig siad ar ais i
gcónaí, go minic san am ba lú a raibh súil leo.

Agus anois b'fhéidir go bhfiafóraí díom goidé mar a bhíos
a fhios ag na hiascairí go bhfuil na scadáin sa bháigh. An
mbíonn sé d'fhiacha orthu a ghabháil amach an uile oíche
i rith an tséasúir agus a gcuid eangach a chur? Dá mbeadh
bheadh feitheamh fada go minic orthu. Ach tá lucht faire acu
a bhéarfas scéala dóibh. Tá na céadta agus na mílte acu ann,
agus níor fheall siad riamh ar na hiascairí. Má bhí tú riamh ar

bhruach na Farraige Móire lá samhraidh nó fómhair chonaic tú an fhaoileann mhór gheal ina suí ar laftán i mbarr binne. Tá sí ag titim ina codladh, dar leat, agus gan aird ar a dhath aici. Ach caithfidh sí greim a béil a shaothrú chomh maith liomsa nó leatsa. Agus aithneochaidh sí an scadán sa bháigh gan eangach ar bith a chur.

IV

An bhliain úd a bhí an iascaireacht throm i mBáigh na Rosann cheannaigh Mánas Tharlaigh Ruaidh eangach tharraingthe. Bhí an cineál seo eangach i bhfad ní ba daoire ná na heangacha crochta. Ach ní bheadh ceann acu i bhfad á glanadh féin nuair a bheadh an t-iasc fairsing.

Ach an bhliain sin a bhí chugainn ní raibh gnoithe ar bith léithi, ná na blianta ina dhiaidh sin ach lán chomh beag. Cár bith tallann a bhuail na scadáin ní raibh siad ag teacht fá chéad míle de chladach na Rosann. Bhí an eangach ina carnán i gcoirnéal an sciobóil ag Mánas. Bheireadh sé amach í ó am go ham agus spréadh sé ar an talamh faoin ghréin í, ar eagla go dtiocfadh fuarlobhadh uirthi. Sa deireadh bhí sé ag éirí tuirseach ag amharc uirthi. Dúirt sé lena mhnaoi aon fhómhar amháin go ngearrfadh sé ina cuideanna í agus go gcuirfeadh sé ar na cruacha in ionad súgán í. 'Sin uile a bhfuil le gnóthú uirthi,' ar seisean.

'Ní ghearrfaidh tú í má ghlacann tú mo chomhairlese,' arsa an bhean. 'Ní bheadh a fhios agat cá huair a thiocfadh na scadáin.'

'Ní thiocfaidh siad le linn aon duine dá mhaireann nuair nach dtáinig siad roimhe seo,' arsa Mánas. 'Tá a n-aghaidh bealach éigin eile.'

'Bíodh foighid agat,' arsa an bhean. 'Nach minic a chualamar comhairle an duine aosta: taisc rud seacht mbliana agus mura bhfaighe tú úsáid dó caith amach é.'

Ghlac Mánas comhairle na mná an iarraidh seo. D'fhág sé an eangach mar a bhí sí, cé nach mórán dóchais a bhí aige go mbeadh iascaireacht ar bith ann roimh dheireadh na seacht mblian. Sa deireadh tháinig an lá ar mhian leis tuí mhaiseach a chur ar chruach fhéir agus cliú an cheardaí a choinneáil gan smál.

Thug sé amach an eangach as an scioból agus spréigh sé ar an léana í. I gceann tamaill tháinig sé isteach agus d'fhiafraigh sé dá mhnaoi cá raibh an siosúr.

'Goidé an gnoithe atá leis an tsiosúr agat?' ar sise.

'Tá mé ag brath an eangach a ghearradh agus a cur ar an chruaich in ionad súgán,' ar seisean.

Thoisigh eatarthu.

'Nach minic riamh a chuala tú, "Taisc rud seacht mbliana agus mura bhfaighe tú úsáid dó caith amach é." '

'Nár thaisc mé í seacht mbliana?'

'Ní bheidh sí seacht mbliana agat go ceann naoi lá eile. Ní bheadh a fhios ag duine goidé a thiocfadh roimh dheireadh na naoi lá sin. Tá an t-am de bhliain ann. Mholfainnse duit fanacht an tamall beag seo, le fios nó le hamhras.'

'Amaidí, a bhean. Fanacht go dtara an bháisteach!'

'Ní thiocfaidh báisteach ar bith go mbí an ghealach seo caite. Bhí ceo ina tús. Ceo gealaí úire gheibh sé bás den tart. Nach minic a chualamar na seandaoine á rá. Fág an eangach sa riocht a bhfuil sí agus cuir súgáin ar an chruaich mar a rinne tú riamh.'

Mar a rinne sé riamh! Ach, ar ndóigh, níorbh ionann na blianta a chuaigh thart agus an bhliain seo. Bhí a chliú agus a cheird le cosnamh aige. Agus, ar ndóigh, ní raibh súil ag aon duine le hiascaireacht. Ní raibh baol ar bith go dtiocfadh na scadáin roimh naoi lá!

Ghearr sé an eangach ina cuideanna. Ansin thoisigh sé gur chuir sé tuí ar chruach an fhéir. An tuí ba mhíne agus ba mhaisí dár chuir sé riamh. Chuir sé an eangach anuas ar an tuí agus cheangail sé í. Nuair a bhí sin déanta aige thug sé leis deimheas agus bhearr sé ó sceimheal go talamh í, go dtí nach raibh a oiread is sifín crochta léithi.

Bhí sé fá chupla uair de luí gréine nuair a bhí an obair críochnaithe aige. Sheasaigh sé amach ón chruaich agus bhreathnaigh sé go lúcháireach í. Scairt sé lena mhnaoi. Tháinig sise amach.

'Nach deas í?' arsa Mánas. 'Chuir an eangach an dlaíóg mhullaigh uirthi. Níl a leithéid istigh i sé ceathrúnacha déag na Rosann, agus ní raibh riamh.'

'Níl cosúlacht ar bith báistí ar an tráthnóna,' arsa an bhean.

'Níl air ach tréan aimsire maithe. Ní bheadh dochar ar bith duit an chruach a fhágáil na naoi lá gan tuí. An bhfeiceann tú an spéir chomh glan is atá sí?'

D'amharc Mánas in airde. Chuir sé lámh os cionn a shúl. Tháinig dreach imníoch air. Cá hair a raibh sé ag stánadh? Tá, ar bhall bheag gheal a bhí amuigh in airde sa spéir, thoir os cionn Rinn an Aird Dealfa. Éan a bhí ann, ar ndóigh. Faoileann! Arbh fhéidir gurbh í faoileann na scadán a bhí ann?

Seo anoir í. Anoir os cionn Ghabhla agus trasna os cionn Bhéal Inis Fraoich. Sa deireadh stad sí. Bhí sí ansin sa spéir ar feadh chupla moiminte agus gan bogadh aisti ach í mar a bheadh sí crochta ar cheann sreangáin. Agus ansin, mar a ghearrfaí an sreangán, tháinig sí anuas mar a thitfeadh cloch.

I bhfaiteadh na súl bhí na faoileanna ag cruinniú anoir agus aniar, go dtí go raibh clár na mara breac leo amach go bun na spéire. Bhí na scadáin ar ais i mBáigh na Rosann!

I gceann leathuaire ina dhiaidh sin bhí bádaí á gcur ar an toinn. Bhí fir ina rith chun an chladaigh agus ualach a dhroma ar gach aon fhear, eadar eangacha agus sheolta agus rámhaí. Bhí mná agus páistí sa tsiúl agus iad ag cur lón bídh ar bord. Glóir do Dhia, tá cabhair ag tarraingt arís orainn!

Sheasaigh Mánas Tharlaigh Ruaidh ag bun na cruaiche agus é ag amharc amach ar an fharraige. Ba ghairid go raibh an chéad cheann de na bádaí faoi sheol agus í ag tarraingt amach ar Bhéal Inis Fraoich. Bhí bádaí as Árainn ag gabháil soir. Bhí muintir Ghabhla agus Inis Meáin ag teacht anoir. Sula dtáinig an oíche bhí an fharraige beo le bádaí. Agus i rith an ama bhí Mánas ina sheasamh leis féin ag bun na cruaiche.

Chuaigh an ghrian a luí. Tháinig dorchadas na hoíche. Oíche dheas chiúin fhómhair agus na scadáin sa bháigh! Ba ghairid gur las na bádaí a gcuid solas agus gur chuir siad i mbarra na gcrann iad. Bhí na céadta acu ann. Bhí an fharraige breacaithe le solais, mar a bhí an spéir a bhí os a ceann.

Móide Baiste

I

Bhí Tarlach Ó Gallchóir as Doire i mBaile Átha Cliath ag foghlaim léinn. Domhnach amháin bhí sé ag siúl na sráide agus chonaic sé na slóite síoraí agus a n-aghaidh uilig aon bhealach amháin. Lean Tarlach an slua agus gan a fhios aige cá raibh a thriall.

An oíche sin bhí sé ina luí muscailte agus é ag smaoineamh ar an mhisean a raibh sé aige nuair a bhí sé ina ghasúr. Bhí an misean sin os a choinne chomh soiléir is dá mbeadh sé ag amharc air lena shúile cinn. Teach an phobail lán ó chúl go doras. Coinneal lasta ina láimh ag gach aon duine agus iad ag diúltú don diabhal agus dá cheilg. Móide baiste! Ba ghlórmhar an uair í.

Goidé a chuir ag smaoineamh ar an mhisean é? Tá, caint a chuala sé i Reilig Ghlas Naíon inniu roimhe sin. Ba mhillteanach an chaint í. Ba mhillteanach an tsamhail í. *'I propose to you then that here by the grave of this unrepentant Fenian we renew our baptismal vows.'* B'ionann é agus a iarraidh ar an tslua aithreachas a dhéanamh ina bpeacaí agus toiseacht arís as úire.

Chuimhnigh Tarlach ar cheist a bhí sa Teagasc Críostaí: Cá mhéad modh ar a ndéantar an peacadh? Ar cheithre mhodh – le smaoineamh, le briathra, le gníomh agus le failí. Ba iad sin na peacaí a bhí in aghaidh Aitheanta Dé. An bhféadfadh duine a bheith ciontach mar an gcéanna in éadan a thíre?

Rinne Tarlach mionscrúdú ar a choinsias. Bhí sé saor ar an chéad ghné peacaidh, agus ar an dara ceann. Bhí, agus ar an tríú ceann. Ach an ceathrú modh? An fhaillí? Bhí sé chomh ciontach is a thiocfadh le duine a bheith. Ní raibh ina shaol ó tháinig ann dó ach faillí. Ní dhearna sé a dhath riamh ach ag iarraidh a bheith ag soláthar dó féin!

Teacht an lae ar maidin thit sé ina chodladh. Bhí sé ag brionglóidigh. Bhí sé ag éisteacht le glór an duine mar a bheadh glór i bhfad uaidh ann: '*I propose to you then that here by the grave of this unrepentant Fenian we renew our baptismal vows.*'

II

Nuair a tháinig sé as Doire leis an cholún chun na tíre s'againne síleadh nach raibh sé mar dhuine eile. Shuífeadh sé i rith tráthnóna ag amharc ar na sléibhte. 'Is iomaí lá glórmhar agus lá brónach a chonaic siad,' a deireadh sé. 'Chonaic siad Colm Cille ina leanbh i nGartán. Chonaic siad ríthe á n-oirniú ar Charraig an Dúin. Chonaic siad Aodh Rua ag imeacht ina bhráigh tráthnóna fómhair. Chonaic siad arís ina neart é lá an Chorrshléibhe iar gcloí na nGall. Chonaic siad Micheál Ó Cléirigh i gceann pinn agus chuala siad sailmcheol na manach i mainistir Dhún na nGall.'

Dá n-abórfá leis go raibh sin maith go leor mar ábhar filíochta, déarfadh sé leat nach raibh san fhilíocht ach smior na fírinne . . . Is iomaí oíche a chaith sé i dtigh Sheáin Uí Chonnacháin i nGleann Domhain. Agus gan amhras ar bith chuirfeadh a chuid cainte draíocht ort dá mbeifeá i bhfad ag éisteacht leis.

III

'Bhéarfaidh mé an áit sin duit, ar ndóigh,' arsa an sagart, nuair a tháinig Tarlach a dh'iarraidh scoile air. 'Ní raibh d'eagla orm ach nach ligfí amach as an phríosún in am thú.'

'Tá mé fíorbhuíoch díbh, a shagairt,' arsa Tarlach. Ansin rinne sé osna throm. 'Tá sí buailte go héag,' ar seisean. 'Tá sí marbh an iarraidh seo.'

'Ní hé an chéad bhás di é,' arsa an sagart. 'Ach d'éirigh sí ó mhairbh i ndiaidh Chionn tSáile, agus i ndiaidh léirscrios Chromail agus i ndiaidh Bhriseadh na Bóinne. Bíodh uchtach agat,' ar seisean, ag éirí ón chathaoir. 'Tá Dia láidir agus tá máthair mhaith Aige.'

Ach ba bheag an sólás le Tarlach smaoineamh go mbeadh lá eile ann, nuair nach mbeadh sé féin sa teagmháil.

I gceann chupla mí ina dhiaidh sin bhí sé ag teacht chuige féin agus ag cromadh ar a chuid oibre. Ach ansin, maidin amháin, tháinig cáiteach de pháipéar bhuí leis an phost chuige.

Goidé a bhí sa leitir? Tá, mionna a bhí le tabhairt aige go mbeadh sé díleas do rí na Sasana.

Rinne Tarlach gáire le drochmheas. Stróc sé an páipéar ina phíosaí miona agus chaith sé ar an urlár é.

Thug duine éigin a bhí lena leas, nó a shíl go raibh, iarraidh comhairle a chur air, ag rá gur chóir dó fanacht.

'Ní thiocfadh liom,' arsa Tarlach. 'Diúltóchaidh na céadta don mhionna seo. Ní thiocfadh liom fealladh orthu.'

'Mo choinsias, níl a fhios agam,' arsa an fear eile. 'Is maith an scéalaí an aimsir.'

★ ★ ★

An t-earrach sin a bhí chugainn chuaigh Tarlach go hAlbain a dh'iarraidh oibre. Le luí gréine d'imigh an bád as Doire. Tráthnóna gruama ceobháistí a bhí ann.

Chuaigh Tarlach ar bord. Ní raibh comrádaí ar bith ar a ghualainn. Ní raibh aithne aige ar aon duine. Bhí sé ag imeacht chun na coigríche leis féin. Chuaigh sé siar go deireadh an tsoithigh agus sheasaigh sé ansin agus dreach brúite air, agus é ag amharc amach ar na faoileanna a bhí ag cleitearnaigh os cionn an uisce taobh amuigh den loing. Chaith duine éigin píosa aráin amach san uisce. Tháinig faoileann mhór anuas as an aer de rúchladh agus thug sí áladh ar an arán. Bhuail ceann eile gob uirthi agus bhain di é. I bhfaiteadh na súl bhí cupla scór acu in aon bhléathach gheal amháin agus iad ag troid fán alpán.

'Faoileanna Loch Feabhail!' arsa Tarlach leis féin. 'Nach iad a shéan a ngaol lena sinsir. Ach, ar ndóigh, níl siad a dhath níos measa ná na daoine.'

Agus d'imigh sé ó chladach na hÉireann agus síol na seirbhe ag cur fréamhacha ina chroí.

IV

I nGlaschú a bhí an cruinniú. Bhí an halla lán ó chúl go doras. Agus bhí cuid mhaith Éireannach ann. Éireannaigh a bhí thall ansin ag obair agus mórán acu ar dhrochdhóigh agus ar bheagán páighe.

Bhí trí cainteoirí ag an chruinniú sin – Éireannach agus Albanach agus Sasanach. An Sasanach an chéad fhear a labhair. Labhair sé go ciúin, faichilleach, dar leat, agus níor cuireadh mórán suime ann. Ba é an tAlbanach an dara fear a labhair. Bhí sé ní ba bheocha ná an fear a tháinig roimhe. Agus bhain sé gáire amach nuair a dúirt sé nach raibh ann ach dhá chineál Albanach – '*the Scots wha hae and the Scots wha haena.*'

Ansin tháinig an tÉireannach chun tosaigh. Bhí sé borb tintrí agus cuma air go raibh gach aon fhocal dá raibh sé a rá ag teacht óna chroí. Bhí aon bhuaidh amháin aige os cionn gach buaidh eile. Bhéarfadh sé ort a bheith ina leith nó ina éadan. Chuirfeadh sé aoibhneas ort, sin nó chuirfeadh sé fearg ort. Bheifeá sásta leis nó míshásta. Ach ní thiocfadh leat neamhshuim a dhéanamh de.

Níor chóir don oibrí, a dúirt sé, a dhath eile a bheith ar a aird ach a chineál féin a neartú agus a spreagadh fá choinne an lae a bhí le a theacht. Thiocfadh an lá sin chomh cinnte is a bhí grian ar an spéir. Bhí an mhórchuid den chine daonna fá smacht ag an bheagán a raibh maoin an tsaoil ina lámha. Ach bhí lá na héirice ag tarraingt orthu. 'Beidh cogadh dearg ann,' ar seisean, 'mura bhfaighe an t-oibrí a cheart. Níl fáth ná ciall le cogadh ar bith eile ach cogadh eadar an fear a bhfuil a sheacht sáith aige agus an fear nach bhfuil leath a sháith aige . . . An rud a dtugann siad grá tíre air gheobhaidh sé bás an lá a thuigfeas na slóite nach bhfuil ann ach cleas atá ag lucht na maoine leis na daoine

bochta a lagú nuair a bheas siad ag éirí róláidir nó
rólíonmhar.'

'Ní raibh mé ag súil lena leithéid sin de chaint uaitse,' arsa
fear a tháinig go dtí an cainteoir taobh amuigh den doras i
ndiaidh an chruinnithe.
    'Nach bhfuil tú ag teacht liom ar an méid a dúirt mé?' arsa
an cainteoir go míshásta.
    'Ní abóraidh mé cé acu atá mé ag teacht leat nó nach
bhfuil. Is cuma fá sin. Ach ní leis a bhí mé ag súil uait.'
    'Mar sin de tá aithne agat orm.'
    'Sílim go bhfuil. An raibh tú riamh i nGleann Domhain?'
    'Bhíos go minic, nuair a bhí mé ar an drabhlás. Is iomaí
oíche a chodail mé i dtigh Sheáin Uí Chonnacháin i nGleann
Domhain.'
    'Mac do Sheán mise. Ní raibh mé ach i mo ghasúr san am.
Ach is maith is cumhain liom an oíche a tháinig tú féin agus
an chuid eile den cholún tigh s'againne. Tá cuimhne go fóill
agam ar chuid den amhrán a bhíteá a rá dúinn:

> 'But yet will I rear your throne
> Again in golden sheen;
> 'Tis you shall reign, shall reign alone,
> My Dark Rosaleen!
> My own Rosaleen!
> 'Tis you shall have the golden throne.
> 'Tis you shall reign and reign alone,
> My Dark Rosaleen!'

    'Mangan bocht!' arsa an cainteoir. 'Sin bail a chuir brandaí
is *opium* air. Slán agat. Tá deifre orm. Tá obair le déanamh
agam.'
    'Bhail,' arsa Mánas Ó Connacháin nuair a fágadh leis féin
é, 'nach doiligh léamh ar chroí nó ar intinn an duine. Shíl mé
go mbeadh gach gleann sléibhe ar fud Éireann agus na
móinte ar crith sula dtaradh a leithéid sin d'athrach ar
Tharlach Ó Gallchóir.'

V

Tráthnóna breá i dtús an fhómhair agus imir bhuí ag teacht sa choirce. Bhí fear ag teacht anoir ar rothar ag tarraingt ar Ghleann Domhain. Fear a bhí ag brú anonn ar thrí scór bliain, de réir a chosúlachta.

Cad chuige a dtáinig sé? Goidé a thug i rith an bhealaigh as Meiriceá é, san aois a raibh sé ann? B'fhurast dó freagra a thabhairt ar an cheist sin: ba mhaith leis an méid a bhí beo dá ghaolta a fheiceáil sula bhfaigheadh siad bás. Ach goidé a thug aniar go Gleann Domhain é? Ní raibh a fhios aige. Bhí sé mar a bheifí á tharraingt ann dá ainneoin.

D'amharc sé siar uaidh. Chonaic sé teach Sheáin Uí Chonnacháin in ascaill an ghleanna. An rachadh sé isteach? Cad chuige a rachadh? Bhí Seán Ó Connacháin marbh. 'Dá mbeadh sé beo féin,' ar seisean leis féin, 'nár dhoiligh domh a ghabháil ina láthair, agus gur aithreachas atá orm as a theacht an bealach an chéad lá riamh.'

Leis sin chuala sé an duine ag caint, mar a bheadh sé ag a thaobh. Thuirling sé agus d'amharc sé ina thimpeall. Ní raibh aon duine ar a amharc. Ach bhí an glór le cluinstin ar fad aige. Glór mar a bheadh ag tachrán scoile agus gach focal le cluinstin go soiléir.

'The fools! The fools! They have left us our Fenian dead.'

Rinne sé casachtach. Stad an léitheoireacht go tobann. Agus ansin nocht cailín beag chuige as cúl carraige. D'amharc sí go scaollmhar air mar a thiocfadh eagla uirthi.

'Ná bíodh eagla ort, a chailín beag,' arsa an strainséir. Agus ní raibh. Shiúil sí anall ionsair.

'Cá hainm atá ort?' ar seisean.

'Nóra Ní Chonnacháin,' ar sise.

'Agus ar d'athair?'

'Mánas Ó Connacháin.'

'Agus ar d'athair mór?'

'Seán Ó Connacháin a bhí air. Is fada marbh é. Ní fhaca mise riamh é.'

'Bhfuil d'athair fá bhaile?'

'Tá. Siúd thiar an teach.'

'Rachaimid siar an bealach sin ar ball. Ach goidé a bhí tú a léamh?'

'Rud atá mé a fhoghlaim ar mo theanga. Caithfidh mé a rá oíche Shathairn. Tá *concert* i dteach na scoile againn. Tá sé foghlamtha agam. Ach ní thig liom a rá mar is ceart go fóill.'

D'amharc an seanduine ar an ghirsigh. Bhí aghaidh sholasta uirthi agus súile domhaine dorcha aici. Agus dreach soineanta an pháiste uirthi.

'B'fhéidir go n-éistfeá liom á rá,' ar sise go cúlta.

'Éistfead, cinnte,' ar seisean. 'Seasaigh thall ansin, ar an bhruach sin thall. Samhail duit féin go bhfuil na daoine anseo ar an mhala os do choinne. An bhfuil tú réidh? Toisigh.'

'*. . . And if there is any reason why . . . I should speak here, it is because I may be taken as speaking on behalf of a new generation that has been re-baptized in the Fenian faith . . . I propose to you then that here by the grave of this unrepentant Fenian we renew our baptismal vows . . .*'

Eadar sin is tráthas, nuair a tháinig an strainséir isteach tigh Mhánais Uí Chonnacháin agus lig sé a aithne a fhad leo cuireadh céad míle fáilte roimhe. 'Tarlach Ó Gallchóir a gcuala tú mé ag caint go minic air,' arsa Mánas lena mhnaoi. 'Dá mbeadh m'athair bocht beo anocht!'

Shuigh Tarlach ar cathaoir agus chrom sé a cheann. Sa deireadh tháinig na deora go fras leis. Agus as a chéile tháinig an chaint leis.

'*Renew our baptismal vows!* A Dhia, nár mhéanar domh an t-am a gcuirfeadh na focla sin aoibhneas ar m'anam?'

Ar Cheathrú Gheimhridh

I

Bhí an Sagart Ó Raghailligh ag tarraingt anonn ar dheireadh a shaoil.

Oíche shneachta i lár an gheimhridh bhí sé ina shuí leis féin chois na tineadh agus é ag meabhrú. Bhí sé ag smaoineamh ar an mhórán a chuir sé fána choinne féin i dtús a shaoil agus ar an bheagán a d'éirigh leis a chur i gcrích – *'the petty done, the undone vast.'*

Is iomaí rud ba mhaith leis a dhéanamh agus a raibh rún a dhéanta aige an lá a rinneadh sagart de. Os cionn gach uile ní bhí rún aige cogadh a chur ar an ólachán, gach aon áit dá mbeadh sé. Rinne sé a dhícheall, ar ndóigh. Ach ní raibh an toradh ar an dícheall sin a bhí sé a iarraidh.

Ba mhillteanach an leannán é, mar ólachán. Ba é riamh a rinne ár n-aimhleas, agus a dhéanfadh ár n-aimhleas go lá dheireadh an domhain mura stadfaí de.

Bhí sé ag amharc isteach sa tine, mar a tífeadh sé pioctúir a shaoil eadar na haibhleoga dearga. A shaol agus na daoine a casadh air. Chonaic sé duine amháin san aisling sin a chuir cumha air. Stócach a bhí seal ina chuideachta sa choláiste i Salamanca. Stócach ard scaoilte a bhí ann, craiceann air chomh donn le cnó agus a ghruag chomh dubh le cleite an fhéich. Bhí an bheirt iontach mór le chéile. Bhí súil ag an Raghailleach, nuair a bheadh siad ina sagairt agus rachadh siad ar ais go hÉirinn, go mbeadh siad fá fhad cuarta dá chéile. Bhí cumann eatarthu a mhairfeadh lena saol!

Ach i gceann na haimsire thoisigh fear acu a dh'éirí

aisteach ina dhóigheanna. Bhí sé ag meabhrú go domhain fána chroí. Ba chosúil é le duine a mbeadh imní air. Fear a bhí i bpianpháis eadar dhá chomhairle. Fear a raibh saol meallacach á tharraingt amach ar na bóithre. Fear a raibh eagla air nár ordaigh Dia dó an ghairm a cuireadh fána choinne.

Sa deireadh tháinig an lá ar dhúirt sé lena chomrádaí go raibh sé ag imeacht. Thug an comrádaí iarraidh comhairle a chur air. Ní raibh anseo ach taom mar a thiocfadh ar dhuine ar bith. Féacháil a bhíothas a chur air!

Ach ní raibh gar ann. Mar a dúirt sé féin, 'lig sé na hAspail is a gcuideachta uaidh,' agus d'imigh sé chuig an aisling a bhí á mhealladh . . . Níorbh fhada gur thoisigh sé a dh'ól agus gur imigh sé le drabhlás an tsaoil. Dar leis an tsagart, ba mhór an truaighe, dá mba truaighe le Dia é . . . Creidim gur fada marbh é. Agus is dóiche go ndearnadh an tairngreacht féin a chomhlíonadh: 'Ní chaoinfidh mac máthara thú an lá sin a rachas ort fód.'

II

Bhí roisteacha gaoithe móire ann agus an sneachta á ghreadadh in éadan na fuinneoige. Oíche a spreagfadh fear chun filíochta nó chun léinn. B'iomaí oíche den chineál seo a shuigh an sagart ag léamh go raibh sé déanach. Ach ní raibh fonn ar bith léitheoireachta air an oíche seo. Na smaointe a tháinig ina cheann roimhe sin d'fhág siad cumha air. Shuigh sé ansin tamall mór fada. Bhí sé tuirseach agus bhí an aois ag luí air. Sa deireadh thit sé ina chodladh.

Bhí sé ag brionglóidigh . . . Thall sa Spáinn. Spéir ghlan ghorm os a chionn. Crainn phailme ag fás ar thaobh sráide. Daoine galánta ina suí ar an scáth agus gan cuma orthu go raibh buaireamh ná imní dá laghad orthu . . . Bhí sé istigh sa choláiste, é féin agus a chomrádaí . . . Amárach gheobhaidh siad grádh coisreactha. Ansin rachaidh siad ar ais go hÉirinn!

Leis sin féin buaileadh an doras. Buaileadh athuair é. Chlis an sagart as a chodladh. D'éirigh sé agus d'fhoscail sé an doras. Bhí fear amuigh ar an tairsigh agus é geal bán le sneachta.

'Gabh ar d'aghaidh,' arsa an sagart.

Shiúil an fear isteach.

'Cé atá do m'iarraidh?' arsa an sagart.

'Níl a fhios agam, a shagairt.'

'Níl a fhios agat? Ar shiúl ag ól ó tháinig an oíche atá tú,' ar seisean, ag siúl anonn ionsair.

'Níor ól mé ach aon ghloine amháin, a shagairt – deor bheag a choinneochadh an bás uaim an oíche mhillteanach atá ann.'

'Agus tháinig tú fá choinne an tsagairt agus gan a fhios agat cé atá á iarraidh – gan a fhios agat cá dtabharfaidh tú é?'

'Mo phardún, a shagairt. Níl ainm an fhir agam ach tá a fhios agam cá bhfuil sé ina luí. Amuigh i mBearn na Gaoithe.'

'Ar ndóigh, níl cónaí ar bith amuigh ansin,' arsa an sagart, 'ná teach ar bith ach seanteach atá anois ina chró caorach.'

'Agus sin an áit a bhfuil an fear ina luí,' arsa an teachtaire.

'Agus níl a fhios agat cé é féin?'

'Níl, a shagairt, ná ag aon duine againn. Fear déirce a tháinig an bealach tá naoi nó deich de laetha ó shin. Thug na comharsana dornán cocháin agus seanmhálaí ionsair a dhéanfadh leaba dó. Síleadh go n-imeochadh sé an lá arna mhárach. Ansin tháinig an sneachta. Anois tá cuma air go bhfuil an bás aige, agus tá sé ag iarraidh an tsagairt.'

'Rinne tusa do chuid féin den obair,' arsa an sagart, ag cur air a chóta mhóir. 'Caithfidh mise mo chuid féin a dhéanamh . . . Tá eolas na haichearra agat? Maith go leor. Tabhair domh do lámh . . . Tá súil agam go mbeirfidh mé beo air.'

D'éirigh an ghaoth ní ba tréine agus an sneachta ní ba nimhní. Bhí sé á mbualadh san aghaidh agus ag cur greadfaí iontu mar a bhuailfí le lasca iad. Ach threabh siad leo go maslach go dtáinig siad go dtí an cró ina raibh an bacach a raibh an bás aige.

Chuaigh an sagart isteach. Bhí cupla fear istigh roimhe agus tine bheag ghiúise acu. Sin a raibh de sholas sa chró. Thall sa choirnéal bhí sráideog chocháin agus gan le feiceáil uirthi ach ceann liath gruaige. Chuaigh an sagart anonn os a chionn. D'amharc sé air. Bhí anál ard ag an fhear a bhí ina luí agus cuma air go raibh taom throm thinnis air. Bhí a aghaidh lom caite agus na súile slogtha siar ina cheann.

'Buíochas do Dhia go bhfuil sé beo,' arsa an sagart.

Chuaigh an chuid eile amach. Chuaigh said thart go cúl an chró, ar an fhoscadh. Bhí oíche mhillteanach ann. Oíche a raibh caill uirthi. Oíche a dtiocfadh an bás.

III

Bhí siad tamall amuigh agus iad ar crith le fuacht. Ceathrar a bhí siad ann – triúr agus an teachtaire a chuaigh fá choinne an tsagairt.

'Nach fada atá sé?' arsa fear acu.

'Tá mé féin fliuch go craiceann,' arsa an fear a chuaigh fá choinne an tsagairt.

'Dá gcasfaí cupla gloine agat anois!'

'Dá mbeadh féin ní bhlaisfinn é. Ar scor ar bith go mbeinn ag teacht ar ais i ndiaidh a fhágáil sa bhaile. Ba bheag an súimín a d'ól mé sula ndeachaigh mé síos fána choinne. Mhothaigh sé an boladh asam nuair a d'fhoscail sé an doras. Thoiseochadh sé orm murab é an deifre a bhí air ag tarraingt ar an fhear istigh.'

'Nach iontach an dearcadh atá aige ar an bhiotáilte. Nach minic inár saol a hinseadh dúinn nach raibh dochar ar bith do dhuine gloine uisce bheatha a ól – gur sa chraos a bhí an dochar. Ach de réir chosúlachta is é an dearcadh atá ag an tsagart nár cheart d'aon duine baint ar chor ar bith dó.'

'Deir siad gur fear a bhí ina chuideachta fada ó shin, nuair a bhí sé i gcoláiste thall sa Spáinn, is cúis leis. Thoisigh an stócach a dh'ól. Sa deireadh d'fhág sé an choláiste agus d'imigh sé le drabhlás an tsaoil. Riamh ó shin tá an dubhfhuath ag an tSagart Ó Raghailligh ar an ól.'

Leis sin féin seo amach an sagart. Bhí tocht le haithne ar a ghlór. 'Caithfimid an créatúr a thabhairt amach as an chró seo má bhíonn sé beo go maidin,' ar seisean. 'Suífidh mé féin

is fear agaibh aige go dtara solas an lae. Gabhadh an chuid
eile agaibh chun an bhaile.'

D'imigh triúr acu. Chuaigh an ceathrú fear isteach chun an
chró i gcuideachta an tsagairt.

Bhí an bochtán ina luí ar an tsráideoig agus a shúile
druidte. Bhí dreach suaimhneach air nach raibh air i dtús na
hoíche. Corruair chuireadh sé amach a lámh agus dhruideadh
sé na méara ar a chéile, mar a bheadh sé ag iarraidh breith
ar rud éigin. Ach an mhórchuid den am bhí sé ina luí go
socair suaimhneach, agus shílfeadh duine gur ina chodladh a
bhí sé.

Bhí sé mar sin go dtáinig spéartha an lae. Ansin d'aithin an
sagart go raibh athrach ag teacht air. An cornán páipéar a bhí
sé a léamh ó tháinig an oíche, chuir sé ina phóca go tapaidh
iad. Chuaigh sé ar a ghlúine ag taobh na sráideoige agus
thoisigh sé a dh'urnaí.

An fear a bhí ina luí tharraing sé anál ard cupla uair. Agus
shíothlóigh sé.

'Go dtuga Dia foscadh na glóire do d'anam,' arsa an sagart,
mar a bheadh sé ag caint leis an mharbhánach. 'An duine
bocht!' ar seisean. Ansin thost sé.

IV

An lá arna mhárach a cuireadh an corp. Bhí bealach fada le
a ghabháil acu – go dtí seanreilig a bhí taobh amuigh de
chríocha na paróiste. Sa reilig seo a d'iarr an marbhánach a
chur. Chois bhallóg an tseanteampaill, an áit a raibh cnámha
an naoimh a bheadh ina choimirce ag a mhuintir lá na
hAiséirí.

B'fhada an siúl é. Corradh le seacht míle. Ach bhí aon
bhuaidh amháin aige: ní rachadh an sagart! Bhí an siúl
rófhada aige san aois a raibh sé ann. Sagart na paróiste eile
a choisreacfadh an uaigh. Ní bheadh aon duine le súil a
choinneáil ar lucht an tórraimh. Thiocfadh leo cupla gloine
an fear a ól a thógfadh an tuirse dá gcroí agus a dhíbeoradh
an fuacht as a gcnámha!

Ach mheath a mbarúil orthu nuair a mheas siad nach

rachadh an sagart leis an tórramh. Bhí sé ansin nuair a tógadh an chónair ar ghuailleacha fear. Síleadh nach rachadh sé i bhfad go bpilleadh sé. Ach shiúil sé leis an tsochraid míle i ndiaidh an mhíle, go dtí sa deireadh gur aithin siad go raibh rún aige a ghabháil i rith an bhealaigh.

Tháinig an tráthnóna. Thoisigh sé a chur sneachta arís. Bhí siad ag siúl leo go maslach, ceathrar ar a seal ag iompar na cónrach. Sa deireadh nocht teach fada chucu – teach tábhairne Eoghain Uí Cheallaigh i mBaile an Teampaill.

Nár chruaidh a bhí braon beag de dhíth orthu? Nárbh é an tíolacadh ó neamh é? Nár chineálta a d'ólfadh fear deoch i ndiaidh a bheith ar shiúl ó mhaidin, ag iompar cónrach ar a sheal? Ach goidé an mhaith a bheith ag súil le rud nach bhfuil i ndán dóibh?

'Fágaigí síos an chónair,' arsa an sagart, nuair a tháinig siad go doras theach an tábhairne. 'Isteach anseo libh,' ar seisean, 'an uile fhear agaibh.'

Cheannaigh sé deoch don iomlán acu. Bhí an dubhiontas orthu. Sheasaigh siad ansin ag amharc ar na gloiní, mar a bheadh eagla orthu nach dóibh a bhí siad daite. Sheasaigh an sagart taobh istigh den doras agus é ag amharc amach ar an chónair. Bhí an sneachta ar a clár agus ar thaobh an tsín di. Sa deireadh thiontóigh sé thart agus ar seisean leis na fir, 'Seo, ólaidh a shláinte an lá seo is ná tugaidh dó braon.'

Tháinig siad chun na reilige. Bhí an uaigh déanta, agus moll créafóige ar a bruach. Ligeadh síos an chónair. Léigh an sagart an tseirbhís. Chaith sé trí lán na sluaiste ar chlár na cónrach. Ansin dúirt sé deichniúr den phaidrín.

Thoisigh na fir ag líonadh na huaighe. Bhí an sneachta ag titim go dlúith. Bheadh an uaigh sin chomh geal bán leis an chuid eile acu roimh an oíche!

Nuair a bhí an uaigh líonta agus í cóirithe le scratha is le fóide labhair an sagart arís. 'Anois,' ar seisean, 'déarfaimid urnaí dá dhéanamh féin. Agus ansin rachaimid chun an bhaile, in ainm Dé:

'A Rí na réalt a céasadh i mbarr an chrainn,
Is croí do chléibh gur réabadh le láimh an daill,
Fuil do chréacht ag téachtadh ar lár 'na linn—
Is ar scáth do scéithe beir féin go Parthas sinn.'

'Ár seacht mbeannacht agus beannacht Dé agat,' ar
seisean, ag amharc ar an uaigh. Ansin thug an t-iomlán acu
aghaidh ar an bhaile, agus d'fhág siad Cathal Buí 'ar cheathrú
gheimhridh . . . go dtaradh an samhradh fada róidh.'

Ór an tSagairt

I

'Cuirfidh sé athrach mór ar Ghaoth Dobhair – an t-*electric* seo atá mé a mhaíomh,' arsa Micheál Rua liom, lá amháin is mé féin is é féin inár suí ar ghob Ard an Chnámharlaigh.

'Agus ar na Rosa,' arsa mise, 'agus ar gach aon áit ó Ghaoth Beara go Port Uí Chuireáin.'

'Bhéarfaidh sé solas do na háiteacha sin,' arsa an seanchaí. 'Ach ní hair sin atá mé ag caint, ach ar an athrach a chuirfeas sé ar Ghaoth Dobhair. Ní bheidh fearsaid ar bith ann. Fan go mbí uisce na Cláidí uilig ag teacht anuas an gaoth. Ach fágfaidh sé lán mara againn. Agus rachaidh sin féin ar sochar don bhaile seo, má thig an lá choíche a mbeidh bádaí arís againn.'

'Ach goidé an t-athrach ar leith a chuirfeas sé ar Ghaoth Dobhair?' arsa mise.

'Cogar mé seo,' arsa an seanchaí, 'cá hair a dtugann tusa "Gaoth Dobhair"?'

'An talamh sin os do choinne, ó Oileán na gCearc go Mín an Chladaigh agus ó Rinn an Aird Dealfa go Duibhleann.'

'B'fhada go bhfaighfí an fhaill nuair a bhí mise óg,' arsa an seanchaí. 'Ar an ghaoth a bhí "Gaoth Dobhair" an t-am sin. An cainéal sin aníos ó bhéal an bharra go Clochar an Dúin Bháin. Na Rosa ar thaobh de agus Pobal an Choitinn ar an taobh eile. Agus an gaoth eatarthu. Ba chóir go dtuigfeá féin sin. Nach bhfuil "Bun an Ghaotha" agus "Barr an Ghaotha"

ann? Agus nach minic a chuala tú iomrá ar dhaoine a
báitheadh ar Ghaoth Dobhair?'

'Ó dúirt tú é,' arsa mise, 'is minic a chuala mé mo mháthair
ag rá gur báitheadh uncal di ar Ghaoth Dobhair.'

'Báitheadh, ar ndóigh. Eoin Tharlaigh Bhig. Ach an gcuala
tú riamh iomrá ar an tsagart a báitheadh ar an ghaoth?

'Ní chualas.'

'Ná an t-amhrán a rinneadh dó? Ní chuala tú é?

'Ghaoth Dobhair, 'Ghaoth Dobhair, ní cabhair do thír thú,
    Ní hinbhear éisc ná cuan fíon' thú,
  Ach barra gan fheidhm thú 'bháitheas daoine –
    Is é mo léan mar fágadh Brian leat.

D'aithin mé ansin go raibh scéal le hinse aige agus d'éist
mé.

II

Aimsir na géarleanúna a bhí ann. Tháinig an tAthair Brian go
Rinn na bhFaoileann agus léigh sé Aifreann ann. Ach
rinneadh scéala air agus bhí an tóir ina dhiaidh. Bhí sé ansin
istigh ar an reannaigh agus garda saighdiúirí roimhe ón
Mhurlach thiar go Clochar an Fhir Mhóir thoir. Ní raibh
bealach éalóidh aige ach a ghabháil trasna ar Ghaoth
Dobhair agus fanacht i bPobal an Choitinn ar a sheachnadh
go n-imíodh an tóir.

Shílfeadh duine go mb'fhurast sin a dhéanamh. Nach raibh
le déanamh ach a chaitheamh trasna de shiúl oíche le bád nó
le curach. Ach dá bhfanadh sé leis an oíche ní raibh a fhios
nach anuas ar fud an bhaile a bheadh na saighdiúirí. Ní raibh
an dara rogha ann ach a ghabháil trasna ar an fhearsaid.

'Beidh cuid againn libh, ó tharla gurb é an t-imeacht é,'
arsa fear de mhuintir an bhaile.

'Ní bheidh aon duine liom ach mé féin,' arsa an sagart.
'B'fhéidir gur cuid acu atá ar mhullach aird in áit éigin ar
amharc na feirste. Dá bhfeiceadh siad scaifte ag gabháil thar
an fhearsaid d'éireochadh siad amhrasach. Nuair nach

mbeidh ann ach aon duine amháin ní shamhólfar nach fear de chuid an bhaile atá ann.'

Thug siad treoir don tsagart chomh maith is a tháinig leo. 'Amach leathchéad slat an taobh seo abhus den Chloich Dhuibh. Anonn trian, síos scór slat, agus suas ar fiar uaidh sin anonn.'

D'imigh an sagart. Bhí fir i bhfolach i mbeanna an chladaigh i Rinn na bhFaoileann agus iad ag amharc soir ina dhiaidh go himníoch. Bhí a fhios acu go raibh an fhearsaid contúirteach na laetha sin, ag eolaí gan trácht ar aineolaí. Bhí tuile throm san abhainn. Agus nuair a bhíos bíonn an lán mara dubh le huisce an tsléibhe, agus ní léir do dhuine na hoitreacha. Lena chois sin tochlann an tuile poill dhomhaine sa ghaineamh.

Chuaigh an sagart amach ar pholl acu seo agus tógadh é. Ní raibh mórán snámha aige agus chart an sruth trá síos é. Tugadh iarraidh a tharrtháil le curach. Ach bhí an tarrtháil rómhall ag teacht. Báitheadh é eadar Leac an Aráin agus Oileán Muiríní.

III

Níorbh fhada gur éirigh an scéala amach go raibh airgead ag an Athair Brian agus gur fholaigh sé i Rinn na bhFaoileann é roimh a bhás, ag brath teacht ar ais agus a thógáil nuair a gheobhadh sé an fhaill. Ar feadh chupla bliain i dtús ama ní raibh mórán ann. Ní raibh ann ach cupla punta. Ach leis an aimsir bhí sé ag éirí mór, go dtí sa deireadh go raibh lán mála d'ór ann.

Ní raibh amhras ar bith fá thaisce an tsagairt ar an líne a tháinig ina dhiaidh sin. Páipéar dá chuid a fuarthas agus de réir an scéil léigh fear siúil é a raibh léann aige. Bhí sé scríofa sa pháipéar sin, de réir an tseanchais, gur fhág an sagart taisce folaithe i Rinn na bhFaoileann, agus an bealach a bhéarfadh ionsuirthi thú: 'Síos an Bháinseach agus an chuach ar an tsearrach agat. Amach go dtí nach mbeidh agat ach an chearc.' Bhíothas cinnte go raibh an taisce ann. Bhí sí ar an bhaile acu. Ach ina dhiaidh sin bhí sí a fhad uathu is dá mbeadh sí sa ghealaigh.

Is iomaí duine a chaith seal ag iarraidh an gréasán a
réiteach. Ach ní raibh bun ná barr air mar scéal. 'Síos an
Bháinseach!' B'fhurast dul síos an Bháinseach. 'Agus an
chuach ar an tsearrach agat!' B'fhurast searrach a fháil, ach cá
bhfaighfí cuach? Agus dá mbeadh cuach féin agat agus í ar
dhroim searraigh agat goidé an t-eolas a bhainfeá as sin?
Ansin 'Amach go dtí nach mbeidh agat ach an chearc.' Ní
raibh ciall leis. Ní thuigfeadh aon duine é!

'Dá bhfaigheadh duine féin é nár dhoiligh duit a
chaitheamh leat féin?' arsa seanbhean de chuid an bhaile,
oíche amháin agus iad ag caint air i dteach an airneáil.

'Dá bhfaighfeá é ba leat féin é, nuair nár fhág sé ag aon
duine é,' arsa duine eile.

'Níl a fhios againn goidé an rún a bhí ag an tsagart,' arsa
an tseanbhean. 'Nach minic a chualamar an rud a dúirt Colm
Cille na féile nuair a bhí an eaglais déanta aige – gur mhaith
leis a lán d'ór is d'airgead aige?'

IV

Nuair a tháinig Tarlach Ac Conóglaigh chun an bhaile i
ndiaidh cúig bliana fichead a chaitheamh i Meiriceá bhí sé
amuigh air go raibh neart airgid aige. Bhí sin séantach aige
féin. Ach ní féidir mórán a cheilt ar an tsaol seo. Bhí daoine
ar an bhaile a raibh aithne acu thall air, agus bhí sé creidte
acu go raibh saibhreas as cuimse aige ach go raibh sé á
cheilt ar eagla go mbeadh aon duine dá chairde gaoil ag súil
le cabhair bheag in am riachtanais.

Bhí an t-airgead aige gan bhréig ar bith ach níor mhaith
leis scaradh le haon phingin de. Bhí an manadh aige a bhí ag
banchliamhain an Ghobáin Saoir – 'gur mhaith é le cur ina
cheann.' Sin a raibh ar a intinn oíche is lá – goidé mar a
chuirfeadh sé tuilleadh leis an méid a bhí aige. An gcuirfeadh
sé siopa ar bun? Nó an ligfeadh sé airgead amach ar gaimbín?
Bhí an chontúirt sa dá rud i bpobal bhocht. Ba doiligh do
dhuine a leas a dhéanamh!

Sa deireadh smaoinigh sé ar chuid óir an Athair Brian.
Agus ó smaoinigh ní thiocfadh leis a ligean as a cheann. Ba
leis féin an talamh a raibh an taisce folaithe ann. Thiocfadh

leis tochailt leis agus gan aon duine le bacáil a chur air. Ach ní thiocfadh leis an reannaigh uilig a thochailt . . . 'Chomh cinnte is atá mé beo,' ar seisean leis féin oíche amháin, 'tá marc ar an taisce dá dtigeadh le duine teacht air. Tá dhá líne trasna ar a chéile mar atá ag na hiascairí ar an Leic – méile Oileán na Marbh fríd bhéal an Toir Ghlais go nochta Tower faoi Chnoc fríd Ailt Inis Oirthear. Ach goidé an chiall atá leis na marcanna atá acu ar thaisce an tsagairt? 'Síos an Bháinseach agus an chuach ar an tsearrach agat. Amach go dtí nach mbeidh agat ach an chearc.'

'Dar fia, tá sé agam! Tá cuid de agam ar scor ar bith,' ar seisean leis féin oíche amháin agus é ina luí ag meabhrú. Agus bhí an chuid sin de aige. 'Síos an Bháinseach agus Ard na Cuaiche i do dhiaidh, díreach eadar thú is barr Chnoc an tSearraigh.' Bhí aon líne amháin aige. Ach goidé mar a gheobhadh sé an ceann a bhí ag gabháil trasna uirthi?

Ráithe iomlán a chaith sé leis. Agus sa deireadh tháinig sé leis oíche amháin as a chodladh. 'Agus amach go dtí nach mbeidh agat ach an chearc.' Is é sin siúl leat ó thuaidh go dté an tÉilín i bhfolach i gcúl na Maol Fionn, uilig ach an charraig mhór. An charraig mhór cearc an éilín. Bhí sé aige!

Bhain sé fód ar an spota agus thoisigh sé a mheabhrú. Sa deireadh dúirt sé leis féin go mba é an rud ab fhearr dó a dhéanamh íochtar na reannacha a rómhar agus barr de chineál éigin a chur ann. Bheadh carraigeacha le réabadh agus poill le tochailt aige, agus ní chuirfeadh aon duine iontas ina chuid oibre. Thoisigh sé.

V

Bhí an Sagart Mór Ó Dónaill ag iarraidh bail a chur ar theach pobail Cheann Caslach. Ní raibh aige ach scáthlán cheanntuí agus bhí na deora anuas air féin is ar an phobal ann. Bhí an saol cruaidh agus an t-airgead gann. Ach bhí an Sagart Mór ag siúl na paróiste ó theach go teach, agus é buíoch beannachtach don té a bhéarfadh scilling dó. Sa deireadh tháinig sé go Rinn na bhFaoileann.

Tráthnóna cruaidh fuar sna Faoilligh bhí Tarlach Ac

Conóglaigh ag obair go dícheallach nuair a tí sé sagart na paróiste anuas chuige. 'Beannú ort, tá tú ag obair go cruaidh,' arsa an sagart ar theacht i láthair dó.

'Tá, a shagairt,' arsa Tarlach, 'agus gan mé cinnte go mbeidh a dhath agam ar shon mo shaothair. Is doiligh barr a bhaint as an screabán seo. Níl ann ach carraigeacha is túrtóga.'

'Mar sin féin,' arsa an sagart, 'má bhíonn bliain mhaith ann – agus tá súil agam go mbeidh – ba chóir go mbeadh barr maith preátaí agat.'

'Is mairg atá ina muinín,' arsa Tarlach. 'Ach níl neart air. Bíonn an t-ádh ag siúl le cuid de na daoine agus an mí-ádh le cuid eile. An mí-ádh a bhí ag siúl liomsa riamh. Nach gcaithfidh sibh a rá gurb é, a shagairt, nuair a chaith mé cúig bliana fichead i Meiriceá agus tháinig mé ar ais agus mé chomh bocht is a bhí mé an lá a d'imigh mé.'

Níor labhair an sagart focal ar an rud a bhí ar a intinn féin. Ní raibh maith leis ann.

Cupla lá ina dhiaidh sin rinne Tarlach poll sa talamh. Nuair a bhí sé tamall ag tochailt nocht leac chuige. Bhí sé cinnte gur faoin leic sin a bhí cuid óir an Athair Brian. Ach ní thógfadh sé an taisce de sholas lae. D'fhanfadh sé go mbeadh an saol fá chónaí, sa chruth is nach bhfeicfí é.

An oíche sin, eadar meán oíche is maidin, chuaigh sé síos agus thoisigh sé a thochailt. Ní raibh sé saor ó eagla. Ní raibh a fhios aige cá roimhe a raibh eagla air. Ach chonacthas dó go raibh an barra ag éagaoin go léanmhar, mar a bheadh duine ann a bheadh i bpianpháis. Agus baineadh léim as nuair a chuir crotach mara scread as féin fá bhun na mbeann. Ach ina dhiaidh sin chuaigh sé i gceann oibre. Thóg sé an leac agus thoisigh sé a mhothachtáil lena lámha. Tháinig sé ar an taisce – bocsa a bhí cupla troigh ar fad is ar leithead. Thochail sé an talamh ar gach taobh den bhocsa agus thóg sé eadar a lámha é. Ní raibh sé chomh trom agus a raibh sé ag súil leis. Ní raibh sé lán d'ór. Ach mar sin féin ba dóiche go raibh dornán maith ann. A oiread is a chuirfeadh fear ar a bhonna, le cois a raibh leis as Meiriceá!

D'iompair sé an bocsa chun an bhaile agus d'fhág sé ar an urlár é. Chuir sé na boltaí ar an doras agus dallóg ar an fhuinneoig. Ní bheadh a fhios cé a bheadh ar a chois, antráthach is mar a bhí sé!

Las sé coinneal agus sháigh sé i mbuidéal í. Agus bhain sé an clár den bhocsa.

★ ★ ★

Ar maidin an lá arna mhárach, nuair a bhí an Sagart Mór Ó Dónaill ag teacht as teach an phobail i ndiaidh an tAifreann a léamh, cé a tí sé chuige ach Tarlach Ac Conóglaigh.

'A shagairt,' ar seisean, 'd'inis mé bréag daoibh an lá fá dheireadh nuair a dúirt mé nach raibh aon phingin agam le cur i dteach an phobail. Anois tá aithreachas orm agus a ábhar agam . . . B'fhéidir nár mhiste libh a ghabháil soir nuair a bheadh faill agaibh.'

Eadar sin is tráthnóna tháinig an Sagart Mór go Rinn na bhFaoileann.

'Bhfuil sibh sásta leis an méid sin?' arsa Tarlach, ag síneadh crág nótaí chuig an tsagart. Chuntais an sagart an t-airgead.

'Bheinn sásta leis an deichiú cuid de,' arsa an sagart. 'Ach tá barraíocht ann ag oibrí fir – mura bhfuair tú taisce.'

'Ach fuair mé taisce – taisce a rinne mo shúile domh,' arsa Tarlach, ag tabhairt an bhocsa i láthair. 'Fosclaigí féin é.'

Bhain an sagart an clár den bhocsa. An chéad rud a nocht chuige culaith Aifrinn, agus í ag meilt nuair a leag sé a lámh uirthi. Ansin cailís agus cros agus an chuid eile d''ór' an Athair Brian.

'Is tú a fuair an taisce,' arsa an Sagart Mór.

'Anois a thuigim féin sin,' arsa Tarlach Ac Conóglaigh. 'Anois a thuigim an fáth ar léigh mé an t-eolas nuair a sháraigh sé ar gach aon duine eile.'

Míorúiltí Dé

I

Tráthnóna ciúin fómhair a bhí ann. Bhíomar ag iascaireacht ag Boilg Chonaill go raibh sé fá thamall bheag de luí gréine. Ní raibh aiste ar bith ab fhiú ar na balláin. Agus níor oibir siad ach a oiread le tús líonta, rud a raibh súil againn leis agus a thug orainn fanacht fad is a d'fhanamar.

'Tá sé chomh maith againn, in ainm Dé, tógáil is tarraingt ar an bhaile,' arsa m'athair. 'Tá iascaireacht an lae seo déanta.'

Thóg sé an chloch ancaire agus chroch sé an stiúir. Shuigh ceathrar againn ar cheithre mhaide rámha agus thoisíomar a dh'iomramh. Ar ár suaimhneas, ar ndóigh, óir bhí a fhios againn go gcaithfimis fanacht le lán mara i ndiaidh a theacht go Rinn na mBroc.

I gceann tamaill d'amharc m'athair thar a ghualainn, mar a dhéanfadh fear a bheadh ag teitheadh agus a mbeadh eagla air go raibh an tóir ag druidim leis.

'Tarraingigí buille beag níos beocha,' ar seisean. 'Tá ceo bán thiar ag bun na spéire. Níor mhaith dúinn a bheith taobh amuigh de na hoileáin dá spréadh sé.'

Ní raibh ann ach go raibh an focal as a bhéal nuair a lig gach aon fhear againn iomlán a mheáchain ar a rámha, agus thoisigh an strócadh iomartha againn, mar a bheadh ainmhí uafásach in uisce na stiúrach agus a chraos foscailte aige ag brath an bád is a raibh inti a shlogadh.

'Ná tarraingigí chomh tiubh sin,' arsa m'athair. 'Ní

dhéanfaidh sibh ach bhur n-anál a bhriseadh i ngearraimsir.
Buille righin fadálach choíche agus do dhroim a ligean siar
leis . . . Mar sin.'

Thángamar isteach béal an Toir Ghlais. San am sin bhí an
ceo ar gach taobh dínn. Ach ní raibh sé ach éadrom. Mar a
bheadh toiseach airm ann a bheadh ag déanamh an eolais do
na slóite móra a bhí ag teacht ina ndiaidh. Bhí tír mór le
feiceáil againn isteach uainn, agus shíleamar go rachadh
againn Rinn na Mart a bhaint amach sula dtigeadh sé dlúith
orainn. Ach ní mar sin a bhí. Roimh chúig mhoiminte bhí an
ceo chomh dlúith is nár léir dúinn os cionn dhá fhad an
bháid ar thaobh ar bith dínn.

'Tarraingigí ar bhur suaimhneas,' arsa m'athair. 'B'fhéidir
go rachadh againn an t-eolas a dhéanamh leis an tsruth.'
Agus i gceann gach aon tamaill chaitheadh sé cipín connaidh
amach san fharraige go bhfeiceadh sé cén bealach a raibh an
sruth ag gabháil.

'Tá linn,' ar seisean sa deireadh. 'Sin talamh romhainn, cár
bith talamh é.'

Ba ghairid go rabhamar istigh ag bun beann, agus
d'aithneamar gur ag cladach Oileán na bhFaoileann a
bhíomar. Ní raibh moill orainn ár mbealach a dhéanamh
uaidh sin chun na caslach . . . Tharraingeamar an bád aníos
go bun an mhéile, agus cheanglamar í, gan a fhios nach
doineann a thiocfadh as deireadh an cheo.

II

'Buíochas do Dhia go bhfuilimid ar an talamh thirim,' arsa
m'athair. 'Is fearr dúinn a ghabháil suas an t-oileán agus a
ghabháil fá theach.'

'Ba leor duit dá mba é uair an mheán lae agat é,' arsa
mise. 'Nach bhfuil a fhios agat go bhfuil an saol ina gcodladh
anois agus an bolta ar gach aon doras.'

'Nach tú atá feasach?' arsa m'athair. 'Siúlaigí libh,' ar
seisean. 'Tá aon doras amháin ar an oileán nach bhfuil an
bolta air.'

Suas linn go rabhamar ag na tithe. Ní raibh lampa lasta i

dteach ar bith. Ní raibh smid le cluinstin. Bhí muintir an oileáin uilig ina gcodladh.

'Siar an bealach seo,' arsa m'athair, ag tarraingt ar theach fhada cheanntuí a bhí ar leataobh na malacha, scoite ón chuid eile. Ní raibh lampa ar bith lasta sa teach seo ach a oiread le ceann. Ach bhí marbhsholas amach ar an fhuinneoig, mar a rachadh muintir an tí a luí gan an tine a choigilt.

Ar theacht chun an dorais dúinn bhain m'athair an laiste agus d'fhoscail siar an chomhla. Chuamar isteach. Dhruid m'athair an doras ina dhiaidh go suaimhneach, agus aníos an t-urlár linn. Ní raibh aon duine istigh. Ach bhí tine bhreá ar an teallach, cliabh mónadh sa chlúdaigh, agus stólta is cathaoireacha os coinne na tineadh, mar a d'fhágfaí ansin fánár gcoinne iad.

Shuíomar thart. An té a bhí ag caitheamh tobaca dhearg sé a phíopa. An chéad rud ar chuir mé féin sonrú ann an dóigh a raibh m'athair ag caint go leathíseal. Agus chuir sin féin dreach diamhrach ar an teach. Sin agus an marbhsholas a bhí ar an tine.

I gceann tamaill d'éirigh m'athair agus chuaigh sé amach. 'Tá an ceo chomh trom is a bhí sé riamh,' ar seisean, ag teacht isteach ar ais dó. 'Amharcadh fear agaibh sa mhála sin, féacháil an bhfuil a oiread ann is a bhéarfas greim le hithe dúinn. Caithfimid fanacht anseo go maidin.'

Bhí neart aráin sa mhála. Bhí gráinnín tae is siúcra ann. Ach ní raibh ach braon beag bainne sa bhuidéal.

'Níl againn ach deor bheag bhainne,' arsa Dónall.

'Is cuma,' arsa m'athair. 'Gheobhaimid bainne.'

D'éirigh sé go suaimhneach agus chuir sé síos an citeal, fána lán uisce. Bhí a fhios aige cá raibh an citeal agus bucaeid an fhíoruisce agus gach aon rud eile, mar a bheadh ag duine a bheadh ina chónaí sa teach ó cheann go ceann na bliana.

Nuair a bhí an bia ite againn agus toit thobaca caite shín gach aon fhear againn é féin ar an urlár os coinne na tineadh. Ba ghairid gur thit fear ina chodladh, agus ansin fear eile. Ba mé féin an duine deireanach a chodail. Ní thiocfadh liom codladh, ach ag meabhrú ar an áit a raibh mé. Nárbh iontach an teach é? Gan aon duine beo le feiceáil ná le mothachtáil ann. Gan ar an doras ach an laiste. Tine bhreá ar an teallach, agus cead ag an tsaol mhór teacht isteach agus a gcuid féin a dhéanamh di! . . . Smaoinigh mé ar na scéalta a chuala mé fá 'Bhráithre sin Dhún na nGall.' Bhíodh a ndoras i gcónaí foscailte agus cead ag fear shiúlta na tíre teacht isteach agus dídean na hoíche a fháil, gan pingin gan bonn. An raibh Bráithre Dhún na nGall ann i rith an ama? An iad a bhí sa teach seo? An teitheadh as Dún na nGall roimh an ghéarleanúint a rinne siad, nó gur bhain siad fúthu ar oileán mara!

Teacht an lae ar maidin mhuscail m'athair. D'éirigh sé agus chuaigh sé amach. 'Tá an ceo ag glanadh,' ar seisean ar a theacht isteach dó. 'Ní bheidh moill orainn an bealach a dhéanamh go béal an bharra.'

D'éirigh gach aon fhear. Chuamar amach. Tharraing m'athair an chomhla amach ina dhiaidh – chomh suaimhneach is a d'fhoscail sé í aréir roimh sin – agus chuir sé an laiste uirthi. Agus d'imíomar linn ag tarraingt ar chaslaigh an bháid.

III

'Conall Ceachartha' a thug a chomharsana agus a lucht aitheantais air. Ní raibh ann, ar ndóigh, ach leasainm. Ach leasainm a bhí ag cur leis an fhear ar tugadh air é. Nuair nach raibh Conall ach ina ghasúr bhí sé cruaidh críonna. Dá bhfaigheadh sé pingin oíche cheann féile ní chaithfeadh sé í, mar a dhéanfadh gasúr eile. Chuirfeadh sé isteach i spaga í i gcuideachta an méid eile a bhí aige. Ní raibh intleacht mhór chinn aige. Ach bhí a fhios aige nuair a bheadh dhá phingin déag aige go bhfaigheadh sé scilling gheal orthu i dteach an tsiopa. Agus bhí a fhios aige dá mbeadh fiche scilling aige go mb'ionann sin is punta.

Bhí sin féin dona go leor. Ach ní dheachaigh sé chun an diabhail ar fad go bhfuair uncal dó bás (fear a chaith seal i Meiriceá agus nár phós riamh) agus gur fhág sé dhá chéad punta i nginíocha óir aige.

Bhí an t-ór ag Conall, agus lena chois sin bhí teach is

talamh aige. Níor phós sé go raibh sé anonn in aois, ar an ábhar nach dtiocfadh leis bean a fháil a mbeadh muinín aige aisti – bean a bhéarfadh an aire cheart don ór agus a mbeadh sé chomh cúramach aici is a bhí sé aige féin. Ar scor ar bith ní raibh cuideachta mná ná clainne de dhíth air. Bhí an chuideachta aige a bhí in aice lena chroí, mar a bhí an t-ór.

Istigh i bpota a bhí sé aige faoin urlár agus leac os a chionn. Is iomaí oíche a chuir sé dallóg ar an fhuinneoig agus an bolta ar an doras, agus spréigh sé a chuid óir ar leic na tineadh. Shuíodh sé ansin agus pléisiúr an tsaoil air ag amharc ar na giníocha le solas na tineadh. Amanna níodh sé mollta díobh, deich gcinn i ngach aon mholl. Ach ní fhágadh sé i bhfad ar an eagar sin iad. B'fhearr leis i ndiaidh a chéile ina ranganna iad, mar a bheadh saighdiúirí airm ann. Is iomaí oíche a shuigh sé ag amharc orthu gur imigh an loinnir astu nuair a chuaigh an tine as.

Nuair a théadh sé a luí bhíodh sé ag smaoineamh ar an ór. Corruair thigeadh eagla air nár fholaigh sé an pota mar ba cheart, agus d'éiríodh sé go bhfeiceadh sé. Ní raibh rud ar bith ar a intinn ach a chuid giníocha. Bhí siad chomh gradamach aige is a bheadh a chuid páistí ag fear eile. Chuaigh an t-ór ina cheann dó. Chuaigh sé sa chroí aige. Chuaigh sé go smior ann. Go dtí sa deireadh nach raibh ach aon smaoineamh amháin ina intinn. Agus ní 'Goidé mar a choinneochas mé a bhfuil agam?' ach 'Goidé mar a chuirfeas mé leis?'

Thug sé anró agus ocras dó féin ag iarraidh a bheith ag cruinniú tuilleadh saibhris. Nuair a bheadh punta ime nó doisín uibheach aige dhíolfadh sé iad. Ní raibh aon snáithe éadaigh air ach bratóga pollta paisteáilte. Go dtí sa deireadh gur thoisigh daoine gan trócaire a rá go raibh sé 'i gcrúba an diabhail, diúltaímid dó, má bhí aon fhear riamh ann.'

IV

Tráthnóna geimhridh amháin le clapsholas bhí Conall ina shuí os cionn beochán tineadh agus é ag meabhrú. Bhí sé ag smaoineamh ar an aonach a bhí ag tarraingt air. Bhí bó ionlao le díol aige. Cá mhéad a gheobhadh sé uirthi? Deich bpunta? Ní ligfeadh sé uaidh í gan deich bpunta. Dá gcoinníodh sé tamall eile í? Ach ansin dá dtiteadh an t-eallach bainne teacht an earraigh? . . . Ba doiligh do dhuine a leas a dhéanamh corruair!

Leis sin féin chuala sé tormán bróige ag tarraingt ar an doras. I gceann moiminte eile tháinig an fear isteach. Ní raibh aithne ar bith ag Conall air. Níor chumhain leis go bhfaca sé riamh é. Fear óg a bhí ann agus éide iascaire air. D'amharc Conall go doicheallach air, agus rug sé ar an tlú, ag ligean air féin gur ag fadó na tineadh a bhí sé. Ach nuair a d'amharc sé athuair ar an strainséir d'fhág sé síos an tlú ar ais ar leic na tineadh.

'Tháinig mé a dh'iarraidh dídean na hoíche go maidin ort,' arsa an fear eile.

'Níl áit ar bith agam fá do choinne.'

'Níl mé ag iarraidh bídh ná leapa, ná a dhath ach foscadh an tí go maidin.'

'Níl mé féin ag fanacht anseo go maidin,' arsa Conall. 'Is fearr duit imeacht is fáras a fháil i dteach éigin eile.'

D'imigh an strainséir agus fágadh Conall leis féin. Eadar sin is tráthas tharraing sé air a chuid óir, mar Chonall, ach cár bith ba chúis leis, ní raibh mórán pléisiúir aige ann. Ní thiocfadh leis an fear a tháinig a dh'iarraidh dídin air a ligean as a cheann. Sa deireadh chuir sé an taisce i bhfolach agus shuigh sé ansin. Bhí an oíche ag éirí garbh agus an ghaoth ag éagaoin sa tsimléar. Bhí an éagaoin sin ag cur imní ar Chonall. Ba chosúil í, dar leis, le héagaoin a dhéanfadh páiste a bheadh ar seachrán fá bheanna an chladaigh.

I gceann tamaill chuaigh sé a luí. Ach ní thiocfadh leis codladh. Bhí roisteacha gaoithe móire ann. Bhí Conall ina luí ansin agus é ag meabhrú. Ag meabhrú ar gach aon rud dá gcuala sé riamh. Focla a d'fhoghlaim sé ar a theanga nuair a bhí sé ag gabháil faoi láimh easpaig. 'Bia don ocrach. Deoch don tartmhar. Éadach don nocht. Aíocht don deoraí.' . . . Bhí an doineann ag cur air. Sa deireadh fágadh an teach geal le soilse. Agus an rois thoirní a tháinig ina diaidh chroith sí na ballaí.

Ba scáfar an rud í, mar thoirnigh. B'iomaí duine a marbhadh le splanc. An fear a dhiúltaigh sé fá dhídean na hoíche! Cá raibh sé? An marbh ag bun claí a gheofaí ar maidin é? 'Marbh, cinnte,' arsa Conall leis féin. 'Agus bheadh sé beo dá bhfaigheadh sé aíocht. An é sin an chiall atá le "aíocht don deoraí"?'

Níor luaithe a nocht ball bán ar an lá ná a d'éirigh sé agus chuaigh sé amach. Shiúil sé an t-oileán ó cheann go ceann, agus eagla ar gach aon choiscéim air go gcasfaí duine éigin air a d'inseochadh dó go bhfuarthas fear marbh ó oíche. Ach ní raibh an scéala sin ag aon duine fána choinne. Ní fhaca aon duine an strainséir, beo ná marbh.

V

'Agus sin an rud a choscair an croí ag Conall,' arsa Micheál Rua agus é ag inse an scéil domh. 'Níor chuntais sé na giníocha riamh ní ba mhó. Chaith sé iad agus rann sé go fial leis an té a bhí in anás. Ón lá sin amach níor chuir sé an bolta ar an doras, agus ní dheachaigh sé a luí aon oíche gan tine bhreá a fhágáil thíos, sa chruth is go mbeadh dídean le fáil ag iascairí a bheadh le port. Sin an fáth a raibh an doras foscailte agus tine fá do choinne in Oileán na bhFaoileann an oíche fá dheireadh.'

'Ach cérbh é an strainséir?' arsa mise.

'Níl a fhios agam,' arsa Micheál – 'ach gur mór míorúiltí Dé.'

Fallaing Shíoda

I

B'as aniar taobh na nGleanntach é. Agus chaith sé páirt dá shaol ag tarraingt chun an bhaile s'againne. Go díreach mar a d'imigh cuid de mhuintir na Rosann siar. Níor mhaith le duine ar bith déirc a iarraidh san áit ar tógadh é agus a raibh aithne air féin is ar a mhuintir.

Bhí dhá chineál lucht déirce ann san am. Cuid a chaithfeadh an lá ag cruinniú preátaí is mine ó dhoras go doras. Agus cuid nach raibh in innimh an mála a iompar. Chaitheadh siadsan a saol ag aíochtaigh – is é sin oíche a chaitheamh i dteach ar bith a bhéarfadh fáras dóibh. Agus nuair a thiocfadh an aois agus an bhreoiteacht orthu ní raibh ann ach a ghabháil go teach na mbocht.

An fear seo a bhfuil mé ag tarraingt an scéil air, ní thiocfadh leis mála a iompar. Bhí cos mhaide air; agus d'fhág sin ag aíochtaigh é.

Níor inis sé riamh a ainm do mhuintir na Rosann. Agus tharla nár inis tugadh leasainmneacha air. 'Fear na Coise Maide' an chéad ainm a tugadh air. Ach bhí an t-ainm sin rófhada. Ansin tugadh 'Fear na Coise' air. Sa deireadh, oíche amháin a bhí sé ag scéalaíocht thug duine éigin 'Cailitín' air. Lean an t-ainm dó. Agus de réir chosúlachta bhí sé sásta go breá leis.

Bhí sé ar scéalaí chomh maith is a tháinig riamh chun an bhaile s'againne. Agus lena chois sin ceoltóir breá a bhí ann. Bhí amhrán amháin aige ar cuireadh spéis ar leith ann – mar a bhí 'Síle Dheas Ní Choirealláin'. Ní fhaca mise Cailitín

riamh. Roimh m'am a bhí sé ann. Ach is minic a chuala mé
an mhuintir a tháinig romham ag caint ar an amhrán seo a
bhí aige. Bhí siad ag rá go raibh sé lán de chroí is d'aigneadh
ina thús, mar a bheadh ceol a bheadh ag duine a rachadh
arís in óige. Agus ina dheireadh go raibh léan agus brón an
bháis ann.

In Albain, a dúirt Cailitín, a chaill sé an chos. Ag obair i
muileann sníomhacháin in Innerleithen. Chuaigh a chos
isteach sa rotha agus rinneadh smionagar di. B'éigean a
gearradh os cionn an ghlúin. 'Ansin,' a deireadh sé, 'thug
siad cos mhaide domh agus chuir siad ar an bhád i nGlaschú
mé . . . Is bocht an dóigh atá ar an té nach bhfuil fáras beag
dó féin aige. Nach bhfuil aige ach a shaol a chaitheamh i
gclúdaigh na muintire eile, is bocht sin. Ina dhiaidh sin is
fearr é ná teach na mbocht. Is é teach na mbocht díogha
agus deireadh.'

Sin an bharúil a bhí aige do theach na mbocht. Théadh a
chroí ar crith nuair a smaoiníodh sé air. Agus san am
chéanna bhí a fhios aige go raibh teach na mbocht roimhe,
chóir a bheith chomh cinnte is a bhí an bás roimhe.
Thiocfadh an lá a gcaillfeadh sé lúth na gcnámh agus nach
mbeadh sé in innimh siúl fríd chreagacha na Rosann. Ansin
ní raibh ann ach teach na mbocht. An imirce ba léanmhaire
a rinneadh riamh sa tír s'againn.

II

Oíche amháin gheimhridh, le clapsholas, tháinig Cailitín tigh
Mhicheáil Ruaidh i Rinn na Feirste. Ní raibh istigh ach bean
an tí agus na páistí.

'Cá bhfuil an duine uasal é féin?' arsa Cailitín ar a theacht
isteach dó.

'Is cuma duit cá bhfuil sé, ach bí i do shuí,' arsa an bhean.
'Beidh sé isteach gan mhoill. Agus mhuirfeadh sé mé dá
gcluineadh sé gur lig mé ón doras thú a leithéid d'oíche. Tá
sneachta sna spéartha sin,' ar sise, ag amharc amach ar an
doras.

Chaith Cailitín a chuid balcaisí sa chlúdaigh agus shuigh sé
chois na tineadh. Spréigh sé a bhosa os cionn an bhladhaire.

Thug bean an tí scála preátaí agus gogán bainne chuige. Nuair a bhí an bia caite aige thug sí píosa tobaca dó.

'Anois,' ar sise ag déanamh gáire, 'nach bhfuil mé féin chomh maith le Micheál?'

'Scéal cinnte go bhfuil,' arsa Cailitín. 'Is maith a tharla ar a chéile sibh . . . Foscadh an tí, tine mhaith agus bia is tobaca. Bhéarfaidh Dia a luach daoibh.'

Eadar sin is tráthas chualathas callán comhráidh ag tarraingt ar an teach. D'éirigh bean an tí agus d'fhoscail sí an doras. Tháinig Micheál Rua agus triúr eile fear isteach. Chroith siad an sneachta as a gcuid éadaigh ar bhun an urláir.

'Nach mall a bhí sibh?' arsa an bhean.

'B'éigean dúinn an stil a fhágáil ar ais ag Séimí Mór Cheit Néill,' arsa Micheál. 'Tá sé féin ag toiseacht amárach. Is trua gan mo cheann féin déanta, is gan a bheith ar na hiasachtaí mar atá mé. Is é do bheatha, a Chailitín,' ar seisean, ag amharc aníos bealach na tineadh. 'Bhí an t-ádh ort is a bheith fá dhídean sular thoisigh an sneachta.'

'Dá mbeadh a fhios agam go raibh sneachta air ní thiocfainn,' arsa Cailitín. 'Tá sibh féin go leor ann – nár laghdaí Dia sibh – is gan mise a bheith caite anseo sa bhealach agaibh fad is a mhairfeas an sneachta.'

'Bíodh ciall agat, a dhuine,' arsa Micheál. 'Nach minic a chuala tú riamh gur fairsing Dia sa chúnglach? Coinneochaidh an seanteach an sneachta ón iomlán againn . . . Ní raibh Eoghan Shéarlais Mhóir anseo tráthnóna?' ar seisean lena mhnaoi.

'Ní raibh,' arsa an bhean. 'An raibh tú ag súil leis?'

'Bhí sé ar Aonach Bhraighní inniu,' arsa Micheál. 'D'iarr mé air dá bhfeiceadh sé Dominic Ó Fríl as Bun an Leaca ceist a chur air cá huair a bheadh mo stil déanta aige.'

Rinne bean an tí bia a ghiollacht do na fir. Nuair a bhí an bia caite d'éirigh Micheál Rua agus chuaigh sé amach. Níorbh fhada go dtáinig sé isteach ar ais agus buidéal póitín leis.

'Anois,' ar seisean, 'nach bhfuil ár gcuid féin de na suáilcí againn oíche shneachta, glóir don Athair Shíoraí ar a shon. Dídean an tí os ár gcionn agus tine mhaith. Cuid na hoíche den bhia, agus deor bheag a thógfas cian dínn.'

Nuair a bhí cupla gloine ólta ag gach aon fhear hiarradh ar Chailitín amhrán á rá. Dúirt sé 'Bean an Fhir Ruaidh' agus 'Mal Dubh an Ghleanna'. Ach ar dhóigh éigin samhladh dóibh nach raibh a chroí sa cheol. Nach raibh ann ach mar a bheadh sé ag iarraidh 'rud éigin a dhéanamh ar shon a chodach.' Ionann is dá mba seantáilliúir é agus d'iarrfaí air paiste a chur ar bhríste in éiric a choinneála.

Thost sé tamall. Agus ansin thoisigh sé arís, gan iarraidh ar bith:

Líontar domhsa an píopa agus líontar domhsa an gloine lán

Is rachaidh mé den scríb sin go híochtar an locha a shnámh.

Cé chuirfeadh orainn in iontas dá mbeimis ar an dís ab fhearr?

Is coimirce Rí na Ríthe ort, a Shíle dheas Ní Choirealláin.

Is trua gan mise is Síle i ngleann aoibhinn sula ngaireadh an lá,

Gan aoinneach ar ár ngaobhar ach cearc fhraoich agus a coileach bán.

Duilliúr bharr na gcraobh a bheith sínte linn bun is barr,

Is nár mhéanar bheadh a choíche ansin, a Shíle dheas Ní Choirealláin.

A Shíle dheas na páirte, is álainn do shnua is do dhreach,

Do bhéilín tana tláith lér mharbh tú na mílte fear.

Níl aon luibh sa tír seo a leigheasfadh m'aicíd slán

Ach binn den fhallaing shíoda a bhí ar Shíle dheas Ní Choirealláin.

Thost sé nuair a bhí an t-amhrán ráite aige. Bhí sé mar a bheadh sé cloíte. Bhí sé ina shuí ansin agus é ag amharc siar ar na blianta a bhí caite. Chonaic sé an t-iomlán. An chéad uair a casadh Síle air agus an dóigh ar sheol sí a chiall chun seachráin. An dóigh a raibh sé ag brath ar a phósadh. Ansin samhladh dó go raibh fear eile ina súile de roghain air. Bhí sin ag déanamh meadhráin dó. Sa deireadh chuir sé ceist uirthi. Tháinig fearg ar Shíle agus dúirt sí leis go ndéanfadh sí cumann lena rogha duine. D'imigh Cailitín agus racht feirge air. I gceann na haimsire cruthaíodh dó nárbh é a cleamhnas féin a bhí Síle a shocrú leis an fhear eile ar chor ar bith. Ach ansin bhí sé rómhall. Ní thiocfadh leis a theacht ar ais briste ciothramach agus a hiarraidh le pósadh.

Ní inseochadh sé an scéal sin, ar ndóigh, do Mhicheál Rua ná d'aon duine de lucht an airneáil. An té nach trua leis do chás ná déan do ghearán leis, a deir an nathán. Bhí a fhios ag Cailitín nach mbeadh truaighe ar bith ag doirneálaigh gharbha na Rosann don té a dtáinig aicíd an ghrá air. Bheadh in aicíd ar bith eile. Dá dtigeadh an fiabhras nó aicíd na scamhán nó pian chnámh air bheadh truaighe is tarrtháil le fáil aige. Ach grá! Is aige a bhí a fhios goidé a déarfaí leis. 'A Dhia, nach é an bhlióg bhaineann é! É féin is a bhinn den fhallaing shíoda! Ach ar m'anam go raibh an mhuintir siar riamh leamh ar an dóigh sin. Bhí aithne agam ar chuid acu in Albain. Gheofá comhrá cailleach acu nach raibh goile riamh againn dó aniar an bealach seo.'

Sin an rud a déarfaí le Cailitín bocht dá n-inseadh sé a scéal féin. Fad is a d'fhanfadh sé i muinín ceoil, ba bhreá an chuideachta é. Bhí, ar ndóigh, file éigin ann am éigin a rinne an t-amhrán. Ach níor samhladh riamh go raibh i ngnoithe na bhfilí ach cur i gcéill.

<h1 style="text-align:center">III</h1>

Tamall beag roimh am luí buaileadh an doras. Tháinig an fear isteach. Eoghan Shéarlais Mhóir a bhí ann. D'amharc sé ar Chailitín mar nach mbeadh sé cinnte ar chóir dó an scéala a bhí leis a inse. D'aithin fear an tí an smaoineamh a bhí ina cheann.

'Ná bíodh eagla ort do scéala a chur inár láthair,' ar seisean. 'Duine againn féin Cailitín. Ba chóir go mbeadh a fhios sin agat agus ag gach aon fhear eile sna Rosa.'

'Tá do stil déanta ag Dominic Ó Fríl,' arsa Eoghan. 'Bhéarfaidh sé anoir go Teach an Bháid í oíche Shathairn, má bhíonn aimsir mheasartha ann. Rachaidh cupla fear againn síos leis an churach.'

'Is maith sin,' arsa Micheál Rua. 'Mar a dúirt mé, tá mé tuirseach de na hiasachtaí . . . Goidé an cineál aonaigh a bhí thoir inniu?'

Dúirt Eoghan go raibh aonach maith go leor ann. Nach raibh siúl rómhór ar eallach óg, ach go raibh an t-eallach bainne daor. Agus ansin dúirt sé rud a chuir dreach imníoch ar an bhacach. 'Bhfuil a fhios agaibh cé a casadh orm? An saighdiúir Ó Dochartaigh, as an Mhachaire Loiscthe thall anseo lá den tsaol. Thug sé isteach tigh Sheáin Uí Fhearaigh mé go dtug sé lán an ghloine domh.'

'I ndiaidh a theacht as Meiriceá?'

'I ndiaidh a theacht as Meiriceá,' arsa Eoghan. 'Agus m'anam é ina fhear ógánta go fóill. Deir sé liom go raibh aithne aige ar Chailitín anseo fada ó shin. Níor inis tú riamh dúinn go raibh tú sna saighdiúirí,' ar seisean leis an bhacach.

'Níor inis,' arsa Cailitín go brúite. 'Chonacthas domh nár chuid mháíte ar bith domh a rá go raibh mé in arm Shasana. Náire a bhí orm as. Ach ní choinneofaí sin féin ceilte.'

Tháinig aiféaltas ar Eoghan cionn is trácht ar chor ar bith air.

'Seo,' arsa Micheál Rua, ag teacht ionsar Chailitín le gloine póitín, 'ól an braon beag seo is bíodh ciall agat. Is iomaí fear riamh a chuaigh i seirbhís nach raibh a thoil léithi, ach nach raibh neart aige air nuair a bhí an saol ag teannadh air . . . Ach ar m'anam má shamhólainn choíche go raibh tú ag saighdiúireacht.'

'Bhíos,' arsa Cailitín. 'Lá Alma a chaill mé an chos. Bhí mé féin agus an saighdiúir Ó Dochartaigh guala ar ghualainn sa teagmháil sin. Bhí an t-ádh airsean. Chuaigh sé go barr an chnoic agus níor baineadh cleite as. Ach fuair mise luach mo chuid díth céille. Fágadh ar leathchois mé.'

Tháinig gruaim air. Bhí a rún sceite. Bhí eagla air nach mbeadh an dáimh chéanna choíche arís ag muintir an bhaile leis a bhí acu leis roimhe sin. Ar ndóigh, bhí leithscéalacha aige. Cruatan an tsaoil, an rud a d'fhág na mílte in arm na Sasana. Nó an t-ól, an rud a chuir na mílte chun drabhláis. Á, dá dtigeadh leis an fhírinne a inse dóibh! Nó dá dtuigeadh siad í i ndiaidh a cluinstin!

IV

Mhair Cailitín ag teacht chun an bhaile s'againne anois is arís ar feadh tamall blianta ina dhiaidh sin. Bhí an ceol agus an seanchas aige i rith an ama. D'inseochadh sé scéal nuair a d'iarrfaí air é. Déarfadh sé amhrán nuair a d'iarrfaí air é. Ach ní abóradh sé 'Síle Dheas Ní Choirealláin' ar ór ná ar airgead. De réir mar a bhí sé ag éirí aosta bhí sé ag cur tochta air. Lá amháin bhain sé deor as. Níor dhúirt sé riamh ina dhiaidh sin é.

'Tá dearmad déanta agam de,' a deireadh sé. 'Is iontach an dóigh ar imigh cuid acu as mo chuimhne. Teacht na haoise, creidim. Is dóiche gur gairid go n-imí an t-iomlán acu.'

Ach ní raibh muintir an bhaile cinnte gur dearmad a bhí déanta den amhrán aige, siúd is nach raibh a fhios acu cad chuige ar stad sé de.

'Bhí mé ag gabháil dó anseo an oíche fá dheireadh is gan istigh ach mé féin is é féin,' arsa Micheál Rua lena mhnaoi. 'Féacháil an dtabharfainn air 'Síle Dheas Ní Choirealláin' a rá domh. Ach deamhan é, dá silinn mil as mo mhéara dó.'

'Mil as do mhéara,' arsa an bhean. 'Bhail, a rún, dá dtairgfeá deoch sin Ghruagaigh an Choirn dó a chuir an dá chois ar ais ar an Amadán Mhór is ní abóradh sé é. Agus ní chreidim gur ag cailleadh a chuimhne atá sé ach a oiread. Bhfuil a fhios agat goidé a thig i mo cheann ar uairibh?'

'M'anam, a iníon, gur dhoiligh domh a thomhas.'

'Tá, go bhfuil baint éigin ag an amhrán lena shaol féin.'

'Goidé an bhaint a bheadh ag amhrán le saol duine?'

'Tá mé ag smaoineamh gur bean éigin a dtug sé toil di nuair a bhí sé óg. Go dtug sí cúl dó. Go ndeachaigh sé in éadóchas. Agus gurbh é sin an rud a thug air imeacht sna saighdiúirí.'

'Déan deifre is caith chugam cupla preáta, go dté mé chun na trá,' arsa Micheál. 'Caithfear an fheamnach sin a bhaint inniu. Beidh an rabharta ag meath amárach.'

V

Bhí an aois ag teacht ar Chailitín. Bhí sé ag éirí creapalta. Ní raibh mórán siúil ag fanacht sa duine bhocht. Bhí a fhios aige nach raibh fána choinne ach teach na mbocht. Ní raibh aon lá dá raibh ag teacht nach raibh sé ag druidim leis an fhoirgneamh chadránta sin *'with its detestable mullioned windows and accursed gables of Tudor barbarism.'*

Tháinig sé sa deireadh. Agus tháinig sé ní ba luaithe ná a bhí Cailitín ag súil leis. Taom thinnis a bhuail é, fliú nó rud éigin den chineál sin. Nuair a mhothaigh sé an tinneas ag teacht air bhain sé teach Phaidí Bhríde Bige amach. Chuir siad sin a luí é agus thug siad aire dó go bhfuair sé biseach. Ach sin a dtiocfadh leo a dhéanamh. Bhí an seansaighdiúir rólag agus róchreapalta leis na bailte a shiúl. Ní raibh fána choinne ach teach na mbocht.

Lá breá i dtús an tsamhraidh tháinig 'carr theach na mbocht' as na Gleanntaí chun na Rosann. Chuaigh Cailitín ar an charr ag droichead an Mhurlaigh agus d'imigh siad leo. Bhí an lá maith agus dreach an tsamhraidh ar an tsaol. Éanacha ag seinm os cionn a gcuid nead. Uain óga ag meadhar sna páirceanna. Agus seanduine creapalta i ndeireadh a shaoil is a laetha ag tarraingt ar bhallaí cadránta theach na mbocht.

Siar chun an Chlocháin Léith leo agus amach Cró na Sealg. Siar ag na Beanna Féir. Anonn ag barr Thráigh Éanach agus trasna dhroichead Ghaoth Beara. Nuair a bhí siad ag tarraingt siar i ndiaidh an Mhás a fhágáil ina ndiaidh dúirt an t-othar gur mhaith leis moill a dhéanamh ag teach beag a bhí taobh thall den chroisbhealach.

'Rómhall atáimid mar atáimid,' arsa an tiománaí. 'Beidh an oíche orainn sula mbímid ar na Gleanntaí.'

'Ní bhainfidh mise mórán moille asat,' arsa Cailitín. 'Seanbhean atá ina cónaí ansin léithi féin. Seanbhean mhuinteartha,' ar seisean, mar a dhéanfadh sé athsmaoineamh . . . 'Siúd amuigh an teach atá mé a rá,' ar seisean tamall ina dhiaidh sin.

'Níl aon duine sa teach sin,' arsa an tiománaí. 'Tá do sheanbhean mhuinteartha i dteach na mbocht romhat. Má tá sí beo ar chor ar bith. Thug mise isteach í fá Shamhain seo a chuaigh thart. Ní thig aon duine isteach gan a fhios domh. Sin mo chuid oibrese. Do thabhairt isteach, tá a fhios agat. Beidh eolas ag fear eile ar do theacht amach.'

'Ag fear na reilige,' a bhí sé ar tí a rá. Ach níor dhúirt. Nuair a chonaic sé an dreach léanmhar a bhí ar an tseanduine choscair an croí rud beag aige. Agus níorbh fhurast sin a dhéanamh le fear a raibh corradh le deich mbliana fichead caite aige i seirbhís theach na mbocht.

Tráthnóna nuair a bhí an ga gréine deireanach ag fáil bháis ar na Cruacha Gorma tugadh Cailitín isteach go teach na mbocht. Bhí deireadh lena chuid siúil.

VI

Nuair a bhí sé tuairim is ar mhí istigh chuir sé ceist an ligfí dó cuairt a thabhairt ar thaobh na mban den teach. Fiafraíodh dó cé a bhí ansin a raibh aithne aige air. 'Seanbhean mhuinteartha,' ar seisean.

'Cá hainm í?'

'Síle Ní Choirealláin. Gabhaim pardún agat. Síle Ní Chinnéide. Níl san ainm eile ach leasainm a bhí sa bhaile uirthi.'

'Ní bhíonn leasainm ar aon duine anseo. Síle Ní Chinnéide . . . Tá sí anseo ó bhí Samhain ann. Tá sí ina luí an mhórchuid den am. Agus beidh, is dóiche, fad is a bheas sí ann. Féadann tú a ghabháil síos tráthnóna i dtrátha a seacht. Agus anois ná déan tormán leis an chois mhaide sin ort. Beidh cuid acu ina gcodladh.'

Tráthnóna thug Cailitín cuairt ar an aireagal a raibh Síle ann. Seomra fada fuar a raibh urlár leacach ann agus na ballaí nite le haol. Bhí téadaí damháin alla crochta ina ngréasáin as na seantaobháin.

hInseadh do Chailitín cá raibh Síle. Thíos sa choirnéal íochtarach. Shiúil sé síos an phasáid a bhí eadar na leapacha go dtáinig sé go dtí an leaba a raibh Síle inti. Bhí sí ansin agus í críon caite. Ní raibh ach aon fhiacail amháin ina carbad. Agus bhí a gruag caite sceoite agus í anuas léithi gan chíoradh.

'Tá tú ann,' ar sise go lagbhríoch nuair a tháinig Cailitín chun tosaigh.

'Tá mé ann,' ar seisean. Agus shuigh sé go hanacrach ar sheanchathaoir a bhí ag taobh na leapa.

'Tháinig mé a dh'amharc ort,' arsa Cailitín. 'Ní bhfaighinn bás fá shuaimhneas gan maithiúnas a iarraidh ort.'

'Níl cuid mhaithiúnais ar bith amuigh agamsa,' ar sise. 'Ní dhearna tú a dhath orm. An méid a rinne tú, ort féin a rinne tú é.'

'Orm féin is ortsa,' ar seisean.

Níor labhair Síle.

'Nach mé a chuir an drochbhail ar ár saol, le mo chuid toibinne is díth céille,' ar seisean.

'Níl a fhios ag duine aon lá sa bhliain goidé atá lena leas nó goidé atá lena aimhleas,' arsa Síle.

'Nach doiligh a rá gurb é ár leas a bheith anseo i dteach na mbocht i ndeireadh ár saoil is ár laetha?' ar seisean.

'B'fhéidir,' arsa Síle, 'gur fusa imeacht as teach na mbocht ná imeacht as an Ghleann Aoibhinn, mar a bheirimis air.'

Ansin dhruid sí a súile mar a bheadh sí tuirseach.

Bhí Cailitín ag brath ar imeacht. Agus bhí sé míshásta. Shíl sé go dtiocfadh leis a ghearán a dhéanamh air féin le Síle agus maithiúnas a iarraidh uirthi. Agus go dtabharfadh sin féin faoiseamh dó. Ach ní raibh fonn ar bith comhráidh ar Shíle.

'Is fearr domh imeacht agus ligean duit codladh,' arsa Cailitín, ag cur a láimhe ar cholbha na leapa ag iarraidh é féin a thógáil.

'Fan tamall beag eile,' ar sise, ag breith greim láimhe air. 'Aon achainí amháin agam le hiarraidh ort. Abair an t-amhrán domh.'

Thoisigh sé.

Seanmhná caite a bhí ina luí ina gcodladh ar gach taobh díobh mhuscail siad. D'éirigh cuid acu ar a sleasluí a dh'éisteacht leis an cheol. Sa deireadh chualathas 'Fuist, fuist!' ó chupla bean acu. Bhí banaltra ag teacht anuas an phasáid. Bean mheánaosta a raibh aghaidh chruaidh agus dreach cadránta uirthi. Bhí sí ag tarraingt orthu agus coiscéim fheargach léithi, mar a bheadh sí ag brath greim gualann a bhreith ar sheanduine na coise maide agus a thiomáint roimpi amach thar an doras. Nár mhór an croí dó a bheith ansin ag búirigh mar a bheadh fear meisce ann in áit a bhí faoina riailse?

Shiúil sí anuas go raibh sí fá chupla coiscéim den cheoltóir. Ansin sheasaigh sí agus d'éist sí leis an amhrán.

'A Shíle dheas na páirte, is álainn do shnua is do dhreach,
Do bhéilín tana tláith lér mharbh tú na mílte fear.
Níl aon luibh sa tír seo a leigheasfadh m'aicíd slán
Ach binn den fhallaing shíoda a bhí ar Shíle dheas Ní Choirealláin.'

San am seo bhí an ga gréine anuas díreach ar an leaba. Tháinig dath eile ar na ballaí. Dath na spéire. Sa deireadh d'imigh siad. D'imigh teach na mbocht. D'imigh an aois agus an bhreoiteacht. Ar feadh tamaill bhig ní raibh ann ach beirt a bhí i dtús a saoil, ina suí leo féin i ngleanntán sléibhe le luí na gréine, agus iad do-mharfa faoi

'Bhinn den fhallaing shíoda a bhí ar Shíle dheas Ní Choirealláin.'

An Bhratach

I

Tá a gcuid laoch ag muintir Rinn na bhFaoileann, mar atá ag baile ar bith eile. Tífidh tú ar uairibh ainmneacha na laoch seo daite ina litreacha móra ar na carraigeacha is ar na ballaí. Ach na laochra a bhí ann nuair a bhí mise i mo ghasúr níl iomrá ar bith anois orthu. Tá sin intuigthe. D'imigh siad nuair a d'imigh an teanga a raibh an seanchas inti.

Ach fada ó shin! Bhí laochra dá gcuid féin ag na seandaoine agus ag na daoine meánaosta. Bhí ainmneacha na ngaiscíoch fite fuaite ina gcomhrá. Chomh móruchtúil le Cú Chulainn, a deireadh siad. Chomh láidir le Goll. Chomh lúfar le Caoilte. Chomh cleasach le Fionn. Chomh bearrtha le Conán.

Tá mé ag feitheamh anois le do cheist: an raibh iomrá ag muintir Rinn na bhFaoileann ar laoch nó ar fhear éifeachtach ar bith dár mhair ó thug Pádraig an creideamh go hÉirinn? Nó an raibh acu le maíomh astu ach págánaigh?

Bhí beirt dár gcineál féin sa tseanchas acu – Colm Cille agus fear eile. Agus bhíodh an bheirt seo ar thús nó ar dheireadh gach comhráidh acu.

B'iontach an duine Colm Cille. B'iontach na rudaí a rinne sé. Choisreac sé gleanntán sléibhe agus d'fhág sé coimirce ag muintir na Rosann ann nuair a thiocfas 'Cogadh an Dá Ghall.' Chaith sé a bhachall ó mhullach Chnoc na Naomh go Toraigh. Thóg sé na geasa den oileán. Mharbh sé an cú nimhe a dreasaíodh leis agus rinne sé carraigeacha de na Mic Ó gCorra i ndoimhneacht na Farraige Móire. Ach bhí an fear

121

eile é féin éifeachtach. Fear a raibh a ainm á lua i ngach aon teach ar fud na tíre. Fear a bhí ina chrann chosanta ag Éirinn nuair a bhí sí lagbhríoch. Fear nach raibh a leithéid ann ó d'imigh Colm Cille.

Is maith mo chuimhne ar an chéad uair a chuaigh mé go Baile Átha Cliath. Nuair a tháinig mé chun an bhaile fá Nollaig chuaigh mé oíche amháin a dh'airneál tigh Mhánais Eoghain Duibh i Rinn na bhFaoileann. Bhí scaifte de na comharsana cruinn ann. Cuireadh fiche ceist orm. Ar bhaile deas Baile Átha Cliath? An raibh sé chomh mór le Glaschú? An raibh sé chomh maiseach le hEdinburgh? Agus fiche ceist eile den chineál. Thug mé freagra ar na ceisteanna seo chomh maith is a tháinig liom. Ach ní raibh spéis ar bith agam iontu. Bhí scéal le hinse agam, scéal a gcuirfeadh an t-iomlán acu spéis ann, agus a gcuirfeadh Mánas Eoghain Duibh spéis ar leith ann.

'Léigh mé scéal ar na mallaibh,' arsa mise, 'agus sílim go mbeadh spéis agaibh ann.'

'Caith chugainn é,' arsa Mánas Eoghain Duibh. 'Tá mé cinnte gur fiú éisteacht leis.'

Thoisigh mé agus d'inis mé an scéal dóibh chomh maith is a tháinig liom. Bhí triúr fear teilgthe chun báis, san éagóraigh. Bhí cúigear eile le féacháil agus gan i ndán dóibh ach an chroch. Ní raibh aon fhear in Éirinn a shábhóladh iad ach aon fhear amháin. Bhí an fear sin rófhada uathu. Níor chuir siad focal in am air. Níor shamhail siad go raibh contúirt ar bith orthu gur teilgeadh an chéad triúr. Ach ba é báirè na fola é, agus chaithfí iarraidh mhillteanach a dhéanamh. D'imigh fear óg ar muin capaill, de shiúl oíche. Ar maidin nuair a bhí na daoine ag éirí, tháinig an marcach go bun a rása agus chuir sé a achainí i láthair an fhir mhóir. 'Crochfaidh sé an uile mhac máthara acu,' ar seisean, 'mura dté tú suas agus a sábháil.'

An lá arna mhárach bhí cuid de na príosúnaigh á bhféacháil. Bhí aturnae na corónach á ndaoradh. Agus de réir chosúlachta, níorbh fhéidir a gcosnamh. Leis sin féin tháinig an fear mór isteach, go díreach mar a thiocfadh an gaiscíoch sna finscéalta. Bhí ocras air i ndiaidh an astair. Tugadh bia ionsair agus thoisigh sé a dh'ithe. Ní raibh aird ar bith ag aturnae na corónach air. Bhí sé ag fí na heangaí ar a shuaimhneas. Ach ba ghairid gur baineadh léim as. *'That is not law,'* arsa an fear a bhí ag ithe. Bhí an chéad mhogall briste, agus níorbh é an ceann deireanach é. Thoisigh an fear mór a chosnamh na bpríosúnach. Roimh sheachtain bhí an t-iomlán acu sábháilte aige. An chéad triúr chomh maith leis an chuid eile. Chruthaigh sé go soiléir gur le mionnaí bréige a daoradh iad.

Nuair a bhí an scéal inste agam thost mé. Níor labhair aon duine. Sa deireadh arsa mise, nuair nach raibh aon duine ag cur iontais i mo scéal, 'nár mhillteanach an éacht í?'

'Ba mhillteanach an éacht í ag fear ar bith ach aige féin,' arsa Mánas Eoghain Duibh.

'Ach cá bhfios duit cá hair a bhfuil mé ag caint?' arsa mise.

'Bhail, níor lig tú a ainm linn,' arsa Mánas. 'Ach, ar ndóigh, bheadh a fhios ag daoine dalla an domhain nach raibh aon fhear in Éirinn riamh a dhéanfadh é ach Dónall Ó Conaill.'

II

Sin an meas a bhí ag muintir Rinn na bhFaoileann ar Dhónall Ó Conaill san am úd. Bhí Colm Cille agus Dónall Ó Conaill ar thoiseach an leabhair acu. Gach aon fhear acu ina am féin agus ar a dhóigh féin. Rinne Colm Cille míorúiltí móra tráth a mhair. Agus bhí dóchas acu gur mhaith a choimirce acu an lá deireanach. Ach bhí ómós lán chomh mór acu don fhear a shábháil daoine eadar an príosún is an chroch.

Agus, dálta na Craobhruaidhe agus na Féinne, bhí ainm Dhónaill Uí Chonaill i gcomhrá na ndaoine. B'fhéidir gur fear as na bailte ar beireadh air ag déanamh póitín. Tháinig na píléirí isteach sa chró. Bhí an stil ar an tine agus an dúbláil ag teacht anuas. Bhí lá na cúirte ag teacht. Bhí aturnae maith aige – Paidí Mór Chaisleán na Finne. 'Bhail,' a deireadh muintir Rinn na bhFaoileann, 'b'fhéidir go rachadh ag Paidí Mór laigse bheag a fháil sa cháin dó. Ach sin a mbeidh ann. Ciontófar cinnte é – nuair nach maireann Dónall Ó Conaill.'

★ ★ ★

Seal den tsaol ní raibh aon bhaile sna Rosa nach raibh banna ceoil ann. Bhí banna i Rinn na bhFaoileann ach ní raibh maith ann. Ní raibh acu ach doisín fideog, agus iad sin ar bheagán ceoil. Ní raibh acu ach cupla port. Agus deireadh lucht na cúlchainte nár chóir ceann acu a sheinm ar chor ar bith Lá Fhéile Pádraig, nó nach ndearna Annie Laurie a dhath riamh d'Éirinn.

Ach mura raibh ceol ná gléasa ceoil acu, bhí rud eile acu a thug cúiteamh iomlán dóibh i ngach aineamh dá raibh orthu, mar a bhí bratach. Á, ba ghalánta an bhratach í. Bhí sí ocht dtroithe ar fad agus sé troithe ar leithead. Crochta as a ceann a bhí sí, trasna eadar dhá chrann agus na taobhanna scaoilte aici. Síoda glas a bhí inti, agus bhí órshnáithe sé horlaí ar doimhne leis na himill aici. Bí ag caint ar Lámh Dhearg Uladh lá oirirc an Átha Bhuí. Bí ag caint ar na Stars and Stripes lá Bhunker Hill. Bí ag caint ar chuid iolar na Róimhe nuair a bhí sealán smaicht curtha ar an Eoraip acu. Níor dhada an t-iomlán acu le taobh bhratach Rinn na bhFaoileann ag teacht anuas mala Néillín Bhraighní Lá Fhéile Pádraig.

Thrácht mé ar a fad agus ar a leithead, ar an tsíoda a bhí inti agus ar an órshnáithe a bhí léithi. Ach cérbh álainn na rudaí seo iontu féin níorbh iontu a bhí an ghlóir ach sa phioctúir a bhí uirthi. Pioctúir fir óna lár suas. Fear a raibh éadan mór leathan air agus ceann dubh gruaige. Bhí cornán páipéar ina láimh. Agus bhí súil dhána aige mar a bheadh sé ag tabhairt dúshlán breithimh agus coiste agus mionnaí bréige. Dónall Ó Conaill.

Níl a fhios agam cá huair a tháinig an druma go Rinn na bhFaoileann. Níl a fhios agam cad chuige a raibh siad de, agus gan ceol ar bith acu. Ach tá a fhios agam cé a chuir an bhratach ina gceann. Tá, Mánas Eoghain Duibh.

Cupla bliain d'aois a bhí an banna nuair a tháinig Mánas Eoghain Duibh chun an bhaile i ndiaidh tamall a chaitheamh i Meiriceá. I New York, aon Lá Fhéile Pádraig amháin, a chonaic sé an bhratach ar chuir sé a chroí inti. Ní raibh sé i bhfad sa bhaile gur chuir sé ar a shúile do mhuintir Rinn na bhFaoileann gur chóir dóibh ceann den chineál chéanna a fháil.

Oíche amháin i dtrátha na Féile Bríde bhí ceannairí an bhanna i ndáil chomhairle i scioból Chormaic Ruaidh. Cúigear a bhí siad ann, agus coinneal lasta i mbuidéal acu ar urlár na fuinneoige.

'Tá sé chomh maith againn an fhírinne a aidmheáil agus gan a bheith ag magadh orainn féin,' arsa fear acu. 'Níl maith ar bith inár gcuid ceoil. Tá na bailte uilig ag magadh orainn.'

'Ag tnúth linn atá siad cionn is nach bhfuil siad féin leath chomh maith linn,' arsa duine eile.

'Ní hamhlaidh,' arsa an chéad fhear a labhair. 'Aithním féin é agus gan cluas rómhór do cheol agam. Bíonn náire orm gach aon uair dá gcluinim banna Chionn Caslach. Mura dtige linn cuid de na stócaigh óga a fhoghlaim is fearr dúinn suí sa bhaile Lá Fhéile Pádraig.'

Fuair Mánas Eoghain Duibh an fhaill a raibh sé ag feitheamh léithi. 'Cá ndéanfadh na stócaigh a bhfoghlaim?' ar seisean. 'Agus dá mbeadh fear teagaisc féin againn chan i gcúig ná sé de sheachtainí ab fhéidir a dhéanamh. Bhainfeadh sé bliain astu ar a laghad. Tá sé chomh maith agaibh an smaoineamh a chaitheamh as bhur gceann.'

'Mar sin de,' arsa Naos Hiúdaí Shorcha go míshásta, 'tá sé chomh maith againn an t-iomlán a chaitheamh uainn.'

'Níl ar chor ar bith,' arsa Mánas Eoghain Duibh. 'Tá cleas eile ar an chlár, agus cleas a bhéarfadh buaidh na dtrí bpobal dúinn. Thig linn *flag* a fháil. *Flag* a mbeadh pioctúir Dhónaill Uí Chonaill uirthi.'

Bratach de shíoda ghlas a mbeadh pioctúir Dhónaill Uí Chonaill uirthi! Ar ndóigh, chuirfeadh sé sin lúcháir is aoibhneas ar an uile dhuine ar an bhaile. Dúirt an t-iomlán acu as béal a chéile gur bhreá an rud é.

Ach ansin tháinig an *committee stage*. Cá bhfaighfí a leithéid de bhratach? Cá mhéad a chosónadh sí? Cá bhfaighfí an t-airgead?

Bhí a fhios ag Mánas Eoghain Duibh cá bhfaighfí í. 'Tá sé anseo agam, má tá léann ag aon duine agaibh,' ar seisean, ag cur a mhéir i bpóca veiste. 'Níl aon duine agaibh ábalta ar a léamh? Is cuma, tá sé ar mo theanga agam: *Andrew McGuire, Northern Warehouse, Belfast.* Scríobhfaidh máistir na scoile an leitir dúinn. Cuirfimid fá rún é.'

'Ach cá mhéad a chosónas sí?'

'Ocht bpunta.'

'Ocht bpunta! Cá huair a bheadh ocht bpunta cruinn againn ar an bhaile seo?'

'Níl le tógáil agaibh ach ceithre phunta,' arsa Mánas. 'Díolfaidh mise leat a luach.'

Ba doiligh an tairiscint sin a dhiúltú. Agus níor diúltaíodh í ach a oiread.

'Anois,' arsa Mánas, 'ná cluineadh clocha an talaimh é. Déarfaimid gur fideoga úra atáimid ag brath a cheannacht. Sé fideoga déag ar chúig scillinge an ceann. Fideoga nach mbeidh a leithéidí sa dá phobal. Ní bheidh a fhios ag na bailte eile go bhfuil a dhath againn go dtaraimid amach orthu.'

Sin mar a rinneadh é. Siúladh ar an bhaile ó theach go teach. Dhíol gach aon teach ar feadh a acmhainne. Tógadh ceithre phunta. Chuir Mánas Eoghain Duibh ceithre phunta eile leis. Scríobh an máistir an leitir. Cuireadh an t-airgead go Béal Feirste. Agus seachtain ina dhiaidh sin bhí an bhratach i Rinn na bhFaoileann.

'Anois,' arsa Mánas Eoghain Duibh, 'déanfaidh Donnchadh Phaidí Sheáinín na crainn dúinn. Ní bheidh a fhios ag aon duine nach spriotanna atá sé a dhéanamh. Ní bheidh súil ar bith ag na bailte eile leis seo. Deirimse libhse go mbainfidh Dónall Ó Conaill an t-amharc as an tsúil acu.'

Agus bhain. Maidin Lá Fhéile Pádraig, tamall roimh am Aifrinn. Bhí na slóite cruinn ar shráid an Mhurlaigh. Ní chluinfeá a dhath ar gach taobh díot ach tuargan na ndrumaí. Tháinig druma Ros Scoite aníos. Tháinig druma Mhullach Dubh aniar. Tháinig druma Mhín na Craoibhe anuas. Agus leis sin féin, thoir ar mhala theach na scoile nocht – Dónall Ó Conaill.

Seo chugainn anall an droichead é ar thoiseach na bhfear. Bhí feothan beag éadrom gaoithe ann a bhí ag tógáil an bhrollaigh rud beag aige, mar a bheadh sé ag gabháil in araicis a namhad go dúshlánach. Agus an dreach dána a bhí air. B'fhurast leis na slóite Rosannach a shamhailt go raibh sé beo. Is beag nach gcuala cuid acu é ag rá le haturnae na corónach, *And that is not law.*

Gan bhréig ar bith d'éirigh le cleas Mhánais Eoghain Duibh an lá sin. Tháinig siad amach ar an chuid eile den phobal. Ba chuma cá mhéad locht a bhí ar a gcuid ceoil. Bhí buaidh an lae acu. Bhí Dónall Ó Conaill acu.

IV

Ar feadh deich mbliana fichead shiúil Mánas Eoghain Duibh i ndiaidh an druma Lá Fhéile Pádraig, agus é sa ghlóir ag amharc ar an bhratach.

Sa deireadh bhí an aois ag teacht air agus bhí sé ag éirí creapalta. Na blianta deireanacha ní thiocfadh leis cos a choinneáil leis an bhanna i rith an lae. Ní fheiceadh sé iad ach anois is arís. Thart an bealach mór a théadh an druma. Théadh Mánas na haichearracha agus d'fhanadh sé ag ceann croisbhealaigh go dtaradh an banna an fad sin. Chuir sé mo sháith truaighe orm lá amháin nuair a chonaic mé é ag imeacht soir an Portach Mór agus coiscéim throm mhalltriallach leis. Ag gearradh na haichearra a bhí sé, sa chruth is go mbeadh sé roimh an bhanna ag Droichead na Glaise.

Sa deireadh tháinig glún d'fheara óga nach raibh sásta leis an bhanna. Agus ba ghairid gur éirigh scéala amach a chuir iontas ar dhaoine: Bhí cuid de na feara óga seo ag rá nár chóir Dónall Ó Conaill a bheith ar an bhratach acu. Cupla duine a thoisigh a chaint air seo ar tús. Ba ghairid gur lean an chuid eile iad. Bhí an mhórchuid de na seandaoine go dian ina n-aghaidh. Ach ag an mhuintir óg a bhí an banna.

Níor hinseadh do Mhánas Eoghain Duibh go raibh rún acu Dónall Ó Conaill a chaitheamh i leataobh. Cad chuige a n-inseofaí? Bhí an duine bocht ina luí ó bhí Samhain roimhe sin ann. Agus dúirt an dochtúir go raibh an croí lag aige, agus rud ar bith a bhainfeadh léim as go mbeadh sé contúirteach aige. Ach ní inseofaí a dhath do Mhánas Eoghain Duibh a ghoillfeadh ar an chroí aige. Ní bheadh a fhios aige go bhfuair aon duine tormas ar Dhónall Ó Conaill.

Agus an rud nach mbíonn a fhios agat ní chuireann sé buaireamh ort.

Tháinig Lá Fhéile Pádraig, agus lá chomh breá agus a tháinig ó shin. Chuaigh banna Rinn na bhFaoileann amach agus gan bratach ar bith leo.

Tráthnóna, dar liom féin, rachaidh mé suas tamall beag chuig Mánas, féacháil an rachadh agam cian a thógáil de. Tá mé cinnte go bhfuil cumha inniu air . . . Ar a ghabháil go dtí an teach domh tháinig an bhanchliamhain amach i m'araicis agus dreach scáfar uirthi.

'Nach trua mé agus nach róthrua?' ar sise agus glór an chaointe ina ceann. 'Agus gan agam ach mé féin. D'imigh Eoghan (a fear) go Cionn Caslach ar maidin, agus ní bheidh sé ar ais go dtí an oíche.'

Shíl mé féin cinnte gur taom thobann a tháinig ar an tseanduine.

'Tá sé ina shuí,' ar sise.

'Goidé a dúirt tú?'

'Tá,' ar sise, 'agus a chulaith ghorm air. D'éirigh sé tá dhá uair ó shin. Ní thiocfadh liom a choinneáil ina luí mura gceanglainn sa leaba é. D'inis mé dó nach raibh an bhratach sa tsiúl ar chor ar bith. Gur strócadh an coirnéal aici. Go mb'éigean a cur go Béal Feirste go gcuirfí bail uirthi. Agus nach dtáinig sí ar ais go fóill. Ach tá iomlán an scéil aige, cár bith mar a fuair sé é. Ó na páistí, creidim . . . Goidé a dhéanfaimid?'

'Déanfaimid ár ndícheall,' arsa mise. 'Ar scor ar bith, níl contúirt ar bith anois go mbainfear léim as. Tá fios an scéil go hiomlán aige. Sin mar is fearr é.'

Chuaigh mé isteach. Bhí Mánas ina shuí ar cathaoir sa chlúdaigh.

'D'fhág siad Dónall Ó Conaill ina ndiaidh inniu,' ar seisean. 'Ní raibh sé maith go leor acu. Ceist agam ort: an bhfuil áit ar bith in Éirinn a dhath níos faide ar shiúl ó thír dhúiche Dhónaill Uí Chonaill ná an reannaigh seo?'

'Ní dóiche go bhfuil,' arsa mise.

'Agus goidé mar a tháinig a chliú ó cheann go ceann na hÉireann?'

'An chliú sin a bheith tuillte aige,' arsa mise.

'Ach níl maith ar bith anois ann,' ar seisean. 'Ní raibh riamh, más fíor.'

'Bíodh acu,' arsa mise.

'Rachaidh mé suas go ceann an chabhsa nuair a bheas siad ag teacht isteach.'

'Ní fiú do shaothar é.'

'Rachad, mura mbeadh ann ach náire a chur orthu.'

Tamall ina dhiaidh sin chualamar tuargan an druma. Bhí siad ag tarraingt isteach ar Phíopa Thuathail. Eadar sin is tráthas chuaigh mé féin is Mánas suas go ceann an chabhsa. Bhí an mhórchuid d'fheara óga an bhaile sa tsiúl. Ach ní raibh ann ach cupla seanduine.

Dá mba ag cumraíocht a bheinn is dóiche go n-abórainn anseo, nuair a chonaic Mánas Eoghain Duibh an banna agus gan Dónall Ó Conaill ar a dtoiseach, gur thit sé in áit na mbonn agus go bhfuair sé bás, mar a thitfeadh seansaighdiúir de chuid Napoleon nuair a tífeadh sé na Gearmánaigh chuige ón Étoile. Ach is fearr liom an fhírinne agam an iarraidh seo. Ní tháinig deacair de chineál ar bith ar Mhánas. Shiúil sé ar ais chun an tí go breá urrúnta.

Ar a theacht isteach dúinn tháinig an bhanchliamhain chugainn le dhá ghloine uisce bheatha.

'An raibh mórán sa tsiúl?' ar sise.

'An mhórchuid d'aos óg an bhaile,' arsa Mánas. 'Ach ní chuirfeá sin in iontas; is furast an óige a mhealladh. Ní raibh ann ach cupla seanduine. Tá an mhórchuid de sheandaoine Rinn na bhFaoileann díleas do Dhónall Ó Conaill. Is cuma fá na corrdhuine. Bhí siad riamh ann. Nár dhúirt sé féin dá mbeadh Éireannach á rósadh go bhfaighfí Éireannach eile a thiontóchadh an bior.'

'Is fearr duit a ghabháil a luí anois,' arsa an bhanchliamhain. 'Drochrud suí i bhfad an chéad lá a éireochas duine.'

'Fanfaidh mé tamall beag eile i mo shuí, ó chas Dia cuideachta agam Lá Fhéile Pádraig,' ar seisean. 'Cuir deor bheag eile i ngloine Thaidhg. Níl na gloiní sin ach beag.'

'Beidh lá eile ann,' ar seisean, tamall ina dhiaidh sin.

'Is cinnte féin go mbeidh,' arsa mise.

'Agus bhéarfar Dónall Ó Conaill amach arís go bhfeice an pobal é. Fágaim d'fhiachaibh ortsa é.'

I gcogar a dúirt sé an chuid eile, nuair a chuaigh an bhanchliamhain suas chun an tseomra.

Ní thug an iarraidh sin a bhás. Nuair a tháinig an samhradh thoisigh sé a fháil bhisigh. Thug sé cúig bliana eile de shaol leis i ndiaidh an lae sin, gan trácht ar an bhratach, gan focal searbh ná salach a thabhairt d'aon duine as easurraim a thabhairt dá ghaiscíoch.

An lá a cuireadh é bhí an tórramh leis ba mhó a chuaigh riamh go reilig Ghleann na hEilte. Mé féin a d'iarr bratach Dhónaill Uí Chonaill a chur anuas ar an chónair. Ní mó ná toilteanach a bhí an mac. Dúirt sé go mb'fhéidir go mb'fhearr an t-am a bhí caite a ligean chun dearmaid.

'Ach,' arsa mise, 'an gealltanas a thug mé do d'athair an Lá Fhéile Pádraig úd tá cúig bliana ó shin, ba mhaith liom a chomhlíonadh anois nuair atá sé marbh. D'fhág sé d'fhiachaibh orm an bhratach a chur anuas ar a chónair. Agus gheall mé dó go ndéanfainn sin.'

'Maith go leor,' arsa an mac. 'Tharla gur mar sin atá, caithfear ligean duit do ghealltanas a chomhlíonadh don mharbhánach.'

Agus bhí lá eile ag Dónall Ó Conaill.

Taibhse Báid

I

Ní raibh aon fhear farraige fá chladaí na Rosann ab fhearr ná Feargal Eoghain Dhiarmada. Agus le cois a bheith eolach ar an fharraige agus ar an iascaireacht bhí an t-ádh ag siúl leis, de réir chosúlachta. B'fhéidir nárbh é an t-ádh féin é, ach go raibh sé dlúsúil móruchtúil. Ní thiocfadh le haon fhear eile againn a bheatha a bhaint den fharraige. Ní raibh ann againn ach iascaireacht na scadán tamall den gheimhreadh, agus imeacht go hAlbain i dtús an tsamhraidh. Ach ní théadh Feargal Eoghain Dhiarmada go hAlbain ar chor ar bith. Mhaireadh sé ag iascaireacht ó cheann go ceann na bliana.

'Tá neart éisc san fharraige, glóir do Dhia ar shon an fhairsingigh,' a deireadh sé, 'ach caithfidh tú coinneáil leo. Caithfidh tú lámh a bheith agat i ngach uile chineál iascaireachta. Ní thiocfaidh na scadáin ach sa gheimhreadh. Ach tá an trosc agat san earrach agus an bradán sa tsamhradh. Sna bradáin atá an t-airgead . . . Ach níl uchtach ar bith ag muintir an bhaile seo. Is é an rud a bhí cuid acu a rá nuair a cheannaigh mise eangach bhradán, go scriosfainn mé féin . . . Ba mhór an chrág airgid é, ar ndóigh. Ach tá a luach díolta trí huaire aici; tá sin.'

Bhí an iascaireacht ag éirí go maith leis, ach ní raibh sé sásta. Bhí aon rud amháin, dar leis, ag coinncáil cúl air. Agus bhí sin ag déanamh buartha dó. Bhí sé rófhada ón tseanfharraige.

'Sin buaidh amháin atá ag muintir na n-oileán,' a deireadh

sé. 'Tá siad ina gcónaí in aice a gcuid oibre. Tá an baile seo róscoite. Caithfidh tú an lán mara a fhreastal. Caithfidh tú imeacht go luath. Tiocfaidh maidin ghruama. Fanfaidh tú sa bhaile ar eagla go bhfuil doineann air. Tráthnóna rachaidh an ghaoth soir agus titfidh sé chun ciúnais. Ach tá tú rómhall. Tá an lá sin amú ort. Ach am ar bith go tráthnóna dá socóraidh an aimsir thig le fear na n-oileán a ghabháil amach agus a chuid eangach a chur.'

Sa deireadh dúirt sé leis féin nach raibh an dara dóigh ann ach scáthlán a dhéanamh dó féin ar cheann de na hoileáin. Ach cá ndéanfadh sé é? In Oileán Eala? Nó in Inis Glaise? Ach bhí cónaí ar na hoileáin sin. Ní raibh talamh ar bith ann nach raibh seilbh ag duine éigin air. B'fhéidir nach dtabharfadh aon duine áit tí dó.

Ach bhí oileáin eile ar na cladaí. Oileáin nach raibh cónaí ar bith orthu. Cé acu ceann ab fhearr? Inis Fraoich? Ba doiligh port a dhéanamh ann mura mbeadh an fharraige marbh ciúin. Inis Beannach? Bhí sé ró-ard i bhfarraige. Róninis? Bhail, go díreach, ó chuimhnigh sé air! Chuaigh Feargal siar gur bhreathnaigh sé Róninis . . . An áit a bhí ag fóirstean dó. Camas foscaíoch ar an taobh istigh. Gan é os cionn míle go leith ó chéidh Phort na Caillí. Neart fíoruisce ann. An uile chóngar dá mbeadh iascairí a iarraidh.

'Níl a fhios agam,' arsa Micheál Rua liom féin, nuair a d'inis mé dó go raibh Feargal Eoghain ag déanamh bothóige thiar i Róninis. 'Tá measarthacht ar gach aon rud. Drochrud an tsaint má théid sí i do cheann duit. Nuair a bhíos ádh measartha ar dhuine ba cheart dó a bheith sásta leis . . . Go sábhlaí Dia gach aon duine ar thubaiste na farraige.'

Ach ní raibh eagla ar Fheargal Eoghain Dhiarmada go dtarrónadh bothóg i Róninis tubaiste ar bith air.

II

Bhí mé ag obair in Albain i dtús an fhómhair. Oíche Shathairn tháinig an máistir anuas chun na botaí chugam.

'Beidh tú ag gabháil isteach go Peebles amárach, creidim?' ar seisean.

'Le cuidiú Dé,' arsa mise.

'Tá fear eile de dhíth orm,' ar seisean. 'Fear a mbeidh lámh mhaith ar speil aige. Tá cuid mhór den choirce ina luí i ndiaidh na báistí. Caithfear Tarth Haugh ·uilig a bhaint le speala. Ní dhéanfaidh an *binder* maith ar bith ann . . . Má chastar oibrí maith ar bith amárach ort a bhfuil aithne agat air bíodh sé leat amach. An pháighe chéanna atá agat féin, agus obair go Samhain más mian leis fanacht aici.'

Ar maidin an lá arna mhárach chuaigh mé féin isteach go Peebles. Ar mo theacht amach as teach an phobail i ndiaidh an Aifrinn casadh fear aitheantais orm.

'Cha bheadh a fhios agat cá bhfaigheadh fear obair?' ar seisean.

'Bhfuil tú ag iarraidh oibre?' arsa mise.

'Goidé eile a bhéarfadh chun na tíre seo mé ach a dh'iarraidh oibre?' ar seisean. 'An raibh tusa ag meas gur anall ar laetha saoire a tháinig mé?'

'Ní dóigh,' arsa mise. 'Ach ar scor ar bith is maith a tharla ar a chéile sinn. Tá fear de dhíth amuigh anseo, i Wester Happrew, an áit a bhfuil mise ag obair. Cúig seachtaine fómhair ar phunta sa tseachtain. Cúig scillinge déag as tógáil na bpreátaí. Ansin na tornapaí ar ocht scillinge an t-acra. Obair go Sean-Samhain más mian leat fanacht.'

'Is é Dia a sheol an bealach mé,' ar seisean. 'Bhí mé eadar dhá chomhairle inné cé acu go Peebles a thiocfainn nó an rachainn soir bealach na Lothians. Ní raibh a fhios agam cá rachainn. Ní raibh mé sa tír seo le deich mbliana.'

Bhí sé liom amach chun na feirme tráthnóna, agus chuaigh sé a dh'obair i mo chuideachta ar maidin Dé Luain. Bhí mé ag cur iontais ina bheith in Albain ar chor ar bith. Is iomaí uair i rith seachtaine a tháinig sé chun an bhéil chugam ceist a chur air goidé a thug anall é. Ach níor mhaith liom ceist a chur air, tharla nár labhair sé féin air.

Tháinig oíche Shathairn. Nuair a bhí an suipéar caite againn chuireamar síos tine bhreá sa bhotaí agus dheargamar na píopaí. Is breá an oíche oíche Shathairn san fhómhar i mbotaí de chuid na hAlban má tá cupla fear i gcuideachta a chéile. Thig leo suí agus a gcomhrá a dhéanamh, agus fios acu go bhfuil an lá arna mhárach acu lena scíth a ligean.

Mhaireamar tamall ag comhrá ar gach aon rud dá dtáinig

inár gceann. Sa deireadh arsa mé féin, 'An bhfuil siad ag déanamh maith leis an iascaireacht thall i mbliana?'

'Cuid acu,' ar seisean.

'Raibh samhradh maith bradán ann?'

'Bhí . . . Chomh maith is a bhí ann le mo chuimhne.'

'Creidim go mbeidh tú ag gabháil anonn i ndeireadh an fhómhair chuig iascaireacht na scadán?'

'Mura dtara na scadáin isteach ar na srutháin sa dóigh a dtiocfadh liom a dtógáil le cliabh.'

'Goidé atá tú a mhaíomh?'

'Tá, nach bhfuil gnoithe ag fear ar bith a dh'iascaireacht gan bád.'

'Ar briseadh do bhád?'

'Níor briseadh. Dhíol mé í.'

'Dhíol tú an bád?'

'Dhíolas,' arsa Feargal Eoghain Dhiarmada. 'Agus ó tharla sinn ag caint air, tá sé chomh maith agam an t-iomlán a inse duit.'

III

'Bhí mé ag déanamh go mbeadh do sháith iontais ort nuair a tífeá sa tír seo mé. Is gairid a bhíos an t-athrach ag teacht. An té a déarfadh liomsa Lá Bealtaine seo chuaigh thart go ndíolfainn mo bhád roimh Lá Lúnasa agus go stadfainn den iascaireacht is beag aird a bhéarfainn air. Shílfinn gur ar mire nó ar meisce a bhí sé. Ach sin mar a bhíos. Níl a fhios ag duine aon lá sa bhliain goidé atá fána choinne ag an lá arna mhárach.

'Goidé a tháinig orm? Cluinfidh tú. Taispeánadh a fuair mé. Taispeánadh a thug orm mo bhád a dhíol agus a rá liom féin nach rachainn amach an barra an dá lá a bheadh de shaol agam.

'Mar atá a fhios agat rinne mé bothóg thiar i Róninis i dtús an tsamhraidh. Shíl mé go raibh liom. Shíl mé go ndéanfainn lán na lámh ar na bradáin nuair a bheadh áit chónaithe agam in aice leo. Ach ní mar síltear ach mar cinntíthear, mar a deireadh na seandaoine.

'Trí lá a chaitheamar i Róninis. Agus bhí ádh éisc orainn.

Bhíomar i gcónaí amuigh in am agus thiocfadh linn cur le tús srutha. Rud nach dtáinig linn a dhéanamh riamh nuair ab éigean dúinn teacht anuas as Rinn na bhFaoileann.

'An ceathrú hoíche chuamar amach agus chuireamar mar ba ghnách linn. Ligeamar di éaló léithi leis an tsruth i rith na hoíche. Nuair a chonaiceamar spéartha an lae ag nochtadh thoir thoisíomar a thógáil na heangaí. Bhí cur breá éisc inti – an ceann ab fhearr a bhí againn go dtí sin.

'Nuair a bhí tuairim ar leath na heangaí istigh againn tógaim féin mo cheann agus tím eadar mé is léas bád ag tarraingt díreach orainn. Ní raibh sí os cionn, má bhí sí, céad slat uainn. Chuir mé féin uaill asam. Ach ní raibh gar ann. Bhí sí ag tarraingt caol díreach orainn.

'Suígí ar na rámhaí i moiminte,' arsa mé féin leis an chuid eile. I bhfaiteadh na súl bhí ceithre rámha amuigh. Agus ní raibh ann ach gur éirigh leo tarraingt do leataobh as an bhealach aici. Nuair a bhí sí ag gabháil thart linn chuir mé féin rois mhallacht orthu. Ach níor lig aon fhear dá raibh uirthi air féin go gcuala sé mé.

'B'fhéidir nach bhfaca siad an bád s'againne sa doiléire? An é sin an rud a dúirt tú? Is cinnte féin go bhfaca siad í. B'fhurast a feiceáil. Bhí an solas dearg i mbarr an chrainn againn. Sin rud nach ndearna mise riamh, an solas dearg a chur as go mbeadh an lá glan, ar eagla na heagla.

'Thógamar an eangach. Theannamar rigín iomlán ar an bhád. Shuigh mé féin ar an stiúir. Bhí gaoth bhreá sheoltóireachta ann.

'San am seo bhí an bád eile as ár n-amharc. Agus ní raibh a fhios againn cá ndeachaigh sí. Ach i gceann tamaill, nuair a tháinig tuilleadh de sholas an lae, chonaiceamar arís í, agus seol geal bán uirthi. Bhí sí tuairim ar leathmhíle romhainn agus í ag luí amach.

"As Ros Beag í, de réir an chúrsa atá léithi," arsa Séimí Néill Sháibhe.

"Is cuma cárb as í," arsa mé féin, "leanfaidh mise í go bhfeice mé cad chuige a dtug siad iarraidh cláraí a dhéanamh dínn ar bharr na farraige. Bhéarfaidh mise isteach do na péas iad chomh luath is a thiocfaimid i dtír. Fianaise an uile fhear agaibh leis," arsa mise, "go raibh an solas dearg i mbarr an chrainn agam agus gur scairt mé trí huaire leo i seanard mo chinn.

"Táimid á tabhairt isteach," arsa Dónall Hiúdaí Chailleach. Agus bhí. Ní raibh uirthi ach aon seol amháin agus bhí rigín iomlán againne. Ba ghairid go rabhamar fá chupla céad slat di.

"Ní bhfuair sé d'airí riamh ach an stiúir a fhágáil ar an tsnámh," arsa Murchadh Antain Chathaoir.

"Is mó an t-olc ná an mhaith a dhéanfadh sin dúinn," arsa mé féin. Rud ab fhíor domh. Acusan a bheadh ábhar na gearána ansin is chan againne.

'Thángamar aníos go rabhamar fá chupla scór slat di. An chéad rud a chuir iontas orm féin nach raibh fear na stiúrach le feiceáil agam. An ina luí ar urlár an bháid a bhí sé agus sreang as crann na stiúrach aige?

'Roimh chúig moiminte eile bhíomar sínte léithi. Chuir mé féin scairt asam ag fiafraí díobh an ina gcodladh a bhí siad. Ní thug aon duine freagra orm. Luigh mé anall léithi gur bhain mé an ghaoth di, agus bhain mé an siúl den bhád s'againn féin. Bhíomar chomh deas di is go dtiocfadh linn breith ar a béalbhach le corrán báid. Ach ní raibh aon fhear dá foirinn le feiceáil againn.

'Luíomar isteach léithi go ndeachamar i bhfastó inti. D'éirigh gach aon fhear againn ina sheasamh agus d'amharc síos inti. Ní raibh a oiread is aon fhear amháin inti, beo ná marbh.

'Bíodh a fhios agatsa nach rabhamar i bhfad á ligean amach, agus go raibh ár sáith iontais orainn, agus scanradh le cois an iontais. Smaoinigh féin air. Bád fá racht seoil agus gan aon fhear amháin ar a corp! Agus í ag seoladh léithi mar a bheifí á stiúradh. Gan ag gabháil rólom ar an ghaoth ná ag luí fúithi. Ach ag baint an uile orlaigh as a cuid éadaigh, chomh maith is dá mbeadh fear stiúrach á giollacht.

'Níor leanamar ní b'fhaide í. Choramar ag an Tor Ghlas agus thugamar ár n-aghaidh ar chuan na Machaire Móire. Nuair a bhíomar ag tarraingt ar an chladach d'amharc mé féin thar mo ghualainn. Bhí an bád sí (nó sin a bhí inti) amuigh ag bun na spéire agus gan í a dhath ní ba mhó ná faoileann. Sin an uair ba mhó a scanraigh mé. Bhí seanghealach liath amuigh os cionn an bháid, agus dar leat an fharraige uilig fá gheasa aici.

'Chuamar isteach go Port na Caillí agus dhíolamar ár gcuid éisc. Nuair a bhí sin déanta againn chuamar go Róninis go dtugamar linn cibé trealamh a bhí sa bhothóig againn. Ansin thugamar ár n-aghaidh ar an bhaile.

'Ar a theacht chun an bhaile go Rinn na bhFaoileann dúinn tharraingeamar an bád aníos ar léana na caslach. Ní fhágfainn an dara lá ar an fharraige í. Cupla seachtain ina dhiaidh sin dhíol mé bád agus seoltaí agus eangacha agus deireadh le Tarlach Mhánais na Molt in Árainn. D'inis mé dó, ar ndóigh, fán taispeánadh a fuair mé. Ach níor chuir sin cúl ar bith air. Is é an creideamh atá acu in Árainn gur os cionn foirne a bhíos tubaiste is nach os cionn báid.

'An raibh cumha orm ag scaradh leis an bhád agus leis an fharraige agus leis an iascaireacht? Is cinnte féin é go raibh. Cá bhfuil an té nach mbeadh cumha air ag scaradh leis an tsaol a raibh a chroí ann ó bhí sé ina ghasúr? Ach ní raibh neart air. Fuair mé taispeánadh. Agus b'éigean domh géilleadh dó. Ní raibh ach sin nó lámh a chur i mo bhás féin.

'Sin anois mo scéal agat.'

IV

Cupla bliain ina dhiaidh sin d'fhan mé féin sa bhaile as Albain agus chaith mé an séasúr ag déanamh ceilpe. Goidé a chuir an cheilp i mo cheann? arsa tusa. Tá, fear muinteartha domh a pósadh ar chailín as Inis Bó Beannaithe, agus chuaigh sé isteach chun an oileáin a chónaí. Bhí moll mór seanleathaigh tógtha aige ón gheimhreadh. Agus nuair a tháinig an samhradh thug sé cuireadh domh féin a ghabháil isteach agus a ghabháil i gcomhar leis i ndéanamh na ceilpe.

Ní raibh mé i bhfad ar an oileán go bhfaca mé lá amháin bád fá sheol ag tarraingt isteach ar an chuan is gan inti ach aon fhear amháin. Agus in áit a bheith ar an stiúir is é rud a bhí sé ina shuí ag bun an chrainn. Agus an bád ag seoladh léithi mar a bheifí á stiúradh.

Chuir an cineál seo seoltóireachta mo sháith iontais orm

féin. Dúirt mé sin le Conchúr Shéimí Uí Cholla, fear de chuid an oileáin.

D'amharc Conchúr orm agus rinne sé gáire. 'An é sin a bhfuil de chéill agaibh do sheoltóireacht ar tír mór?' ar seisean. 'Má bhíonn tú i bhfad ar an oileán seo is iomaí bád a tífeas tú ag seoladh léithi is gan stiúir ar bith uirthi.'

'Sin ábhar iontais agamsa,' arsa mé féin.

'Níl ábhar iontais ar bith ann,' arsa Conchúr. 'Níl le déanamh agat ach an bhaláiste a chur chun tosaigh inti agus an seol a chur ina ceann. Nuair atá sí truimeáilte mar is ceart agat seolfaidh sí léithi chomh maith is dá mbeadh stiúir uirthi. Rachaidh sí chomh lom ar an ghaoth agus is féidir di.'

'Ní raibh a fhios sin agam,' arsa mise.

'Cuiridh sé iontas ar an mhuintir siar,' arsa Conchúr. 'Níl ciall acu dó. Agus bheir sin i mo cheann cleas a himreadh anseo ar an oileán seo tá cupla bliain ó shin. Aimsir cheoch a bhí ann. Briseadh soitheach a raibh lasta adhmaid léithi taobh amuigh de Thoraigh. Agus tháinig cuid mhór de i dtír ar an oileán seo. Chuala na píléirí go raibh an t-adhmad againn agus, ar ndóigh, thiocfadh siad isteach, ach ní fhágfadh bád ar bith as tír mór istigh iad. Goidé a rinne siad, do bharúil, ach bád a cheannacht, soir fá na Dúnaibh. Agus tugadh anoir bealach an talaimh í. Lansáladh ag céidh na Machaire Loiscthe í, agus feistíodh ansin í. Bhí a fhios againn go mbeadh siad isteach chugainn an lá arna mhárach. Agus ní raibh leath an adhmaid folaithe againn. Níl a fhios agam anois, leisc bréaga a dhéanamh, cé seo a dúirt gur chóir dúinn a ghabháil amach agus féacháil leis an bhád a ghoid. Má dúirt féin ní raibh aon duine againn ag súil go n-éireochadh an iarraidh linn. Nó ní shamhóladh aon duine go bhfágfaí ansin i rith oíche í gan garda. Ach caithfidh tú do dhícheall a dhéanamh nuair a thiocfas ort.

'Cúigear againn a chuaigh go tír mór. Chuaigh triúr againn i dtír i dTráigh na Murún agus siar an talamh go rabhamar i gcaslaigh na Machaire Loiscthe. Bhí an bád ansin feistithe. Bád breá úr agus iomlán trealaimh inti. Agus, más iontach an scéal é, ní raibh garda ar bith uirthi. Níor shamhail siad riamh go ngoidfí í.

'Scaoileamar an feistiú agus chuamar ar bord. Chuamar

amach gur casadh an bád eile orainn. Amach linn ansin go ceann an oileáin. Chuireamar baláiste i mbád na bpíléirí, agus chuireamar an seol uirthi. Nuair a bhí sí truimeáilte mar ba cheart againn ligeamar a ceann léithi. Agus m'anam go sílfeá gur taibhse báid a bhí inti, an dóigh ar imigh sí uainn agus gan aon duine á stiúradh, gur slogadh uainn sa dorchadas í. Leis an tsiúl a bhí léithi agus an aird ghaoithe a bhí ann bhíomar ag meas go mbeadh Ceann Árann fágtha ina diaidh aici teacht an lae ar maidin . . . Cár bith bealach a chuaigh sí ní fhaca aon duine ar an oileán seo í ón lá sin go dtí an lá inniu. Chuala mé ina dhiaidh sin gur scanraigh sí an t-anam as cuid den mhuintir siar. Shíl siad gur bád sí a bhí inti.'

'Cogar mé seo,' arsa mise. 'Cá huair a lig sibh an bád seo ar shiúl le gaoth?'

'Inseochaidh mé sin duit go fiú an lae,' arsa Conchúr. 'Trí bliana go Féile Eoin seo chuaigh thart, an dóú lá fichead de Mhí Mheáin an tSamhraidh. Tá cuimhne agam go rabhamar ag rá go raibh Oíche Fhéile Eoin an oíche arna mhárach ann, go mbeadh mórán daoine ar a gcois agus go mbeadh tinte ar na hairde. An oíche roimh Oíche Fhéile Eoin a ligeamar an bád sí chun siúil.'

Is iomaí smaoineamh a tháinig i mo cheann an oíche sin sular chodail mé. Samhladh domh go bhfaca mé an bád sin, gan stiúir gan fhoireann, ag seoladh siar. Siar agus siar, ag tarraingt ar bhun na spéire. Siar go dtáinig an mórtas uirthi. Ansin fágadh thíos i ngleann í eadar dhá chnoc farraige. Baineadh an ghaoth as an tseol. Á, dá mbeadh fear stiúrach aici bhéarfadh sé as di. Ligfeadh sé lena scóid agus leagfadh sé faoi ar ghualainn toinne í. Agus ansin bhí an chóir léithi chun cuain. Fad is a bhí ciúnas farraige aici sheolfadh sí léithi chun na gaoithe go lobhadh sí. Ach nuair a tháinig an mórtas agus nach raibh stuaim an duine ná lámh an duine le riar di bhí sí á luascadh ó thoinn go toinn go dtí sa deireadh go dtáinig séideán uirthi gan chosnamh agus gur chaith sé thar a corp í. Bhí sí ansin á greadadh ag na tonna go dtí gur scoith meáchan na farraige na cláraí as a chéile.

Agus Feargal Eoghain Dhiarmada. Tá sé ag obair in Albain agus cumha air i ndiaidh na farraige. Ar chóir domh scríobh chuige agus a inse dó nach bád sí ar bith a chonaic sé, ach bád gobhraimint? Níl a fhios agam. Bád gobhraimint féin, cé aige a bhfuil a fhios nach bhféadfadh sí a bheith ina taispeánadh?

An Aibidil a Rinne Cadmus

I

Ní raibh mé ach i mo ghasúr san am. Lá bainte na mónadh a bhí ann. Bhí mé féin ar an phortach. Tamall ag amharc ar na fir ag obair; tamall ag ábhailligh domh féin fá na bachtaí. Ní thuigeann tú an t-aoibhneas a bheadh ar ghasúr lá bainte na mónadh: ní raibh tú ann san am.

I dtrátha a deich a chlog tháinig mo mháthair chugainn. Chuir sí síos tine agus thoisigh sí a ghiollacht bídh. Nuair a bhí an tae déanta aici spréigh sí éadach geal ar an fhéar agus chuir sí an bia air. Ansin scairt sí ar na fir. Nigh siadsan a lámha agus tháinig siad anoir agus shuigh siad thart fán 'bhord.'

'Ithigí bhur sáith anois,' arsa mo mháthair. 'Dhéanfaidh mé tuilleadh tae,' ar sise, agus d'imigh sí go tobar Phádraig Duibh fá choinne canna fíoruisce. Thóg Eoghan Ó Baoill fód aráin, agus d'amharc sé ina thimpeall mar a bheadh sé ag cuartú rud éigin. Ní raibh a iarraidh le fáil aige. Scairt sé orm féin. Chuaigh mé anonn ionsair. Agus ar seisean:

'A theachtaire tháinig aichearra an tSléibhe Ruaidh,
Aithris don bhean úd a d'éalóigh uainn,
An aibidil a chuir Cadmus i mbéal an tsluaigh
Gur theastaigh an treas litir déag de uainn.'

Chuaigh cuid eile de na fir a gháirí. Tháinig aiféaltas orm féin agus thug m'athair sin fá dear. D'aithin sé nár thuig mé an rann. Ach is cosúil gur mheas sé go dtuigfeadh mo mháthair í. Agus gur mhaith leis mo chliú a shábháil. Bhí sé amuigh orm san am gur gasúr géarchúiseach a bhí ionam.

'Imigh go gasta agus beir an scéala úd ionsar do mháthair.'
D'imigh mé féin.

'Cá bhfuil do thriall?' arsa mo mháthair nuair a tháinig mé
aníos léithi.

'Rud éigin atá de dhíth ar na fir,' arsa mise.

'Goidé atá de dhíth orthu?' ar sise.

'Níl a fhios agam.'

'Níl a fhios agat? Cé a chuir aniar thú?'

'Eoghan Ó Baoill.'

'Agus goidé a dúirt sé a bhí de dhíth orthu?'

'Níl a fhios agam. Níor thuig mé é.'

'Níor thuig tú é. Faoin Rí goidé an dobhrán a rinneadh
díot! Goidé a dúirt sé?'

'Rann de chineál éigin. Níor choinnigh mé cuimhne uirthi.
Bhí siad ag gáirí fúm. D'iarr m'athair orm imeacht leis an
scéala chugatsa.'

'Tá d'athair i gceart inchurtha leat féin,' arsa mo mháthair
agus mothú feirge ag teacht uirthi. 'Rann a dúirt Eoghan Ó
Baoill! Sin do theachtaireacht! An bhfuil cuid ar bith den rann
agat?'

'Níl, ach cupla focal. Rud éigin a chuir Cadmus i mbéal an
tsluaigh.'

'Bhail, is mé an ceann ramhar gan stuaim,' arsa mo
mháthair, ag caitheamh uaithi an channa. 'Imigh siar go tobar
Phádraig Duibh agus tabhair aniar canna fíoruisce,' ar sise,
agus phill sí ag tarraingt ar an mheithil agus cuma uirthi go
raibh an dúdheifre uirthi.

Ar philleadh domh féin leis an uisce tamall ina dhiaidh sin
bhí na fir ag déanamh a gcodach agus aoibh bhreá orthu.

'Sin gasúr géarchúiseach agat,' arsa Donnchadh Rua le
m'athair. 'Deirimse leatsa gur maith é, agus gur rómhaith,' ar
seisean. 'Níl an dara gasúr dá aois i sé ceathrúnacha déag na
Rosann a thuigfeadh an teachtaireacht a cuireadh leis.'

'Níl, ná mórán d'aois ar bith,' arsa Eoghan Ó Baoill.

'Bhí a fhios agamsa go dtuigfeadh sé an rann, cé nach
feasach mé go gcuala sé riamh roimhe í,' arsa m'athair, agus
dar leat bród air asam. Agus, ar ndóigh, tharla an bharúil sin
ag m'athair ní thiocfadh liomsa fealladh air. Tugadh ceapaire
agus uibh chirce agus muga tae domh. Agus toisíodh do mo

mholadh. Istigh i gceartlár mo chroí bhí a fhios agam nach raibh an moladh sin tuillte agam. Ní raibh a fhios agam goidé an scéala a cuireadh liom chuig mo mháthair. Ní raibh d'eolas agam ach gur dhúirt Eoghan Ó Baoill gur chuir duine darbh ainm Cadmus rud éigin i mbéal an tsluaigh. Nuair a d'inis mé sin do mo mháthair phill sí ar ais ag tarraingt ar an mheithil chomh tiubh géar is a tháinig léithi. Bhí a fhios agam gur bhain mo mháthair ciall éigin as na cupla focal a bhí liom chuici. Ach bhí mé dall ar bhrí na teachtaireachta – chomh dall is dá mba i leitir dhruidte a bheadh sí. Ar ndóigh, ní thiocfadh liom sin a aidmheáil, i ndiaidh an moladh a bhí faighte agam.

Níor chuir mé ceist ar aon duine riamh ina dhiaidh sin goidé an chiall a bhí le rann Eoghain Uí Bhaoill. Cá bhfuil mar a chuirfinn? Ba mé an gasúr ba ghéarchúisí i bpobal na Rosann! Nár dhoiligh domh an chliú sin a ligean uaim. Bhí a shliocht orm: níor iarr mé ar aon duine riamh comhrá duibheagánach lá na mónadh a mhíniú domh. I gceann na haimsire rinne mé dearmad den scéal. Agus b'fhéidir nach gcuimhneochainn riamh ó shin é murab é gur tugadh i mo cheann é corradh le scór bliain ina dhiaidh sin.

II

Bhíomar cúigear óglach ann agus gan bealach éalóidh againn. Bhíomar istigh sa chúnglach i bpoll Chró Bheithe agus cupla céad saighdiúir Sasanach ina bhfáinne thart orainn. Ní raibh an dara rogha againn ach ár gcuid gunnaí a fholach agus féacháil le himeacht san oíche, gach aon fhear a bhealach féin. Bhí an t-ádh ar thriúr acu. Ach beireadh ormsa is ar stócach as Inis Sionnaigh.

San am sin bhí daingean láidir ag na Sasanaigh i Ros na Searrach. Caisleán a bhí ag tiarna talún lá den tsaol agus a tréigeadh nuair a d'éirigh an saol corrach. Seo an áit ar cuireadh mé féin is mo chomrádaí i bpríosún.

Bhí scaifte eile príosúnach ansin romhainn agus seachtar acu sa tseomra ar cuireadh mé féin ann. Bhí cúigear acu sin nár chuir mé sonrú ar bith iontu. Ach ní thiocfadh liom gan suim a chur sa bheirt eile. B'as Gleann Fhinne fear acu – fear darbh ainm Peadar Ó Tiománaí – agus bhí sé ar sheanchaí chomh maith is a casadh dhá uair riamh orm. Ní raibh ar a aird, dar leat, ach seanchas agus scéalaíocht agus filíocht. hInseadh dó nach raibh mise mé féin fágtha i ngnoithe seanchais, agus is iomaí uair a bhí mé tuirseach de féin is dá chuid seanchais, ach gur leisc liom a rá leis. B'annamh a labhradh sé ar na hóglaigh nó ar a gcuid éacht. B'fhearr leis míle uair ag caint ar na Fianna is ar churaí na Craobhruaidhe. Nuair a bheifeá tamall ag éisteacht leis shílfeá go mb'fhearr an aithne a bhí aige ar Chú Chulainn is ar Fhionn mac Cumhaill ná a bhí aige ar a chomharsa bhéal dorais. Sin Peadar Ó Tiománaí agat.

Agus an fear eile! Micheál Ó Dónaill as Fánaid, nó an Caiptín Ó Dónaill, mar a bheirtí air. Chuir mé sonrú annsan an chéad lá a chonaic mé é. Agus chan ina chuid comhráidh ach ina chuid tostaíola. Níor labhair sé trí huaire i rith an lae go tráthnóna, ach é ina shuí ansin ag an fhuinneoig ag amharc amach ar an fharraige. Ba chosúil le fear é a mbeadh ualach trom ar an chroí aige.

'Cén fear é sin?' arsa mise le Peadar Ó Tiománaí nuair a fuair mé faill air, i snag eadar dhá shéideán seanchais.

'Sin an Caiptín Ó Dónaill as Fánaid, má chuala tú iomrá riamh air,' arsa Peadar. 'Agus scoith saighdiúra, de réir mar a chluinim. Ach níl ciall ag an duine bhocht ar dhóigheanna. Sílidh sé go rachaidh aige éaló as an daingean seo. Agus níl a dhath eile ar a intinn. Ní labharfaidh sé ar rud ar bith eile. Ní mó ná gur labhair sé ó mhaidin inniu. Ach dá dtoisítheá in am luí a chaint ar dhuine éigin a d'éalóigh as príosún ní rachadh drud ar a bhéal go maidin an lá arna mhárach. Agus nuair nach bhfuil sé ag caint air tá sé ag meabhrú air, go dtí go bhfuil sé sa dóigh anois a bhfuil contúirt air, ach grásta Dé féin, go rachaidh sé ina cheann dó.'

Cupla lá ina dhiaidh sin chuaigh mé féin chun comhráidh leis an chaiptín. Agus bhí sin aige, tréan comhráidh, nuair a tharraing tú ort an seanchas a bhí in aice lena thoil. 'Caithfimid féacháil le héaló,' ar seisean. 'Tá a fhios agam nach furast sin. Ach níl a dhath mór ag intleacht an duine. Tá a fhios agam gur daingean láidir é seo agus go bhfuil garda trom air. Ach tá sé breathnaithe uilig agamsa. Dá mbeadh rud ar bith againn a ghearrfadh na barraí iarainn atá ar an fhuinneoig sin, níl píopa an uisce os cionn dhá throigh anonn, agus b'fhurast sleamhnú síos go talamh agus imeacht. Thiocfadh linn ár mbealach a dhéanamh siar ar scáth na mbeann go dtí caslaigh atá míle siar uainn. Bíonn bádaí iascaireachta ansin i gcónaí agus thiocfadh linn imeacht bealach na farraige. An bhfuil lámh mhaith ar an stiúir agat?'

'Níl coir orm,' arsa mise. 'Ach níl eolas ar bith ar na cladaí seo agam. B'fhéidir gur carraigeacha is líonáin atá i gceann gach aon chupla céad slat.'

'Dá mbeifeá eolach féin orthu ní fheicfeá iad,' ar seisean go giorraisc. 'Sa ré dhorcha a chaithfimid imeacht.'

'Ach goidé an mhaith dúinn a bheith ag caint ar sheoltóireacht,' arsa mise, 'agus sinn fá ghlas istigh anseo? Níl bealach ar bith amach againn ach fríd an fhuinneoig sin. Tá garda ar bhun an staighre, mar is feasach duit féin. Tá barraí iarainn ar an fhuinneoig agus gan acra ar bith againn a ghearrfadh iad. Níl a oiread is scian ná spanóg againn. Thug siad dá n-aire nach mbeadh ábhar oirnéise ar bith againn: níor fhág siad againn ach gogáin is cnáiscíní.'

'Ní dhearnadh aon phríosún riamh nárbh fhéidir éaló as,' arsa an Caiptín Ó Dónaill. 'Agus dá gcaitheadh gach aon fhear againn iomlán a chuid ama ag meabhrú air gheobhadh duine éigin léaró solais sa deireadh. Ach níl gar domh sin a rá leo. Ar ndóigh, níl sa mhórchuid díobh ach stócaigh, agus ní bhíonn stuaim ag an óige. Ach an fear a dtáinig sé de mhitheas dó ciall is tuigse a bheith aige – mar atá Peadar Ó Tiománaí – is cuma leis ach ag caint ar na Fianna is ar churaí na Craobhruaidhe. Is minic a gheobhainn de chroí bagar air, agus iarraidh air stad den amaidí. Agus ina dhiaidh sin bíonn truaighe agam dó ar uairibh. Tá eagla orm go bhfuil an seanchas ag gabháil ina cheann don duine bhocht agus, ach grásta Dé, gur seachrán intinne an deireadh a bheas air.'

'Bhail,' arsa mise, 'is fearr dúinn gan cosc ar bith a chur lena sheanchas. Níl de dhóigh ar na daoine sin ach moladh leo. Drochrud cur ina n-éadan,' arsa mise, agus san am sin mé ag fiafraí díom féin cé acu den bheirt a raibh an seachrán ag teacht air. Óir bhí gach aon fhear acu ag cur síos mearaidh don fhear eile.

'Ach,' arsa an caiptín liom féin go tarcaisneach, 'níl mearadh ar bith ag teacht ortsa. Mura bhfuil féin is beag an chabhair thú. Níl tú eolach ar na cladaí! B'fhéidir gur carraig nó líonán a bheadh sa bhealach agat . . . Níl ann ach dá dtigeadh linn an daingean seo a thabhairt siar agus a fhágáil ina shuí ar reannaigh de chuid na Rosann, go rachfá i gceann stiúrach.'

Ghoill a chuid cainte go dtí an croí orm. Bhéarfainn freagra giorraisc air ach smaoinigh mé nár chóir domh mo chiall a thabhairt i gceann a chéille. Bhí mé cinnte gur seachrán a bhí ag teacht air. Agus dar liom féin, ar ndóigh, is neamhiontach. Fuair an duine bocht anró trom le cupla bliain. Is iomaí uair a bhí sé i gcontúirt a mharfa. Lena chois sin fear tintrí é. Tá sé ag dó a chroí ina chliabh a bheith fá ghlas istigh sa daingean seo agus Banba ag muscladh a misnigh!

III

Oíche Nollag, 1920. Bhíomar inár suí thart fán tine. Bhí cupla fear ag léamh agus beirt nó triúr ag imirt chardaí. Bhí Peadar Ó Tiománaí ar obair ag seanchas agus mé féin in ainm a bheith ag tabhairt cluaise dó. Agus bhí an Caiptín Ó Dónaill ina shuí ansin agus gan focal as, ach é ag amharc isteach sa tine. Ní thiocfadh liom féin mo shúile a thógáil as. Bhí dreach pianmhar air. Agus corruair dhruideadh sé a dhoirne go cruaidh. Dar liom féin, is truacánta an rud intinn an duine nuair a théid sí chun seachráin . . . Dá dtigeadh liom rud ar bith a dhéanamh nó a rá a bhéarfadh faoiseamh don duine bhocht . . . Dá dtostadh an bleadar sin eile ar feadh tamaill!

Ach ní thostfadh.

'An gcuala tú,' ar seisean liom féin, 'an rud a dúirt Cú Chulainn nuair a tháinig scéala chuige go raibh Conall Cearnach ceangailte?'

'Ní chualas,' arsa mise.

Tamall ina dhiaidh sin. 'An gcuala tú riamh an rud a dúirt Goll lena mhnaoi nuair a chomhairligh sí dó toiseacht a dh'ithe na gcorp?'

'Ní chualas.'

'. . . An gcuala tú riamh an fháilte a chuir Ó Dónaill roimh an tslua sí nuair a tháinig siad a leagan an chaisleáin air?'

'Cé acu de na Dálaigh?' arsa an caiptín, ag amharc anall orainn go tobann.

'Mánas,' arsa an seanchaí. 'An fear ab fhearr acu.'

'Níorbh é, leoga, an fear ab fhearr acu é,' arsa an caiptín. 'Ní raibh sé riamh inchurtha le hAodh Rua. Á, má tá, ba é sin an fear! Cothrom na hoíche anocht d'éalóigh sé as Caisleán Bhaile Átha Cliath. Ba mhillteanach an éacht í.' Agus thoisigh sé gur inis sé iomlán an scéil dúinn. Nuair a bhí sé sin críochnaithe aige tharraing sé air scéalta a chuala sé nó a léigh sé fá dhaoine a d'éalóigh as príosún. Thug an t-iomlán againn cluas dó. Agus b'éigean do Pheadar Ó Tiománaí stad dá sheanchas féin.

'Is breá amach an scéal scéal Mhonte Cristo,' arsa an caiptín. 'Bhí sé istigh i gcaisleán ar bharr binne os cionn na farraige, go díreach mar atáimidne anseo. Fuair fear bás sa chill a bhí ag a thaobh. Chuaigh sé féin in áit an choirp agus luigh sé ansin agus é marbh, má b'fhíor dó féin. Síleadh ar ndóigh, gurbh é an marbhánach a bhí ann. Cuireadh meáchan air agus caitheadh amach san fharraige é, ar uair an mheán oíche. Ach bhí scian aige a ghearr an ceangal agus tháinig sé ar uachtar. Bhí an oíche dorcha agus ní fhaca aon duine é. Shnámh sé trí mhíle farraige, go dtí sa deireadh gur thóg soitheach é, agus as go brách leis.'

Mhair an caiptín ag inse scéalta den chineál seo go ham luí. Ansin d'éirigh sé agus chóirigh sé a leaba agus chuaigh sé a luí. D'imigh fear i ndiaidh an fhir eile a luí, go dtí nach raibh fágtha chois na tineadh ach mé féin is Peadar Ó Tíománaí. Bhí mothú feirge ar Pheadar cionn is gur briseadh ar a chomhrá agus é ag gabháil i dtús oíche sheanchais. Nuair a mheas sé go raibh an chuid eile ina gcodladh thoisigh sé a dhéanamh a ghearána liomsa.

'Níl spéis ar bith ag daoine i seanchas ná i bhfilíocht ar na saolta deireanacha seo,' ar seisean. 'Tá fir ag fáil bháis ar mhaithe leis an tír gach aon lá sa tseachtain. Agus goidé atá siad a iarraidh? An pharlaimint a bheith i mBaile Átha Cliath in áit a bheith i Londain, an ea, agus an uile rud eile mar atá sé? Más amhlaidh níl ciall ar bith leis an troid seo. Níl sé ceart ná cóir. Ní fiú aon deor amháin fola "Sacsa nua darab ainm Éire," is cuma goidé an tsaoirse a bheadh aici. Nach millteanach an rud é go bhfuil muintir na hÉireann fuarbhruite i dteanga agus i seanchas a gcine?' ar seisean, ag amharc le ruball a shúl anonn ar leaba an chaiptín. 'Tá an teanga againn a bhí in Éirinn ó rinneadh an chéad chónaí inti, agus an mhórchuid againn ar bheagán spéise inti. Nach linn a d'fhéadfaí a rá mar a dúirt Byron leis na Gréagaigh:

> *'You have the letters Cadmus gave,*
> *Think ye he meant them for a slave?'*

'Cadmus!' arsa mise liom féin. 'Cá háit a gcuala mé an t-ainm sin?'

'Bhail, chan a bhriseadh do scéil é, a Pheadair,' arsa mise le Peadar, 'ach lá fada ó shin a bhí m'athair ag baint mhónadh chuala mé Eoghan Ó Baoill as an mbaile s'againne ag caint ar Chadmus.'

'Chuala tú fear as an bhaile s'agaibhse ag caint ar Chadmus?' arsa Peadar. 'An é sin an rud a dúirt tú?' ar seisean, agus tháinig coinnle ar a shúile.

'Chualas,' arsa mise. D'inis mé dó fá lá bhainte na mónadh agus dúirt mé an rann.

'Agus goidé an chiall atá leis an rann?'

'Níl a fhios agam,' arsa mise. 'Níor thuig mé í, an uair úd ach a oiread le anois.'

'Agus níor chuir tú ceist?'

'Níor chuireas. D'imigh sé as mo cheann. Agus níor smaoinigh mé riamh ó shin air go dtí anois.'

'Á, dona thú, dona thú,' arsa Peadar go míshásta agus chuaigh sé ar a ghlúine a dh'urnaí.

Go gearr ina dhiaidh sin chuaigh mé féin a luí. Chaith mé tamall ag meabhrú ar an bheirt ar tharla ina gcuideachta mé. Sa deireadh thit mé i mo chodladh. Níl a fhios agam cá fhad a bhí mé i mo chodladh nuair a mhothaigh mé mar a bheadh duine do mo chroitheadh ar ghreim gualann. Chlis mé go gasta. Bhí an Caiptín Ó Dónaill ina sheasamh ag colbha na leapa agus é crom anuas os mo chionn.

'An bhfuil tú i do chodladh?' ar seisean, go leathíseal mar a labharfadh duine a mbeadh scéal rúin aige.

'Nílim,' arsa mise. 'Goidé atá ort?'

'An bhfuil Eoghan Ó Baoill sin beo?' ar seisean.

'Tá,' arsa mé féin.

'Agus a chiall is a chuimhne aige?' ar seisean.

'Tá,' arsa mise.

'Tá linn,' ar seisean, agus chuaigh sé a luí ar ais.

Níor chodail mé an dara néal an oíche sin. Ach mé i mo luí ansin ag smaoineamh ar an chaiptín bhocht. Bhí truaighe an tsaoil agam dó. Bhí mé cinnte dearfa go raibh sé as a chéill, má bhí aon fhear riamh amhlaidh. Bhí linn má bhí Eoghan Ó Baoill beo! 'Á, faraor!' arsa mise liom féin . . . Tháinig eagla orm. Eagla mhillteanach. Eagla go gcuirfeadh an braighdeanas an bhail chéanna orm féin.

B'fhada agus ba léanmhar an oíche í. Bhí mé i mo luí ansin agus mé ag éisteacht le crónán na toinne i mbéal na trá . . . Tafann madaidh i bhfad uaim . . . Tormán carr ar an bhealach mhór. Agus forrán an gharda, '*Halt! Who goes there?*'

I dtrátha an mheán lae an lá arna mhárach fuair an caiptín faill orm agus thug sé i leataobh mé. D'iarr sé orm ligean orm féin go raibh mé tinn. 'Dhéanfaidh mise an rud céanna. Ní rachaidh ceachtar againn amach chun an chompound tráthnóna. Ba mhaith liom labhairt leat agus gan a bheith ar éisteacht aon duine eile.'

Eadar sin is tráthas bhí mé féin is an caiptín istigh agus gan againn ach sinn féin. 'Scríobh leitir chun an bhaile chuig do mhnaoi,' ar seisean. 'Agus abair léithi bonnóg aráin agus meascán ime agus píosa tobaca a chur chugat. Tá pingneacha beaga airgid agamsa.'

'Scríobhfad, cinnte,' arsa mise. 'Agus lig domh le do chuid airgid; ní chuirfidh an beagán seo go teach na mbocht í.'

'Scríobh an leitir i nGaeilge,' ar seisean.

'An ligfidh siad leitir Ghaeilge chun siúil?'

'Ligfidh, cinnte,' ar seisean. 'Tá scoláire Gaeilge acu a léas iad, fear anuas as Baile Átha Cliath.'

Thug mé féin liom peann is páipéar. 'Scríobh anois an rud a iarrfas mise ort,' arsa an caiptín, agus thoisigh sé a dheachtú. Dar liom féin, tí Dia an t-eagar a bhfuil mé ann. Nuair a gheobhas Nóra mo leitir sílfidh sí, cinnte, gur as mo chéill atá mé! Ach ní ligfeadh an eagla domh cur in éadan an chaiptín, gan a fhios nach tallann feirge a thiocfadh air – agus gan agam ach mé féin. Ní raibh le déanamh agam ach scríobh liom, de réir mar a d'iarr sé orm. Nuair a bhí an leitir scríofa agam thug mé dó í go léadh sé í.

'Maith go leor,' ar seisean, ag cur na leitreach ina phóca. 'Cuirfidh mise chun siúil í.'

Seachtain ina dhiaidh sin fuair mé féin beairtín ó Nórainn. Bhí píosa maith tobaca ann, gráinnín tae, bonnóg aráin, cupla leabhar, agus meascán mór ime.

'Tabhair domh meascán an ime agus an t-arán go ndéana mé ceapaire,' arsa an caiptín, agus thug sé leis an dá chuid anonn go dtí bord beag a bhí i gcoirnéal an tseomra. Ní raibh iúl ar bith ag an chuid eile againn ar bhia. Ba mhó i bhfad an lúcháir a bhí orainn roimh an tobaca. Thoisigh mé féin a spíonadh, agus tharraing gach aon fhear air a phíopa. I gceann tamaill tháinig an caiptín anall ionsorainn. Bhí sé ag ithe aráin agus ime, agus aoibh air nach bhfaca mise riamh roimhe sin air. Bhí na súile ag gáirí ina cheann le tréan áthais. 'Sin an bia is blasta agus is fearr dár hitheadh riamh,' ar seisean. 'Ní iarrfainn a athrach choíche.'

Eadar sin is tráthas d'éirigh sé ina sheasamh. Bhí dreach stuama air. 'Anois, a fheara,' ar seisean, 'coinneochaidh sibh súil ghéar ar an staighre, go bhfeice mise goidé an mianach atá sna barraí seo.' Agus tharraing sé oighe chuimilte aníos as a phóca.

'Faoi Dhia cá bhfuair tú an t-acra sin?' arsa mé féin.

'Fuair mé é an áit a bhfuair mé é,' ar seisean. 'Agus coinníodh gach aon fhear agaibh a shúile is a chluasa foscailte agus a bhéal druidte. Agus roimh sheachtain ó inniu, le cuidiú Dé agus na Maighdine Muire beimid taobh amuigh den daingean mhallaithe seo.'

Thoisigh sé ar na barraí. I gceann chupla lá bhí siad gearrtha aige, uilig ach snáithe beag a bhí á gcoinneáil ina n-áit. Sa deireadh ar seisean, 'Sin sin. An chéad oíche mhaith a thiocfas bhéarfaimid iarraidh air, in ainm Dé.' Bhí aoibh bhreá air ina dhiaidh sin. Bhí cluas aige do chomhrá agus do sheanchas. B'ansin a smaoinigh mé nach raibh siabhrán ar bith air. Nach raibh ina cheann roimhe sin ach aon rud amháin – na barraí a bhí ar an fhuinneoig a ghearradh – agus gurbh é sin an rud a d'fhág ina éan chorr é. Ach cé go raibh sé lách cainteach arís ní chuirfeadh aon duine againn ceist air cá bhfuair sé an oighe chuimilte.

IV

Seachtain ina dhiaidh sin chinneamar ar éaló. Chuamar a luí an oíche sin gan snáithe a bhaint dínn ach na bróga. B'fhaide liom féin ná bliain an tamall a chaith mé i mo luí muscailte ag fanacht leis an mheán oíche. Sa deireadh séideadh adharc. Bhíothas ag athrú an gharda. Bhí an meán oíche ann. Tamall beag ina dhiaidh sin chualamar tormán na gcos ar an staighre. Níor chuir sin iontas ná eagla orainn: bhíomar cleachta leis. Tháinig saighdiúir chun an dorais agus lampa leis. Rinne sé leathfhoscladh ar an chomhla agus d'amharc sé isteach. Bhí na príosúnaigh ina luí ina gcodladh. Bhí gach rud i gceart! Dhruid sé an doras agus chuir sé an glas air. Agus d'imigh sé síos an staighre.

Tamall beag ina dhiaidh sin d'éiríomar. Tharraing an caiptín na barraí as a n-áit agus amach leis gur sheasaigh sé ar leic na fuinneoige taobh amuigh. Ansin shín sé anonn a lámh gur rug greim ar phíopa an uisce agus shleamhain sé uainn mar a shlogfadh an dorchadas é. Chuaigh an chuid eile againn síos ar an bhealach chéanna, fear i ndiaidh an fhir eile.

Bhain sé tamall fada pianmhar asainn ár mbealach a dhéanamh ó bhun an chaisleáin go dtí an áit a raibh caslaigh na mbád, míle taobh ba thiar de sin. Bhí an cladach achrannach agus an oíche dorcha. Nuair a shroicheamar talamh cothrom bhí na cosa millte gearrtha againn.

Bhí cupla bád feistithe sa chaslaigh. Scaoileamar an ceangal de cheann acu agus chuamar ar bord. Ba é an rún a bhí againn luí amach ar an fhairsingeach agus seoladh linn siar go dtaradh solas an lae orainn. Nuair a bhíomar ag imeacht d'amharc an Caiptín Ó Dónaill thar a ghualainn. Bhí cupla carr ag teacht anuas ag tarraingt ar an chaisleán. 'Ní raibh mé ag súil leis sin,' ar seisean. 'Más le príosúnaigh atá

siad ag teacht tá áit do chupla fear sa tseomra a rabhamarna
ann. Nuair a gheobhaidh siad an fháir folamh beidh siad sa
tóir orainn. Luigh isteach in aice an chladaigh,' ar seisean
liom féin; is mé a bhí ar an stiúir.

Tháinig an tuar fán tairngreacht. Tugadh cupla príosúnach
chun an tseomra 's'againne', agus fuarthas folamh é.
Séideadh adharca agus scaoileadh urchair. D'éirigh solas ar
tháibhle an chaisleáin agus scuab sé clár na mara ó Thóin na
Peillice go Tóin na Cruaiche. Cuireadh bád mótair ar an toinn
agus shín an tóir. Chuamar i bhfolach i gcúl carraige móire i
mbéal camais. Chuaigh an bád mótair thart taobh amuigh
dínn. An tormán a bhí ag a hinneall ní fhágfaidh sé mo
chluasa go lá mo bháis. Ba chosúil í le hainmhí allta a
bheadh ag búirigh le tréan mire. Ach chuaigh againn folach
uirthi i rith an ama. Sa deireadh phill sí ar an chaisleán.

Nuair a mheasamar go raibh an chontúirt tharainn
thógamar ár seolta. Bhí cóir bhreá linn agus an fharraige
socair. Ar maidin le bánú an lae thángamar i dtír i Ros Scoite.
D'fhanamar ansin ar feadh chupla lá ag ligean ár scíthe.
Tugadh an bád ar ais faoi choim chuig an mhuintir ar leo í.
Agus chuaigh gach aon fhear againn a bhealach féin.

V

An samhradh sin a bhí chugainn bhí sos comhraic ann.
Tháinig mé féin chun an bhaile. Bhí aimsir ann chomh breá
is a tháinig le cuimhne na ndaoine. Ar mo theacht chun an
bhaile bhí lúcháir mhór romham. Agus, ar ndóigh, bhí lúcháir
orm féin. Bhí Nóra agus na páistí ina sláinte. Bhí an barr
curtha agus an mhóin tógtha. Agus bhí an troid thart agus
dóchas agam go raibh deireadh go deo léithi.

'Bhail, a Thaidhg,' arsa mo bhean, 'baineadh léim as mo
chroí nuair a fuair mé an leitir úd uait fá Nollaig seo a
chuaigh thart. Scanraigh mé gur as do chéill a bhí tú. Agus
d'imigh mé síos chuig Eoghan Ó Baoill agus mo sháith imní
orm.'

'Agus goidé a dúirt Eoghan?' arsa mé féin.

'Tá,' arsa Nóra, 'thost sé tamall nuair a bhí an leitir léite
agam dó. "Léigh arís domh í," ar seisean. Léigh. Ansin rinne

sé gáire. "Ná bíodh imní ar bith fá Thadhg ort," ar seisean. "Is é atá ina chéill, agus ina chéill ar fónamh. Nuair a bheas an t-arán is an t-im is an tobaca réidh agat tabhair anuas chugamsa iad. Cuirfidh mise an beairtín chun siúil," ar seisean. Sin ar dhúirt sé liom. Rinne mise an rud a d'iarr sé orm . . . An dara scéala a chualamar gur éalóigh sibh as Caisleán Ros na Searrach.'

'An bhfuil an leitir agat?' arsa mise.

'Tá sí anseo agam,' arsa Nóra. 'Ach níor thuig mé riamh í, i ndiaidh chomh minic is a léigh mé í. Ba chóir go dtuigfeá thusa í ós tú a scríobh í.'

Léigh mé féin an leitir. Seo an rud a bhí inti:

'175 Tadhg Ó Dochartaigh,
Caisleán Ros na Searrach,
Nollaig 26, 1920.

'A Nóra, a chroí,

'Tá sláinte mhaith agam, glóir do Dhia. Tá súil agam go bhfuil tú féin is na páistí go maith. Cuir bonnóg aráin phlúir chugam, meascán maith ime agus gráinnín tobaca. Ba mhaith liom cupla leabhar de chuid Eoghain Uí Bhaoill agam le léamh. Tá mé cinnte go dtabharfaidh sé a n-iasacht domh go ceann chupla mí. Abair leis go dtabharfaidh mé scoith na haire dóibh. Seo na leabhair ba mhaith liom agam.

Ceithearnach Uí Dhónaill.

Beatha Choluim Cille.

Duanaire Finn.

Oighe Chuimilte sa Treas Litir Déag.

'Tá súil agam nach bhfuil anás ar bith ort féin ná ar na páistí. Má tá tú gann in airgead díol an bhó bhreac.

'Mo sheacht mbeannacht chugat féin is chuig na páistí.

Tadhg.'

Léigh mé an leitir trí huaire. Ach bhí sí chomh dothuigthe agam is a bhí sí an lá a scríobh mé í.

'Tá rud éigin i bhfolach sa leitir sin,' arsa mise le Nórainn. 'Rachaidh mé síos tráthnóna ionsar Eoghan Ó Baoill

go bhfeice mé goidé an chiall a bhain sé aisti nuair a léadh
dó í.'

Chuas. Bhí sé ina shuí ar cloich taobh amuigh den doras,
mar Eoghan, agus é ag caitheamh tobaca. D'éirigh sé go
forbhfáilteach i m'araicis agus chroith sé dhá láimh liom.
Agus thoisigh an comhrá.

'A Thaidhg Uí Dhochartaigh,' arsa Eoghan, 'níl aon fhear in
Éirinn a dhath níos intleachtaí ná thú.'

'Mura bhfuil, d'fhág sin d'Éirinn é,' arsa mise.

'Níl,' ar seisean, 'agus is fada fios air sin agamsa. Tá, ón lá
fada ó shin a bhí mé ag baint na mónadh ag d'athair, is gan
tú ach i do ghasúr.'

Ní raibh a fhios agam féin faoin spéir goidé a bhí ina
cheann. Tháinig mé chuige go bhfaighinn míniú na leitreach
uaidh. Ach ina áit sin is é rud a bhí an scéal ag éirí
diamhrach duibheagánach.

'Fear intleachtach thú, gan bhréig gan amhras,' arsa
Eoghan. 'Cá bhfuil an dara fear a scríobhfadh amach as an
phríosún ag iarraidh oighe chuimilte a chur isteach chuige
leis an phost?'

Is deacair dea-chliú a shéanadh. Agus b'fhéidir go
nglacfainnse leis an mholadh a thug Eoghan Ó Baoill
domh dá dtuiginn an scéal. Ach níor thuigeas. Ní raibh
a fhios agam ó Dhia anuas cá hair a raibh sé ag caint.
Agus ó tharla nach raibh b'éigean domh an fhírinne a
inse. 'Níor scríobh mé ach an rud a d'iarr an Caiptín Ó
Dónaill orm,' arsa mise. 'Ní raibh a fhios agam cá bhfuair sé
an oighe chuimilte. Chuir mé ceist cupla uair air, ach ní raibh
gar ann.'

'Uaimse a fuair sé í,' arsa Eoghan.

'Uaitse?' arsa mise.

'Is uaim,' arsa Eoghan. 'Chuir mé sa bheairtín í i
gcuideachta a raibh eile ann. Nuair a fuair Nóra an leitir a
chuir tú chuici tháinig sí chugamsa léithi gur léigh sí domh í.
D'aithin mé sa mhoiminte go raibh rud éigin inti ar cheart
domhsa a thuigbheáil agus a mbainfeadh lucht an phríosúin
ciall chontráilte as. D'iarr tú ceithre leabhair. Bhí a fhios agat
nach raibh aon leabhar riamh agamsa. Ní raibh i dtrí cinn de
na leabhair ach dallamullóg. Sa cheathrú ceann a bhí an

t-iarratas – Oighe Chuimilte sa Treas Litir Déag. Agus chuir mise sin chugat.'

'Ach cá bhfuil mar a d'fholaigh tú í?' arsa mise.

'Nár inis sibh féin an dóigh domh?' ar seisean.

'In ainm an Rí,' arsa mise, 'agus labhair sa dóigh a dtuigfidh mé thú.'

D'amharc Eoghan Ó Baoill orm mar a d'amharcfadh Sherlock Holmes ar Watson. 'Is cumhain leat,' ar seisean, 'an lá fada ó shin a bhíomar ag baint na mónadh ag d'athair. Chuir mise siar chuig do mháthair thú agus d'iarr mé ort a rá léithi gur theastaigh an treas leitir déag den aibidil uainn. "M" an tríú ceann déag. Tuigeann tú? Im. Shíl mé an lá sin gur thuig tú an rann. Nó tháinig do mháthair chugainn leis an im chomh luath is a thug tú an teachtaireacht chuici . . . Ach ar scor ar bith d'aithin mise an chiall a bhí le hainm an ceathrú leabhar. D'aithin mé go raibh sibh ag iarraidh oighe chuimilte agus ag inse dúinn an dóigh lena folach. Cheannaigh mise oighe chuimilte an lá arna mhárach agus chuir mé chugat í – i bhfolach san im. Caithfidh sé nach tú féin a ghearr an meascán.'

Taibhsí

I

Fada ó shin nuair a bhí mé i mo stócach bhínn ag airneál i dtigh Éamoinn Mhóir Shorcha Bhriain an uile oíche i rith an gheimhridh. Seandaoine agus fir mheánaosta a bhíodh ag airneál i dtigh Éamoinn an mhórchuid den am. Bhí athrach ag teacht ar an tsaol. Bhí an t-aos óg ag toiseacht a dhéanamh neamhshuime de chomhrá na seandaoine. Ach, mar bhí mé féin corr riamh, b'fhearr liom go mór cuideachta na seandaoine ná cuideachta an aosa óig.

Is cumhain liom aon oíche amháin a bhí scaifte againn ag airneál i dtigh Éamoinn Mhóir agus tarraingeadh an comhrá ar thaibhsí. Thoisigh an díospóireacht. Cuid ag rá nach raibh taibhsí ar bith ann agus an chuid eile ag rá go raibh.

'Níl taibhsí ar bith ann agus ní raibh riamh,' arsa Naos Hiúdaí Shorcha.

'Mura bhfuil,' arsa Peadar Eoghain Éamoinn, 'tá an saol mór ag inse bhréag, agus bhí riamh.'

'Ní abórainn gur bréaga go hiomlán a bhíos acu,' arsa Naos. 'Má chreideann tusa rud agus má inseann tú i modh fírinne é, ní bréag duit é. Agus an té a chumas an scéal is minic nach bréag dó ach a oiread é.'

'Ní bréag é agus ní fírinne é,' arsa Peadar. 'Anois goidé rud é?'

'Rud a shamhailtear do dhaoine uallacha,' arsa Naos.

'Ar dhuine uallach Séamas an Dualtaigh?' arsa Peadar. 'Tá an duine bocht in áit na fírinne, is mairg a chuirfeadh bréag air. Bhí sé bliain amháin ag teacht as Albain, i dtrátha na Sean-Samhna. Ag teacht isteach Bealach Gaoithe dó tí sé an bhean ag tarraingt air amach. Bhí sé ag toiseacht a dh'éirí dorcha san am. Dar le Séamas, cé thú féin nó cá bhfuil do thriall fán am seo d'oíche? (Ní raibh teach ná cró ar an bhealach ó sin go mbeifeá ar an Losaid.) Nuair a tháinig sí a fhad leis d'aithin sé í. Cé a bhí ann ach Peigí Tharlaigh Dhuibh – go ndéana mo Thiarna trócaire ar na mairbh. Níor mhaith le Séamas a ligean thart gan ceist a chur uirthi cá raibh a triall, gan a fhios nach seachrán céille a bhí uirthi agus nach marbh sa chnoc ar maidin a gheofaí í.

'A Pheigí, a rún,' ar seisean, 'nach antráthach atá tú ar do chois agus gan leat ach tú féin.'

'Caithfidh gach aon duine an bealach seo a shiúl leis féin,' arsa Peigí agus d'imigh sí léithi.

Shiúil Séamas leis cupla scór slat. Ansin rinne sé athsmaoineamh. Dar leis féin, is fearr domh do leanstan agus féachail le do philleadh, de do dheoin nó de d'ainneoin. Ach nuair a thiontóigh sé thart ní raibh sí le feiceáil aige thoir ná thiar, ach a oiread is dá slogadh an talamh í. Shiúil sé leis agus a sháith uaignis air. Tamall beag roimh am luí tháinig sé chun an bhaile agus bhí an scéala roimhe ansin go raibh Peigí Tharlaigh Dhuibh marbh ó bhí tráthnóna ann. I dtrátha an ama a bhfuair sí bás is ann a casadh do Shéamas an Dualtaigh i mBealach Gaoithe í. Agus tá a fhios ag gach aon duine nach raibh Séamas tugtha do na bréaga.'

'Ach tá a fhios ag cuid againn go raibh sé tugtha don ghloine, chan de chúlchaint ar an mharbh é,' arsa Naos. 'Mar a dúirt mé níl sa chéad chuid de scéal taibhsí ach rud a shamhailtear do dhuine uallach. Cuirfidh lucht na cumraíochta an chuid eile leis.'

'Nach bhfuil sé sa tseanchas ó thoiseach aimsire?' arsa Peadar. 'Ar dhuine uallach Ó Dónaill? An é rud a samhladh dó go dtáinig an slua sí agus gur leag siad an caisleán air?'

'Thiocfadh le hÓ Dónaill scéal a chumadh chomh maith le haon fhear dá raibh riamh ann.'

'Ach bhí an caisleán leagtha ar maidin. An é rud a samhladh do na céadta go bhfaca siad na clocha ina mollta ar an talamh?'

'Níl maith le déanamh duit,' arsa Naos, 'agus ní bheidh mé ag caint leat. A Éamoinn Mhóir,' ar seisean le fear an tí, 'fágfaidh mé ar do bhreithiúnas-sa é. Fear céillí tuigseach thú.'

Ba dhuine ar leith Éamonn Mór. Nuair a bheadh sé i dteach na comharsan bheadh sé iontach dáigh as a bharúil féin, agus déarfadh sé an rud a tífí dó, ba chuma cé a bheadh sásta nó míshásta. Ach nuair a bheadh sé ina theach féin níor mhaith leis cur in éadan aon duine. Agus ansin bhí buaidh aige a bhí ag cur lena dhearcadh. Is annamh achrann nach dtiocfadh leis a réiteach gan míshásamh a chur ar dhuine ar bith.

'Dhéanfaidh tusa breithiúnas orainn, a Éamoinn,' arsa Naos athuair.

Chuir Éamonn Mór a mhéar i muineál a gheansaí, mar a bheadh eagla air go dteannfadh sé ar a bhráid dá mbeireadh sé claonbhreith. 'Is amhlaidh mar atá sé go bhfuil a dhearcadh féin ag gach aon duine,' ar seisean go stuama. 'Is iomaí scéal bréagach a hinseadh i modh fírinne. Is iomaí uair a chonacthas do dhuine go bhfaca sé rud nach raibh aige ann le feiceáil. Is iomaí uair a baineadh ciall as caint nach raibh ag cur leis an rud a bhí i gceann an té a chan. Go ndéana Dia grásta ar na mairbh, b'fhéidir go bhfaca Séamas an Dualtaigh toirt de chineál éigin i mBealach Gaoithe. B'fhéidir gur taibhse a bhí ann agus b'fhéidir nárbh ea. Ní chuala mé Séamas riamh ag trácht air. Ní hionann sin, ar ndóigh, is a rá nár thrácht sé le haon duine eile air. B'fhéidir nach bhfuil an scéal focal ar fhocal le Peadar anseo mar a d'inis Séamas é. Agus b'fhéidir go bhfuil. Ach b'fhéidir an rud a dúirt Séamas nárbh é ba mhian leis a rá; nó má ba é, go raibh ciall leis na focla aige nach raibh ag an té a bhí ag éisteacht leis.'

Chuir sin deireadh leis an taibhseoireacht agus leis an díospóireacht an oíche sin. Agus, mar a dúirt Dónall Hiúdaí Chailleach liom féin, ar ár mbealach chun an bhaile in am luí, ba chríonna an té a mbeadh a fhios aige cén taobh a raibh Éamonn Mór air. Ach bhí barúil ag an mhórchuid againn go raibh rud éigin de dhá rud creidte go diongbháilte ag Éamonn – go raibh taibhsí ann, sin nó nach raibh. Ní raibh ach aon dóigh amháin lena bharúil a fháil – fanacht go dtí oíche éigin nach mbeadh Naos Hiúdaí Shorcha ná Peadar Eoghain Éamoinn ag airneál aige agus ansin an cás a chur ina láthair athuair. Déarfadh sé an rud a chonacthas dó nuair nach mbeadh aon duine istigh a gcuirfeadh a chuid cainte aiféaltas air.

Seachtain ina dhiaidh sin tháinig an oíche a rabhamar ag féitheamh léithi. Bhí Peadar Eoghain Éamoinn ar cuairt ag inín dó a bhí pósta amuigh ar na hAgallaí agus bhí Naos Hiúdaí Shorcha ina luí le giorra anála. Bhí a shliocht orainn: ní rabhamar i bhfad i dteach an airneáil gur toisíodh a chaint ar thaibhsí. Agus d'inis Éamonn Mór an scéal seo.

II

An lá a cuireadh Séimí Shéamais Mhaitiú – go ndéana mo Thiarna trócaire ar Shéimí bhocht – bhí mé leis an tórramh go Teampall Cróine. Eadar an dá Lá Nollag a bhí ann, agus, ar ndóigh, tháinig an oíche go luath. Bhí sé ag cailleadh an tsolais nuair a d'fhágamar an reilig. Bhí mé féin ag brath siúl liom ag tarraingt ar an bhaile, óir bhí bealach fada romham, mar atá a fhios agaibh. Ach taobh amuigh de gheafta na reilige cé a casadh domh ach Murchadh Antain Chathaoir as Mín na Cloiche. D'iarr sé orm a bheith leis agus mo scíth a ligean sula dtéinn i gceann an bhealaigh chun an bhaile. Aimsir shiocáin a bhí ann agus iomlán gealaí, agus, mar a dúirt Murchadh, an oíche is an lá chomh fada is a bhí siad riamh. Chuaigh mé leis ar a chuireadh.

Bhí teach seascair is tine bhreá ag Murchadh. Agus bhí sé féin is a bhean is a theaghlach lách forbhfáilteach liom. B'fhurast tamall d'oíche a chaitheamh acu. Bhí bean Mhurchaidh ag maíomh gaoil ar an mhuintir s'againne. D'fhág sin dáimh ar leith acu liom.

D'fhan mé i dtigh Mhurchaidh go raibh sé ag teannadh suas ar am luí. Nuair a d'éirigh mé a dh'imeacht, arsa bean Mhurchaidh, ar sise, 'Is fearr duit fanacht againn go maidin agus tús lae a bheith chun an bhaile leat.' Dúirt mé féin nach bhfanfainn. Smaoinigh mé go bhfágfadh an croí a áit ag

Siobhán anseo nuair a thiocfadh an mhaidin agus gan mé sa bhaile. Dúirt mé sin.

'Suigh ansin,' arsa Murchadh, 'ó b'annamh leat cuairt a thabhairt orainn. Níl leath ár sáith comhráidh déanta go fóill againn. Beidh a fhios ag Siobhán gur fá na tithe a chuaigh tú. Beidh a fhios aici,' ar seisean, 'go bhfuil a oiread de do ghaolta aniar an bealach seo is nach ligfí duit a ghabháil i gceann an bhealaigh athuair in aon lá amháin.'

'Tá mé buíoch díbh,' arsa mé féin. 'Ach caithfidh mé an baile a bhaint amach.'

'In ainm Dé,' arsa bean Mhurchaidh, 'fan an áit a bhfuil tú go maidin. Tá bealach uaigneach romhat,' ar sise. 'An bealach is uaigní istigh i gcondae Dhún na nGall, ó fhágfas tú ceann Ailt Sheáin Uí Dhúchann go mbí tú ag droichead an Mhurlaigh. Nach bhfuilimid ag éisteacht riamh leis, agus ár muintir romhainn?' ar sise, ag toiseacht a chaint ar na taibhsí a chonacthas ar an bhealach sin.

'Bhail, a rún,' arsa mise, 'diabhal an miste liomsa dá mbeadh a bhfuil de thaibhsí in ainm a bheith ó seo go híochtar Chonnacht ar mo bhealach.' Rud ab fhíor domh. Ní raibh gar dóibh a bheith liom. Agus d'imigh mé.

Shiúil mé liom. Oíche chruaidh shiocáin a bhí ann, agus gaoth pholltach ann. Ach ní raibh fuacht ar bith ormsa ach a oiread is atá orm anois, i mo shuí anseo chois na tineadh. Bhí an ghealach iomlán agus gan oiread is dlaíóg de néal ó cheann go ceann na spéire. Oíche ghalánta gheimhridh. Ní fhaca mé a leithéid d'oíche riamh, roimhe ná ina dhiaidh. Títear domh go bhfeicim go fóill Loch an Choinléim agus an dóigh a raibh an ghealach ag dealramh ar a brollach, agus go gcluinim an ghaoth ag feadalaigh sa chuiscrigh a bhí fána himill.

Shiúil mé liom go dtáinig mé isteach chun an Chlocháin Ghlais. Ar theacht an fad sin domh bhí an mhórchuid de mhuintir an bhaile fá chónaí. Ach bhí solas i dtigh Mhaighréide Móire agus chuaigh mé isteach gur tharraing mé m'anál agus gur chaith mé toit thobaca. Nuair a bhí an píopa caite agam chuaigh mé i gceann an astair arís. Aniar Seascann an Róin. Uaidh sin go dtí an Leathphingin. Aniar

Mín Beannaid agus go hAilt Sheáin Uí Dhúchann. Shiúil mé
aníos go raibh mé ag an cheann seo abhus den ailt.

Bhí mé eadar Ailt Sheáin Uí Dhúchann agus droichead an
Mhurlaigh. Smaoinigh mé ar an rud a dúirt bean Mhurchaidh
Antain Chathaoir liom sular fhág mé an teach s'aici – an áit
ab uaigní a bhí istigh i gcondae Dhún na nGall. Bhí a fhios
agam gurbh é sin an chliú a bhí aige. Bhí a fhios agam go
raibh na céadta scéal sa tseanchas fá na taiseanna agus fá na
samhailtí a chonacthas agus a chualathas ann. Tháinig an
t-iomlán acu i mo cheann, cróchnaidí agus caoineadh sí agus
éanacha a raibh eiteoga lasta orthu ag sciordadh trasna na
gcnoc mar a bheadh drithleoga tineadh ann. Ar ndóigh, níor
chreid mé aon scéal acu seo riamh. Níor chreid mé an oíche
seo ach a oiread iad. Dúirt mé liom féin, an rud a dúirt mé i
gcónaí, nach raibh ann ach dhá dtrian bréige, agus nach
raibh sa trian eile ach rud a samhladh do dhaoine uallacha.

Ach cad chuige nach dtiocfadh liom na smaointe a chur as
mo cheann? Ar ndóigh, ba mhinic roimhe sin a bhí mé ar mo
chois go hantráthach agus níor smaoinigh mé riamh ar
thaibhsí. Ach an oíche seo ní thiocfadh liom a gcaitheamh as
mo cheann. Sa deireadh tháinig crothán eagla orm. Agus
chan eagla roimh na taibhsí a bhí orm, ach eagla go raibh
uaigneas ag teacht orm. Go raibh mé ar tí géilleadh do rud
nár ghéill mé riamh roimhe sin dó. Eagla roimh an eagla, mar
a déarfá.

Ach níorbh fhada gur thoisigh eagla de chineál eile a
theacht orm, agus a ábhar sin agam. D'amharc mé in airde ar
an ghealaigh agus bhí ceo uirthi. Ní raibh ann ar tús ach mar
a bheadh fáinne beag ina timpeall, d'fháinne liath a raibh
imill bhuídhearga air. Ach ba ghairid gur thoisigh an ceo á
shíobadh trasna na spéire. Thar a bhfaca tú riamh mar a
bhéarfá tine d'áith aoil san ailt sin thíos lá gaoth deas agus
leathnóchadh an toit go líonadh sí an gleann go cladach. Bhí
sin féin scáfar go leor, ach ní raibh ann ach tús uafáis. Súil
dá dtug mé ar an ghealaigh bhí sí ag lúbarnaigh, mar a
bheadh masla agus pian uirthi, ag iarraidh teacht amach as
an fháinne. Deirimse libhse dá mbeinnse i dtigh Mhurchaidh
Antain Chathaoir san am seo go bhfanfainn ann go maidin,
ba chuma goidé an scanradh a gheobhadh an bhean a bhí i

mo dhiaidh sa bhaile. Mar a deir an duine eagnaí is beo neach i ndiaidh a scanraithe.

Ach ní raibh ann ach tús tubaiste. San am sin bhí sconsa aiteannaí ar gach taobh den bhealach mhór ó d'fhágfá mullach Dhroim na Ceárta go mbeifeá abhus os cionn Loch an Mhuilinn. An dara rud a chonaic mé an sconsa a bhí ar thaobh amháin díom ag luí anall i m'aice. Tháinig eagla uafásach orm. D'éirigh an teanga ramhar i mo bhéal. Thug mé iarraidh anall go lár an bhealaigh. Ach lean tor mór aiteannaí mé agus bhuail sé ar fhad an leicinn mé.

Chuaigh agam siúl liom uaidh sin go Loch an Mhuilinn. Agus fiche uair ar feadh an achair sin thug an sconsa iarraidh mo bhualadh san aghaidh arís. Gach aon iarraidh mhillteanach aige agus mise ag bocléimnigh, ag iarraidh an bealach a fhágáil aige. Ach sa deireadh chuaigh agam a fhágáil i mo dhiaidh. Bhí an ceo ag éirí dlúith i rith an ama, agus bhí anchuma ag teacht ar an talamh. Bhí Cnoc an Diaraigh chomh hard leis an Eargal agus bhí tonna farraige móire ag greadadh in éadan dhroichead an Mhurlaigh.

San am sin bhí mé tuairim ar thrí chéad slat ó theach Pheadair Shorcha Óige. Dar liom féin, cuirfidh mé Peadar ina shuí agus fanfaidh mé aige go dtara solas an lae. Ansin rachaidh mé chun an bhaile – agus ciall cheannaithe agam.

Leis sin féin chuala mé an tormán uafásach, mar a bheadh sé soir eadar mé is teach Pheadair. Mar a bheadh na mílte slabhra iarainn ag titim as an spéir ar charraigeacha an chladaigh. Bhí mé gaibhte má bhí aon fhear riamh gaibhte. Mar a dúirt an seanchaí, 'A Ghoill, cá slí a rachainn?' Siar ar ais? Ach bhí an sconsa romham i nDroim na Ceárta. Dá bhfaigheadh sé ar shlí mo bhuailte athuair mé strócfadh sé an fheoil de na cnámha agam. Soir romham? Bhí slabhraí iarainn ag titim ina gceatha ar an bhealach sin. Ar thaobh mo láimhe deise bhí Loch an Mhuilinn. Agus ar an taobh eile bhí an fharraige agus í ar deargmhire, ag réabadh agus ag búirigh.

Leis sin chuala mé grág uafásach. An glór ba scáfaire dá gcuala cluas duine riamh. Sheasaigh mé ansin agus m'aghaidh soir. Sa deireadh tím an t-ainbheithíoch millteanach ag nochtadh chugam amach as an cheo. Shíl mé nach raibh ainmhí ar bith ar dhroim an domhain a bhí leath chomh mór leis. Chonaic mé eilifint aon uair amháin ag sorcas in Albain. Ach bhí an t-ainmhí seo chomh hard ó thalamh le seacht n-eilifint i mullach a chéile. Sheasaigh sé tamall os mo choinne. Ansin thiontóigh sé thart agus d'imigh sé uaim sa cheo.

Thug mé iarraidh eile chun tosaigh, féacháil an dtiocfadh liom teach Pheadair Shorcha Óige a bhaint amach. Ag ceann an chamais ansin, mar atá a fhios agaibh, tá balla ard cloiche ar thaobh na farraige den bhealach. Nuair a bhí mé taobh istigh den bhalla thug sé aon léim amháin ag tarraingt anall orm agus ní raibh ann ach gur éirigh liom teitheadh as an bhealach aige. Thug sé an dara hiarraidh agus an tríú hiarraidh orm. Thoisigh eadrainn. Gach aon rúchladh ag an bhalla anall go lár an bhóthair agus mise ag bocléimnigh as an bhealach aige. Dá mba i dtoiseach gleice a chasfaí i mo shlí é, mar bhalla, b'fhéidir go rachadh agam teacht slán as an chomhrac. Ach bhí mo neart cloíte i ndiaidh Dhroim na Ceárta. Sa deireadh tháinig sé d'aon ruathar amháin orm agus bhuail sé i mbun na cluaise mé. Agus bhí mé mar nach mbeinn riamh ar an tsaol.

Níl a fhios agam cá fhad a bhí mé i mo luí ansin gur thoisigh mo mheabhair a theacht chugam. An fuacht an chéad rud a mhothaigh mé. Ansin an phian a bhí i mo cheann i ndiaidh an bhuille a buaileadh orm. Bhí cuimhne agam ar ar tharla ó d'fhág mé ceann Ailt Sheáin Uí Dhúchann. Ach bhí mé chomh cloíte sin i ndiaidh an bhuailte is nach dtiocfadh liom bogadh.

Sa deireadh chonacthas domh go gcuala mé glór duine. Rinne mé leathfhoscladh ar mo shúile. Bhí beirt fhear crom anuas os mo chionn. Rug siad thall is abhus orm agus thóg siad ón talamh mé. Tháinig mar a thiocfadh sámhán laige orm nuair a tógadh mé. Nuair a tháinig mo mheabhair ar ais chugam bhí mé istigh i dtigh Pheadair Shorcha Óige, i mo luí i leaba na cisteanaí. Bhí Peadar ina shuí sa chlúdaigh agus craos tineadh thíos aige a rósfadh mart. Bhí an lá geal ann san am.

'Cá bhfuil mé?' arsa mise.

'Ar láimh do charad, a mhic,' arsa Peadar.

'Tabhair chugam mo chuid éadaigh,' arsa mise. 'Sílfidh Siobhán gur caillte atá mé.'

'Ní shílfidh,' arsa Peadar. 'Chuir mise scéala chuici ag inse di go raibh tú anseo. Luigh ansin agus codail tamall eile,' ar seisean.

Eadar sin is tráthas, nuair a tháinig mé chugam féin mar ba cheart, cuir Peadar ceist orm goidé a tháinig orm. D'inis mé féin mo scéal dó, óna thús go dtína dheireadh, go díreach mar a d'inis mé daoibhse anois é.

'Bhail,' arsa Peadar, 'de réir mo bharúla níl ach fáth amháin leis an ionsaí a rinne siad ort. Bíonn cead imeartais ar dhuine ar uairibh,' ar seisean. 'Eadar dáil is pósadh agus ar ócáidí eile. Ach ní chuala mé riamh go raibh cead imeartais ar dhuine ag teacht chun an bhaile ó thórramh dó. Ach thug tú a ndúshlán,' ar seisean. 'Dúirt tú nár mhiste leat a raibh de thaibhsí uaidh sin go híochtar Chonnacht a bheith romhat sa tslí. Sin an rud a bhain iad,' ar seisean. 'D'fhuagair tú comhrac orthu, nó is ionann is an cás, thug tú a ndúshlán. Agus thug siad le fios duit nach ligfeadh siad d'aon duine a ndúshlán a thabhairt gan éiric a bhaint as. Ná bain do gheis agus ní bhainfidh geis duit,' ar seisean. 'Sin an dearcadh a bhí ag na seandaoine agus is acu a bhí an dearcadh ceart. Is é a dhálta sin ag an tslua sí é,' ar seisean. 'Ná tabhair a ndúshlán agus ní dhéanfaidh siad dochar duit. Ach má thugann,' ar seisean, 'ní ligfidh siad leat é.'

'Cá huair a tugadh fá theach mé?' arsa mise.

'Eadar a ceathair is a cúig ar maidin,' arsa Peadar. 'Bhí stócach an tí seo agus mac do Sheoirse Sheáin thall anseo ag teacht chun an bhaile i ndiaidh a bheith ar an Chéideadh. Is minic a bhím míshásta dó as a bheith siúlach,' ar seisean. 'Ach buíochas don Athair Shíoraí go raibh sé siúlach aréir. Mura dtaradh aon duine an bealach,' ar seisean, 'marbh ar maidin ag bun an bhalla a gheofaí thú. Bhí an fuacht go croí ionat nuair a tugadh isteach anseo thú,' ar seisean. 'Ach chas Dia deor bheag bhrandaí istigh. Sin an chéad rud a thug chugat féin thú. Ach buíochas don Rí go bhfuil tú beo ina dhiaidh,' ar seisean. 'Ní heagal duit feasta,' ar seisean. 'Ach go lá do bháis ná tabhair dúshlán an tslua sí arís.'

Eadar sin is tráthas tháinig Siobhán fá mo dhéin. D'éirigh mé agus bhí mé léithi chun an bhaile. As a chéile chneasaigh an chneadh a bhí ar mo chloiginn. Agus buíochas do Dhia níor mhothaigh mé pian ar bith riamh ó shin dá tairbhe.

Sin agaibh an rud a d'éirigh domhsa an oíche a thug mé dúshlán an tslua sí.

III

Nuair a bhí an scéal inste ag Éamonn Mór dhearg sé a phíopa. Shuigh sé ansin ag caitheamh tobaca agus é mar a bheadh sé ag meabhrú ina chroí. Séimí Néill Sháibhe an chéad duine a labhair. 'Is é Dia a bhí leat nár mharbh siad thú,' ar seisean. 'Is iontach a lig siad do bheo leat i ndiaidh a ndúshlán a thabhairt.'

'Is mór an truaighe nach raibh Naos Hiúdaí Shorcha anseo anocht go gcluineadh sé an scéal sin,' arsa Seáiñín Néillín. 'Dá mbeadh ní abóradh sé choíche arís nach raibh taibhsí ann.'

'Níl a fhios agam,' arsa Éamonn Mór, mar a bheadh sé ag maíomh go raibh Naos chomh dáigh is nach dtabharfadh fírinne chruthaithe féin air a aidmheáil go raibh an bharúil chontráilte riamh aige féin.

'Bhail, cinnte le Dia, rinne an oíche sin do shúile duit agus ní dheachaigh tú an bealach sin riamh ó shin leat féin go hantráthach san oíche,' arsa Dónall Hiúdaí Chailleach.

'Fiche uair ó shin shiúil mé an bealach céanna eadar meán oíche is lá agus gan uaigneas ná eagla orm,' arsa Éamonn Mór.

'Bhail, ní féidir do shúile a dhéanamh duit,' arsa Dónall.

'Ó, is féidir,' arsa Éamonn Mór. 'Agus rinne an oíche úd mo shúile domh, deirimse leatsa. Chomh luath is a bhí biseach ar mo chloiginn chuaigh mé suas chuig an tsagart gur inis mé mo scéal dó. D'inis mé an t-iomlán dó, gan focal a chur leis ná focal a cheilt ach a oiread is dá mba ar m'fhaoiside a bheinn.'

'Cuirfidh mé geall gur léigh sé tamall os do chionn,' arsa
Maitiú Dhónaill Uí Dhubhaigh. 'Sin an rud a shábháil thú.'

'Níor léigh sé aon fhocal os mo chionn,' arsa Éamonn Mór.
'Thug sé comhairle mo leasa domh, agus d'fhág sé an chuid
eile ar mo thoil féin. Chuir mé an *pledge* orm féin, mar a
mhol sé domh. Tháinig mé chun an bhaile agus mé breá
sásta liom féin agus buíoch de Dhia as an chéad iarraidh a
ligean liom. Níor ól mise aon deor ó shin. Agus tá sin seacht
mbliana fichead go Nollaig seo a chuaigh thart.'

Ciall Cheannaithe

I

Tráthnóna deas samhraidh a bhí ann, fá uair de luí gréine. Ní raibh aon smid ghaoithe ann. Bhí Loch Caol chomh ciúin le clár. Agus bhí sreangáin toite ag éirí in airde díreach as na tithe a bhí uaidh sin síos go híochtar Mhín Uí Bhaoill.

Bhí óigbhean darbh ainm Eibhlín Nic Shuibhne ag teacht anuas an cabhsa a bhí chois an locha agus gan léithi ach í féin. Ar a bealach isteach as na Foithreacha a bhí sí, i ndiaidh a bheith ar cuairt ag a máthair mhóir. Ag teacht anuas an gleann di tí sí an fear in imeall an locha agus é ag iascaireacht. Nuair a tháinig sí ní ba chóngaraí ná sin dó d'aithin sí é. Feargal Ac an Bhaird a bhí ann.

An gcuirfeadh sé forrán uirthi? Agus dá gcuirfeadh goidé a dhéanfadh sí? Cé acu a bhéarfadh sí freagra air nó a dhéanfadh sí neamhiontas de? Bhí eagla uirthi go raibh spéis aici ann, agus aigesean inti. Ba mhinic a casadh i gcuideachta a chéile i dteach damhsa iad. Ba mhinic a d'amharc siad ar a chéile go gradamach. Ach sin a mbíodh ann. Bhí sé roimpi sa bhealach an tráthnóna seo. Ba mhaith léithi tabhairt le fios dó nach mbeadh doicheall ar bith roimh a cheiliúr uirthi. Ach bhí eagla uirthi. Eagla go mbeadh sí á hísliú féin. Agus eagla eile – eagla roimh a hathair.

Ní raibh sí riamh ag caint le Feargal Ac an Bhaird ach aon uair amháin ina saol, sé bliana déag roimhe sin. Ní raibh sí ach i gceann a cúig mblian san am, agus eisean bliain ní ba sine ná sin. Tháinig an lá ina cuimhne go húrnuaidh. An

chéad lá a tháinig sí aníos an gleann. Bhí Feargal ansin
roimpi agus madadh leis, agus é ag seilg coinín, dar leis féin.
Shuigh siad ar thúrtóig agus thoisigh siad a chomhrá. An
comhrá beag soineanta a bhíos ag páistí. Ise ag déanamh
olláis as na bláth a bhí bainte aici. Eisean ag inse go
mbeirfeadh sé ar an choinín gan amhras ar bith murab é gur
theith sé siar i bpoll. Ach go ndruidfeadh seisean an poll an
dara lá a thiocfadh sé aníos a sheilg, agus nach mbeadh
bealach éalóidh ar bith ag an choinín.

Smaoinigh Eibhlín ar an tráthnóna sin. Tháinig sé go soiléir
ina cuimhne. Chuimhnigh sí ar na daoine a chuaigh
an bealach. Chuimhnigh sí go dtáinig Sorcha Mhicheáil
Ruaidh anuas an gleann agus í ag cur an eallaigh chun
an bhaile. Smaoinigh sí ar an rud a dúirt Micheál Rua nuair
a d'inis a iníon dó go raibh na páistí i gcuideachta a
chéile agus iad ag caint is ag comhrá. Rinne Micheál
tairngreacht an lá sin. De réir mar a hinseadh di ina
dhiaidh sin dúirt sé gur de thairbhe na bpáistí sin a thioc-
fadh síocháin eadar Clainn tSuibhne agus Clainn Ic an
Bhaird. An ndéanfaí an tairngreacht sin a chomh-
líonadh choíche? Níor dhóigh . . . Chuimhnigh Eibhlín ar an
dóigh ar cuireadh deireadh le caidreamh beag lách na
bpáistí. Tháinig a hathair orthu agus rinn ar a shúile a
scanróchadh thú. Rug sé ina leathláimh ar Eibhlín. Thóg sé
ón talamh agus chaith sé ar a ghualainn í mar a dhéanfadh
sé le seansac agus thug leis chun an bhaile í. Agus an rud a
dúirt sé léithi:

· 'An dara huair a gheobhas mise thú i gcuideachta an
chroisdiabhail sin bhéarfaidh mé síos go dtí na Beanna
Dearga thú agus fágfaidh mé ag na taibhsí thú.'

Ní raibh a fhios aici san am goidé a bhí cearr le Feargal Ac
an Bhaird. Ach gheall sí nach labharfadh sí leis choíche arís.
Bhí eagla a báis uirthi roimh na taibhsí a bhí sna Beanna
Dearga. Ba leor sin mar chosc san am. Nuair a tháinig
tuilleadh dá blianta hinseadh di gur dhrong mhallaithe Clann
Ic an Bhaird agus nach ndéanfadh aon duine fiúntach ar bith
caidreamh leo.

Bhí sí fá chupla céad slat den iascaire. Mhothaigh
sí greadfach ina haghaidh. Bhí a croí ina cliabh ag

preabadaigh. Nár mhairg a tháinig an bealach? Ach ní raibh neart air.

D'aithin Feargal Ac an Bhaird an óigbhean a bhí ag tarraingt air sula dtáinig sí fá leathmhíle de. Dar leis féin tá sí chugam. Chonaic mé ag imeacht ar maidin í. Bhí a fhios agam gurbh é seo an bealach a dtiocfadh sí ar ais. An é sin an rud a thug aníos a dh'iascaireacht mé? Nach raibh a fhios agam nach mbeadh aiste ar bith ar an iasc tráthnóna den chineál seo. An bhfuil a fhios sin aici féin? An bhfuil a fhios aici nach bhfuil san iascaireacht ach leithscéal agam? An labharfaidh mé léithi? Má labhraim an dtabharfaidh sí freagra orm? Mura dtuga ní bheidh dóchas féin fágtha agam. Ach goidé a thug aníos anseo mé?

Smaoinigh sé nár labhair ceachtar acu leis an duine eile ó bhí siad ina bpáistí. Smaoinigh sé ar an aon uair amháin a bhí siad i gcuideachta a chéile. Thíos ag an cheann íochtarach den loch. Chonacthas iad agus hinseadh air é. Go lá a bháis bheadh cuimhne aige ar an bhagar a rinne a athair air an tráthnóna sin:

'An dara huair a chluinfeas mise gur labhair tú sa bhealach le haon duine den bhaicle dhrochmheasúil sin bhéarfaidh mé liom suas chun an locha thú go mbáithe mé thú.'

Nuair nach raibh Eibhlín ach ina tachrán bhí sí dóighiúil. Agus ag éirí ní ba dhóighiúla a bhí sí de réir mar a bhí sí ag fás. Nuair a bhí sí i mbun a méide chonacthas d'Fheargal nach raibh aon chailín óg sa phobal inscéimhe léithi. Agus chonacthas dó go mb'éagórach an rud gan cead cainte a bheith aige léithi.

Mar a dúirt mé, níor labhair siad le chéile ó bhí siad ina bpáistí. Ach rug siad greim dhá láimh ar a chéile oíche amháin a bhí siad araon ag fidiléir i dtigh Mhicheáil an Osáin. Tharla an bheirt ar an urlár i gcuideachta a chéile. Agus cibé acu atá tú ag caint le cailín nó nach bhfuil caithfidh tú greim láimhe a bhreith uirthi sa bhrainse dheireanach de na *Lancers,* sin nó a bheith i d'éan chorr i mbaile. D'aithin Feargal an oíche sin go raibh sé geallmhar ar Eibhlín.

Ar na rudaí seo a bhí sé ag smaoineamh agus an spéirbhean ag tarraingt air anuas. Nuair a bhí sí fá scór slat

de thiontóigh sé thart agus thug sé a aghaidh an bealach a
raibh sí ag teacht. D'amharc sé uirthi. Bhí sí geal bán san
aghaidh, mar a bheadh eagla uirthi. Goidé a déarfadh sé
léithi? Dá n-abradh sé gur bhreá an tráthnóna é b'fhéidir
nach ndéanfadh sise ach freagra a thabhairt air agus siúl
léithi. Chaithfeadh sé rud éigin a rá a bhainfeadh moill aisti;
rud éigin a bhainfeadh caint aisti.

Agus dúirt sé é, mar a d'imeochadh an focal air. 'Bhí mé
ag feitheamh leat,' ar seisean, agus chuir glór a chinn féin
iontas air. Chonacthas dó go gcuala sé é mar a chluinfeadh
sé glór duine eile.

'Ag feitheamh liomsa!' arsa Eibhlín, mar a bheadh iontas
uirthi.

'Bhíos,' ar seisean. 'Bhí mé ag feitheamh leat le dhá uair an
chloig. Suigh anseo go ndéanaimid ár gcaint is ár gcomhrá.
Táimid fada go leor inár dtost. Rófhada.'

D'amharc Eibhlín ina timpeall go scaollmhar.

D'aithin Feargal an smaoineamh a bhí ina croí.

'Ná bíodh eagla ort,' ar seisean. 'Níl aon duine ar na
gaobhair a dhéanfadh scéala orainn. Dá mbeadh féin ba
chuma. Ba chuma liomsa ar scor ar bith. Tá mé rómhór anois
le báthadh; agus tá tusa rómhór le fuadach le taibhsí na
mBeann Dearg.

II

Shuigh siad ag taobh a chéile ar carraig in imeall an locha. Ní
raibh ceachtar acu ag labhairt. Bhí siad mar a bheadh glas ar
an teanga acu. Sa deireadh, arsa Eibhlín, 'Cad chuige ar chuir
tú ceiliúr orm? Goidé a bhí agat le rá liom?' Chuir sin tús ar
an chomhrá.

'Inseochaidh mé sin duit,' arsa Feargal. 'Leis na blianta tá
mé ag smaoineamh ar an mhioscais atá eadar Clainn Ic an
Bhaird is Clainn tSuibhne an bhaile seo. Níl a fhios agam cá
huair a thoisigh sé. Cupla céad bliain ó shin, b'fhéidir, nuair
a rinneadh an chéad chónaí sa ghleann seo. Cibé ar bith ba
chionsiocair leis tháinig sé anuas ó shin, go dtí go bhfuil
daoine ag meas go bhfuil sé sa dúchas againn. Ach ní

chreidimse sin. San oiliúint atá sé. Agus níorbh fhéidir dúinn a bheith ar a athrach. Sin an tógáil a fuaireamar. Sin an seanchas a cuireadh romhainn ó ghlún go glún – na catha a bhí eadar Clainn Ic an Bhaird is Clainn tSuibhne ag troid le bataí gach aon chearn ó Ghallóglach go Baile na Carraige. Tá an t-am againn deireadh a chur leis.'

'Tá deireadh leis de thairbhe m'athara,' arsa Eibhlín. 'Mar atá a fhios agat níl aon mhac aige a choinneochas an iaróg beo ina dhiaidh.'

Dar le Feargal, is fíor sin. Tá an chuid sin den chluiche ag gabháil i m'éadan. Smaoinigh sé nár thoisigh sé mar ba cheart air, agus bhain stad de. Sa deireadh ar seisean, 'Ach tá tuilleadh den dá dhream ar an bhaile, clann Mhánais Ruaidh agus clann Mhaolmhuire agus iad. Dá mbeadh mac ag d'athair is leis a bheinn ag caint.'

'Agus goidé a déarfá leis, dá mbeadh a leithéid ann?' arsa Eibhlín.

'Chuirfinn ceiliúr carthanais air,' arsa Feargal. 'Agus dá mbeadh an dearcadh céanna aige atá agam féin rachaimis ár mbeirt siar chun an Chlocháin Léith Lá Aonaigh an tSamhraidh go siúlaimis aníos is síos an tsráid ag comhrá le chéile. Ansin bheadh tús curtha ar chaibidil úr de sheanchas an bhaile seo. I ndiaidh ár mbáis bheadh seandaoine ag inse go gcuala siad a gcuid aithreacha ag rá gur chumhain leo an chéad lá a shiúil fear de Chlainn Ic an Bhaird agus fear de Chlainn tSuibhne sráid an aonaigh guala ar ghualainn agus iad ag comhrá le chéile go lách carthanach. Go díreach mar a bhítear ag caint anois ar an chéad bheirt acu a tharraing dhá bhuille de bhata ar a chéile tá céad go leith bliain ó shin.'

'Is mór an truaighe gan deartháir agam agus an dearcadh céanna aige atá agat féin,' arsa Eibhlín. 'Ach b'fhéidir go mbeadh fear éigin de Chlainn tSuibhne ar an bhaile a mbeadh fonn síochána air. Ar chuir tú féacháil ar aon duine acu?'

'Níor chuireas. Ní raibh maith liom ann.'

'Ní bheadh a fhios agat. Tá an saol ag athrú. Tá na daoine ag fáil céille. Sin thall stócach ag 'Maolmuire agus is minic a samhladh liom nárbh fhear é a bheadh araiciseach chun bruíne, dá mbeadh aon duine aige a bhéarfadh an dea-chomhairle dó. Ní abórainn leis, ar ndóigh, gur chóir dó a bheith leat go hAonach an tSamhraidh. Ach bhéarfainn corrleideadh dó, agus bheinn lena fhuireachas, féacháil goidé an mianach atá ann.'

'Ná labhair leis ar an tséala,' arsa Feargal. 'Más dual don tsíocháin seo teacht lenár linne is agamsa is agatsa atá sí le déanamh.'

D'éirigh Eibhlín dearg san aghaidh. 'Ná bíodh eagla ort,' ar seisean. 'Ní chluinfidh aon duine go rabhamar anseo inniu i gcuideachta a chéile. Ar scor ar bith ní chluinfidh aon duine é go ceann tamaill eile. B'fhéidir le Dia go dtiocfadh an lá ar chuma linn araon cé a chluinfeadh é.'

'Dá gcluinfeadh m'athair gur bheannaigh mé an t-am de lá duit,' arsa Eibhlín, 'chuirfeadh sé amach ar an doras mé. Chuirfeadh dá mba ar uair an mheán oíche é.'

'Dhéanfaí an rud céanna liomsa,' arsa Feargal. Ansin thost sé ar feadh tamaill, mar nach mbeadh an chaint ag teacht leis. Ach sa deireadh dúirt sé é. 'Dhíbeoraí an bheirt againn,' ar seisean. 'Agus cé aige a bhfuil a fhios nárbh é sin an chéad rud a chuirfeadh tús ar an tsíocháin?'

Lig Eibhlín uirthi féin nár thuig sí é. 'De gheall ar Dhia is ná hinis d'aon duine go rabhamar ag caint le chéile inniu,' ar sise, ag éirí ina seasamh. 'Cuirim d'fhiachaibh ort é,' ar sise. Agus d'imigh sí.

III

Maidin amháin, bliain ina dhiaidh sin, d'éirigh Eibhlín Nic Shuibhne agus chóirigh sí í féin san éide ab fhearr a bhí aici. Bhí iontas ar a hathair is ar a máthair. Ach ní raibh ceachtar acu ag labhairt. Dá gcuirfeadh duine acu ceist uirthi thiocfadh léithi a raibh le rá aici a rá. Ba doiligh tús a chur ar an scéal. Ach chaithfeadh sí a rá. Ní imeochadh sí agus a rún ceilte aici. An rud a bhí sí ag brath ar a dhéanamh bhí sé creidte aici go mbeadh an mí-ádh ar an té a dhéanfadh gan fhios dá mhuintir é. Chuirfeadh sí an scéal ina láthair. B'fhéidir nuair a tífeadh siad ag imeacht í gur a mbeannacht a bhéarfadh siad di. Mura dtugadh ní raibh neart aicise orthu!

Sheasaigh sí tamall i lár an urláir, mar a bheadh duine ann a bheadh eadar dhá chomhairle. Sa deireadh labhair sí. 'Níor fhiafraigh ceachtar agaibh díom cá raibh mo thriall,' ar sise agus crith ar a glór.

Níor labhair an mháthair. Scanraigh sí. Bhí rud éigin i nglór Eibhlíne agus sa dreach a bhí uirthi a chuir eagla ar an mháthair. Ní thug an t-athair dada fá dear. Dálta na bhfear uilig bhí sé maol san intinn. 'Níor fhiafraigh, a iníon,' ar seisean. 'Cad fá a bhfiafóradh? Tá tú i gceann do dhá bhliain is fiche. Tá cead agat dul amach is isteach mar is rogha leat.'

'Tá mé ag gabháil do mo phósadh,' arsa Eibhlín. Tháinig dath geal bán ar an mháthair. Bhí a croí ag inse go raibh drochscéala éigin ag tarraingt uirthi. Bhí sí ar tí ceist a chur ar Eibhlín cérbh é an fear. Ach bhí an chéad fhocal ag an athair.

'Cén lá atá tú ag brath pósadh?' ar seisean.

'Inniu, le cuidiú Dé,' arsa Eibhlín.

'Ní phósfar inniu thú,' arsa Muircheartach Ac Suibhne go colgach. 'Ná go seachtain ó inniu an seal is luaithe. Caithfimid bainis a dhéanamh. Ag brath ár náire a thabhairt? Goidé a déarfadh muintir an bhaile? Goidé a bheadh le rá acu ach gurbh í iníon Mhuircheartaigh Ic Shuibhne an chéad bhean riamh as an bhaile a pósadh gan bainis. Goidé a déarfadh Clann Ic an Bhaird? Déarfadh siad nach raibh ionainn ach bacaigh. Nárbh é an ola ar a gcroí é? Ní bheadh tógáil ár gcinn choíche againn. Smaoinigh féin air, a iníon,' ar seisean agus a ghlór ag éirí ciúin, mar a bheadh sé ag iarraidh a bheith ag blandar léithi. 'Cuir an pósadh ar gcúl go ceann seachtaine. Dá mbeadh pósadh gan bainis againn bhí sé chomh maith againn imeacht as an tír. Níor bheo dúinn ár mbeo ag Clainn Ic an Bhaird.'

'Shílfeadh duine nach bhfuil ag cur bhuartha ortsa ach an bhainis agus gur cuma fán phósadh,' arsa an mháthair. 'Níor inis tú go fóill cé hé an fear,' ar sise leis an iníon.

Tháinig na deora le hEibhlín. 'Níor inseas,' ar sise. 'Ní ligfeadh an eagla domh.'

'Goidé an eagla a bhí ort?' arsa an mháthair. 'Inis anois féin dúinn é.'

'Muirfidh sibh mé,' arsa Eibhlín agus tháinig racht caointe uirthi.

'Ní mhuirfidh aon duine thú,' arsa an mháthair. 'Ach in ainm Dé inis cé atá tú a phósadh. Is cuma cé hé féin. Dá mba é fear shiúlta na hÉireann é cuir ainm air.'

'Feargal Ac an Bhaird.'

'Goidé a dúirt tú?' arsa an t-athair agus dath dubh ag teacht san aghaidh air. 'An ag magadh orainn atá tú? Nó an é rud atá mé ag cailleadh éisteacht na gcluas? Cé siúd a dúirt tú?'

'Feargal Ac an Bhaird,' arsa Eibhlín athuair.

D'éirigh Muircheartach Ac Suibhne ina sheasamh agus é ar crith. Dhruid sé a dhoirne chomh cruaidh is go raibh na hailt geal bán. 'Mac an duine chéimiúil,' ar seisean. 'Feargal Ac an Bhaird! Nach mairg atá beo go bhfaca mé an lá? Fear shiúlta na hÉireann, arsa do mháthair. Ba mhaith fear shiúlta na hÉireann. Ba mhaith Johnny an Chordaróigh nó Earbhán Rórc nó Dubhall Creag nó William Sling. Ba mhaith fear ar bith acu le taobh fear den bhaicle mhallaithe dhrochmheasúil.'

Bhí na deora ag teacht le hEibhlín go fras. D'éirigh an mháthair agus shnaidhm sí í féin inti. 'Mo sheacht mbeannacht leat, a iníon, agus beannacht Dé,' ar sise. 'Tá súil agam nach dtiocfaidh an lá choíche ort a mbeidh aithreachas ort fá do mhargadh.'

' 'Athair, nach labharfaidh tú liom?' arsa Eibhlín.

'Labharfad,' arsa Muircheartach Ac Suibhne. 'Labharfaidh mé cupla focal leat. Tabhair cluas mhaith dóibh agus coinnigh cuimhne orthu. Seo iad. Fad is a bheas mise beo ná tabhair aghaidh do dhá chos isteach ar an doras seo. Óir b'fhearr liom ag gabháil go teach an phobail i gcónair thú ná ag gabháil go teach an phobail do do phósadh ar mhac Eoghain Ic an Bhaird.'

D'imigh Eibhlín siar an cabhsa ag tarraingt ar an bhealach mhór agus í ag gol go cráite. Chuaigh sí go teach an phobail. Agus pósadh í féin is Feargal Ac an Bhaird.

'Tá cuma bhrónach ort,' arsa Feargal le hEibhlín ar theacht

amach as teach an phobail dóibh. 'Nár chóir go bhféachfá le
gáire a dhéanamh maidin lae do phósta . . . Goidé atá ort ar
chor ar bith?'

'M'athair,' arsa Eibhlín. 'Dúirt sé caint liom a d'fhág pian i
mo chroí. D'iarr sé orm gan aghaidh mo dhá chos a thabhairt
isteach ar an doras fad is a bheadh seisean beo.'

Cheil sí an chuid eile. Ní thiocfadh léithi a inse air
gur dhúirt sé go mb'fhearr leis a feiceáil ag imeacht i gcónair.
Bhí an chaint sin ró-mhínádúrtha le hinse ar a hathair.
B'ionann é, dar léithi, agus a inse uirthi féin gur iníon
ainspioraid í.

'Ach nach leis a bhí tú ag súil, agus mise chomh maith
leat? Dúirt m'athair féin an rud céanna liomsa. Dúirt sé
caint liom nár mhaith liom a aithris. D'athair d'athair i
gcónaí, dá olcas é . . . Ach bíodh acu. Gheobhaidh siad
ciall go fóill. Ar scor ar bith tá súil agam go ndéanfaidh
siad araon aithreachas roimh a mbás agus nach mbeidh
an mhioscais ina gcroí leo go cathaoir an bhreithiúnais.'

'B'fhéidir gurb iontach leat é,' arsa Eibhlín eadar sin
is tráthas, 'ach tá mo chroí ag inse domh go dtiocfaidh an
lá go fóill a mbeidh síocháin is carthanas eadar an dá
dhream.'

'Tá an dóchas sin agamsa gach aon lá le trí bliana,'
arsa Feargal. 'Tá dóchas agam go mbeidh síocháin
is carthanas eatarthu agus gur mise is tusa ba chúis leis.
Ní mhairfidh an racht mearaidh seo ach tamall − tá súil
agam.'

IV

Cá rachadh an lánúin? Cá bhfaigheadh siad fáras? Ní raibh
fána gcoinne ach, mar a deireadh muintir na Rosann, 'áit bó
i nGlasgó.' Is é sin seomra beag plúchtach dorcha i gceann
de na seantithe móra a bhí i gceantar na nGorbals san am
sin.

Chuaigh siad go Doire agus bhí siad ar an bhád an oíche
sin. Ar maidin an lá arna mhárach shroich siad Glaschú. Fuair
siad seomra beag den chineál a dúirt mé, amuigh in airde, trí

fichid troigh ón talamh. Fuair Feargal obair ag saoir agus chuaigh an lánúin i gceann an tsaoil.

Ar feadh tamaill bhí cuma ar Eibhlín go raibh sí buíoch dá himirce. Bhí fáras beag di féin aici agus ba mhaith sin, dá olcas é. Ach thigeadh cumha uirthi ar uairibh. Tháinig taom throm chumha uirthi tráthnóna amháin agus í ina suí ag an fhuinneoig. Bhí an ghrian os a coinne, os cionn na simléirí a bhí siar uaithi. Bhí dath fann báiteach uirthi, mar ghréin, ag toit agus ag deannach na cathrach. Bhí na slóite síoraí thíos ar an tsráid, gach aon duine ag gabháil a bhealach féin. Bhí Eibhlín ina suí ag an fhuinneoig agus í ag meabhrú go cumhúil ina croí. Sin ansin an ghrian chéanna atá ag dealramh ar Loch Caol agus ag cur maise ar na sléibhte is ar na gleanntáin. Tá tráthnóna galánta i Loch Caol inniu. Títear domh go bhfuil mé ag amharc air. Tithe beaga geala síos uaim, amach síos go Mín Uí Bhaoill. Na caoirigh ag éaló amach ag tarraingt ar dhoimhneacht an tsléibhe. Máire Rua ag cur a cuid eallaigh chun an bhaile agus í ag gabháil cheoil. An t-aos óg ag damhsa ag an chroisbhealach . . . Nár mhéanar a bheadh thall anocht, mé féin is Feargal, agus ár muintir i gcarthanas le chéile! An dtiocfadh an lá choíche a mbeidh síocháin eadar Clainn tSuibhne is Clainn Ic an Bhaird? . . . Ba mhillteanach an rud a dúirt m'athair liom maidin lae mo phósta. Go mb'fhearr leis ag amharc orm ag imeacht i gcónair. B'fhéidir nach raibh sé ar a chroí. B'fhéidir le Dia sin!

Caitheadh an samhradh is an fómhar, agus tháinig an geimhreadh. Oíche amháin i dtrátha na Samhna chuaigh Feargal is Eibhlín fá chónaí mar ba ghnách leo agus thit siad ina gcodladh. Codladh nár dhual dóibh muscladh as choíche ar an tsaol seo. Poll a bhris ar phíopa an gháis, os cionn dhoras an tseomra a raibh siad ann. Eadar sin is maidin fuarthas marbh iad.

I dtrátha an mheán lae an lá arna mhárach tháinig dhá theileagram go Loch Caol, ceann acu chuig Muircheartach Ac Suibhne agus an ceann eile chuig Eoghan Ac an Bhaird. Bhí baile brónach i Loch Caol an lá sin.

An oíche sin tháinig bád Dhoire trasna na Maoile agus dhá chónair ar bord uirthi.

V

Lá an tórraimh bhí lucht thrí bpobal cruinn sa reilig. Ag taobh theach an phobail a bhí an reilig. Tugadh an dá chónair isteach agus fágadh ag rálacha na haltóra iad – sa talamh chéanna a raibh an lánúin ar a nglúine nuair a pósadh iad, cúig mhí roimhe sin. Maidin an lae sin chuir cupla fear de mhuintir an bhaile ceist cá gcuirfí na coirp. Ag Clainn Ic an Bhaird nó ag Clainn tSuibhne. Dúirt Muircheartach Ac Suibhne gur chuma leis. Dúirt Eoghan Ac an Bhaird an rud céanna. Bhí an tsíocháin déanta. Bhí lá na mioscaise thart agus lá an aithreachais ann.

Cuireadh na coirp. Thoisigh lucht an tórraimh a dh'imeacht chun an bhaile. Bhí siad ag imeacht go dtí nach raibh fágtha ach beirt – Muircheartach Ac Suibhne agus Eoghan Ac an Bhaird. Bhí siad mar ba mhian leo labhairt le chéile agus mar a bheadh eagla ar gach aon fhear acu nach mbeadh iarraidh ag an fhear eile ar a cheiliúr. Bhí siad ansin agus iad ag amharc ar an mhaoil chréafóige a bhí os a gcoinne.

Sa deireadh labhair Mac Suibhne. 'A Eoghain, a dhearthair,' ar seisean, agus bhris an gol arís air, 'nach orainn a tháinig lámh Dé?'

'Tháinig,' arsa Mac an Bhaird, ag breith greim láimhe ar an fhear eile. Thoisigh an bheirt a chaoineadh agus iad snaidhmthe ina chéile.

'Nach doiligh do Dhia maithiúnas a thabhairt domh,' arsa Eoghan Ac an Bhaird.

'Ná domhsa, ach a oiread,' arsa Muircheartach Ac Suibhne.

'Ní tú a tharraing an tubaiste seo orainn ach mise,' arsa Eoghan. 'Níor dhúirt tusa a dhath ach iarraidh ar d'iníon gan aghaidh a dhá cos a thabhairt isteach ar do dhoras fad is a bheifeá beo. Ach mise! Mise a dúirt le mo mhac go mb'fhearr liom a fheiceáil ag imeacht go teach an phobail i gcónair ná ag imeacht go teach an phobail á phósadh . . . A Shlánaitheoir Dé, agraim do thrócaire anocht.'

'Duit féin is domhsa,' arsa Muircheartach. 'Sin an chaint chéanna a dúirt mise le m'iníon,' ar seisean, mar a bheadh sé ar a fhaoiside agus gan súil le maithiúnas aige go n-inseadh sé an t-iomlán.

Sa deireadh tháinig an bheirt amach as an reilig agus d'imigh siad soir an Tulaigh, ag tarraingt ar an bhaile, agus coiscéim throm thuirseach leo. Le coim na hoíche chonaic muintir Loch Caol rud nach bhfaca siad riamh roimhe sin – Mac an Bhaird agus Mac Suibhne ag siúl guala ar ghualainn le chéile. An té a bheadh cóngarach dóibh chluinfeadh sé iad, corruair ag comhrá, corruair eile ag mairgnigh is ag osnaíl.

Gaisciúlacht

I

Bhí Mánas Pheadair Úna mór trom. Ach ní abóradh aon duine i Rinn na bhFeadóg go raibh sé mór ná trom. Bhí focal eile acu ar a dhéanamh. 'Toirteach' a deireadh siad a bhí sé. Agus fear ar bith i Rinn na bhFeadóg a n-abóraí leis go raibh sé toirteach b'ionann é is a chur síos dó má bhí sé mór féin nach raibh sé miotalach. Nach raibh ann ach toirt gan tairbhe.

Bhíodh sé i gcónaí ag déanamh mórtais as na héachtaí a rinne sé. Ach ní fhaca aon duine de mhuintir an bhaile é á ndéanamh. Cár bith ba chúis leis ní raibh aon duine de mhuintir na mbailte i láthair ag ceann ar bith de na héachtaí seo. In áiteacha scoite a rinneadh iad. Is iomaí uair a bhí Mánas ag troid in Albain, ach ní raibh aon Rosannach ar na gaobhair a dhéanfadh fianaise leis na catha a cuireadh leis. Ba mhór an truaighe. Ach ní raibh neart air.

Níor chreid muintir an bhaile an seanchas seo. Bhí siad chóir a bheith cinnte má bhí Mánas mór féin nach raibh sé miotalach. Nach raibh sé ach toirteach. B'fhéidir go raibh eagla air féin nach rabhthas á chreidbheáil. B'fhéidir gurb é sin an fáth a mbíodh sé ag aithris a chuid éacht chomh minic is a bhíodh. Agus, ar ndóigh, an oíche nach mbeadh fonn scéalaíochta féin air chuirfeadh duine éigin ar obair é. Ba bhreá an chuideachta leo é. Mar seo:

'A Mhánais, an raibh aithne agat ar Shéimí Chailitín as Droim na Ceárta?'

'Bhí. Agus chan de chúlchaint air é, ní raibh ann ach scoigín gan mhúineadh.'

'Bhí tú féin is é féin le chéile, a Mhánais?'

'Tamall beag. Níor mhair an comhrac i bhfad. Ag an Phump in Edinburgh a chuamar le chéile. Rinne mé crústa de leis an chéad dorn. Nuair a d'éirigh sé d'imigh sé ina rith suas an Cowgate an méid a bhí ina chosa.'

'Chuala mé go raibh tú féin is Eoin Fheargail Uí Bhaoill as Inis Mhic an Doirn le chéile an bhliain úd a bhí tú sna Híleans.'

'Á, má tá, sin scéal eile. Fear chomh cruaidh miotalach is a tógadh riamh ó Rinn an Aird Dealfa go Stácaí Ros Eoghain. Is millteanach an chiotóg atá aige. Tá, mar a bheadh cic stalach ann.'

'Goidé a tháinig eadraibh?'

'Tá, muise, lucht mailíse a rinne míghreann eadrainn. Ní raibh fonn troda ar cheachtar againn. Tá sé chomh maith agam an fhírinne a dhéanamh, bhí crothán eagla ar gach aon fhear againn roimh an fhear eile. Ach, ar ndóigh, ní ghéillfeadh ceachtar againn nuair a tháinig báire na fola. Ní rabhamar os cionn moiminte le chéile gur bhuail sé leis an chiotóig i mbun na cluaise mé, agus chuir sé chun talaimh mé mar a bhuailfí le splanc as an spéir mé. D'éirigh mé agus mearbhallán i mo cheann. D'fhoghlaim mé aon rud amháin as an bhuille sin – go gcaithfinn a bheith ar m'fhaichill ar an chiotóig. Shíl sé go raibh mé aige an dara huair. Ach thug mise bocléim do leataobh agus chuaigh an buille thart le mo chluais. Ansin nuair a bhí sé gan chosnamh thug mé aon cheann amháin i mbéal an ghoile dó agus thit sé ag mo chosa mar a bheadh gamhain ann a gheobhadh buille d'ord. Sin an fhéacháil ba chruaidhe a cuireadh riamh orm. Agus inniu is an lá sin d'aidmheochainn go mb'fhéidir go raibh an t-ádh orm. Ar scor ar bith ní raibh olc ná urchóid ag ceachtar againn don duine eile. Bhíomar ag ól i gcuideachta a chéile tráthnóna an lá arna mhárach.'

'Níl a fhios agam dá mbeadh Eoin Fheargail ag doras na gaoithe ag cúléisteacht leis goidé a dhéanfadh sé?' arsa Conall Eoghain Ruaidh le Feilimí Thuathail ar a mbealach chun an bhaile as teach an airneáil.

'Tá barúil mhaith agamsa ar an rud a dhéanfadh sé,' arsa Feilimí. 'Tá aithne agamsa ar Eoin Fheargail. Bhí mé cupla fómhar ina chuideachta in Albain. Ní mhillfeadh sé scéal maith. D'fhanfadh sé ag doras na gaoithe go mbeadh deireadh inste ag Mánas. Ní thiocfadh sé isteach ansin féin de leisc aiféaltas a chur ar an scéalaí. D'imeochadh sé leis agus é ag gáirí.'

II

Ach an té a bhíos ag síordhéanamh gaisciúlachta lena theanga tá an t-ádh air mura dtara an lá air a gcaithfidh sé cur lena chuid cainte. Tháinig an lá sin ar Mhánas san am ba lú a raibh súil aige leis. Lá aonaigh an Chlocháin Bhric a bhí ann. Ní raibh ar an aonach as Rinn na bhFeadóg ach beirt – Mánas Pheadair Úna agus Liam Beag Liam Thomáis. Fear beag anbhann éidreorach a bhí ann, mar Liam. Fear 'nár throid a dhath riamh,' mar a dúirt Seáinín Néillín. Agus, ar ndóigh, b'fhurast buntáiste a bhreith air.

Bhí Liam ag ceannacht bó ó fhear as Claondoire. Bhí a trí nó a ceathair de phuntaí eadar an díoltóir agus an ceannaitheoir i dtús an mhargaidh. Ach bhí siad ag druidim le chéile go dtí nach raibh eatarthu ach aon phunta amháin. Fear Chlaondoire ag iarraidh deich bpunta agus Liam Beag ag tairiscint naoi bpunta. Ba dóigh gurbh é an deireadh a bheadh air go ndéanfaí an rud a rinneadh go míle minic ar ócáid den chineál – go scoiltfí an punta. Ach ní scoiltfí gan tamall fada margála agus gach aon fhear acu ag rá nach rachadh sé aon orlach amháin in araicis an fhir eile.

'Bhéarfaidh mé naoi bpunta duit uirthi,' arsa Liam Beag. 'Agus tá a luach i gceart ansin.'

'Ní dhéanfaidh tú maith,' arsa fear na bó. 'Bhéarfainn ar ais chun an bhaile í sula dtugainn uaim í ar aon phingin amháin níos lú ná deich bpunta.'

'Tá sin is do chomhairle féin agat,' arsa Liam Beag, ag tiontó ar a sháil is ag imeacht. Ach duine ar bith riamh a chaith tamall ag gabháil chun na n-aontaí sa tír s'againne tá a fhios aige nach rachadh Liam i bhfad go bpillfeadh sé, agus go dtoisíodh an mhargáil go húrnuaidh. Go dtí sa deireadh go ndíolfaí an bhó ar a deich is naoi bpunta.

Ach chomh luath is a thiontóigh Liam Beag a chúl le fear na bó tháinig fear mór ramhar chun tosaigh agus thairg sé a deich is naoi bpunta. Níor bhain sé i bhfad astu na deich scillinge a scoilteadh. 'Díolta is ceannaithe ar a cúig déag is naoi bpunta,' arsa fear Chlaondoire. Agus bhí an margadh déanta.

Leis sin féin tháinig Liam Beag chun tosaigh. 'Bhí mise ag ceannacht na bó sin,' ar seisean.

'Agus cad chuige nár cheannaigh tú í?' arsa an fear mór. 'Nach raibh sí ansin ó mhaidin agat?'

'Chuaigh tusa ar mo bhéala,' arsa Liam Beag.

'Ní dheachaigh mé ar do bhéala ná ar bhéala aon fhir riamh,' arsa an fear mór. 'Agus is maith duit féin nach bhfuil cuid bhuailte ionat. Dá mbeadh bhéarfainnse smitín duit a mbeadh cuimhne agat air le do sholas.'

'Chuaigh tú ar mo bhéala, agus tá a fhios sin agat,' arsa Liam. 'Ach dá mbeadh fear os do choinne a mbeadh eagla ort roimhe ní rachfá ar a bhéala. Bhí a fhios agat má d'imigh mise féin go dtiocfainn ar ais. Tuigeann tú dlí an mhargaidh. Ach is furast duit do rogha rud a dhéanamh inniu. Is furast buntáiste a bhreith ar mo mhacasamhailse.'

'Níor rug mise buntáiste ar aon fhear riamh. Rud eile, ní dhearna mé inniu ach an rud a dhéanfainn is cuma cé a bheadh ann. Agus anois imigh leat as m'amharc agus ná bain mo mhíthapa asam.'

'B'fhéidir go dtiocfadh an lá a mbainfí asat é,' arsa Liam go nimhneach.

'Má tá aon fhear maíte ort a bhainfeas asam é tabhair chun tosaigh é,' arsa an fear mór. 'Abair leis go rachaidh mise ina dheabhaidh lá ar bith ar mian leis é. Agus ar eagla nach bhfuil aithne agat orm is fearr domh m'ainm is mo shloinneadh a inse duit. Tarlach Ó Ceallaigh as Baile an Teampaill. Ceallaigh Mór Bhaile an Teampaill a bheir siad orm.'

'B'fhéidir go bhfaighinnse fear a rachadh chun cainte leat sula bhfágfá an t-aonach,' arsa Liam Beag.

'Beidh fáilte roimhe is cuma cé hé féin,' arsa an fear mór. 'Ní bheidh mise ag doicheall roimh a chaidreamh. Nó níl aon fhear ó Thóin na Peillice go Tóin na Cruaiche a dtiontóchadh Ceallaigh Mór Bhaile an Teampaill cúl a dhá chos leis. Siúil leat,' ar seisean le fear na bó, 'go dtuga mé do chuid airgid duit.'

Chuaigh an bheirt isteach go teach an tábhairne. Díoladh

luach na bó. Agus, ar ndóigh, hóladh deoch, agus ceann eile agus ceann eile. Bhí tart ar Cheallaigh Mhór. Nó mura raibh bhí fonn ólacháin air.

'Nach é an proig beag sotalach é,' arsa fear Chlaondoire nuair a bhí cupla gloine ólta acu. 'Cad chuige, má ba leis an bhó a cheannacht nár cheannaigh sé í? Ach cúl a chinn a thiontó léithi agus imeacht. Agus ansin teacht ar ais, mar a bheadh focal aige uirthi!'

'Tá aon bhuaidh amháin aige,' arsa Ceallaigh Mór. 'An bhuaidh a bhí ag a mhacasamhail riamh. Níl cuid bhuailte ann. Agus tá a fhios sin aige. Tá a fhios aige nach fiú le haon duine a lámh a fhágáil thíos leis. Ach chuir mise scéala leis chuig feara na Rosann. Gloine eile?'

'Tá ár sáith againn,' arsa fear Chlaondoire.

'Níl ná leath ár sáith,' arsa Ceallaigh Mór. 'Líon arís iad,' ar seisean le fear an tábhairne.

III

Chuaigh Liam Beag síos an tsráid. Níorbh fhada a chuaigh sé gur casadh Mánas Pheadair Úna dó.

'Níor cheannaigh tú?' ar seisean le Liam.

'Níor cheannaíos,' arsa Liam. 'Agus cheannóchainn murab é maistín dímhúinte as Baile an Teampaill a chuaigh ar mo bhéala,' ar seisean, ag toiseacht is ag inse.

'Is maith dó féin nach raibh mise ansin,' arsa Mánas. 'Ach bainfear as é, agus ba cheart duit sin a rá leis.'

'Dúirt mé leis é,' arsa Liam Beag. 'Agus is é an freagra a thug sé orm nach raibh aon fhear ó Thóin na Peillice go Tóin na Cruaiche a dtiontóchadh sé cúl a dhá chos leis. Is ionann sin is comhrac a fhógairt ar fheara na Rosann go huile is go hiomlán. Ach ní ligfear leis é. Rachaidh mise d'aon ghnoithe isteach go hInis Mhic an Doirn go n-inse mé d'Eoin Fheargail é.'

'Ná buair do cheann le hEoin Fheargail,' arsa Mánas. 'Beidh mise ag caint le blaigeard Bhaile an Teampaill, agus bhéarfaidh mé air cur lena bhagar, sin nó dul ar a chúl ann. Ná bíodh eagla ort. Tiocfaidh mise air más fear é a bhíos ag teacht chun an aonaigh seo.'

'Ach tá sé ar an aonach go fóill,' arsa Liam Beag.

Bhain stad de Mhánas. Mhothaigh sé cnap i mbéal a ghoile. 'Cá bhfuil sé?' ar seisean, i nglór leathíseal.

'Istigh i dtigh Dhónaill Antain, é féin is fear na bó,' arsa Liam. Chuaigh an bheirt isteach tigh an tábhairne. 'Sin thiar é,' arsa Liam Beag. 'An fear mór sin a bhfuil a chúl linn.'

'Tá neart ama againn,' arsa Mánas. 'Goidé a ólfas tú?' ar seisean, agus d'ól sé féin gloine uisce bheatha, agus ceann agus ceann eile. Shocair sin rud beag é. Thug sé uchtach dó. B'fhéidir go rachadh aige Ceallaigh Mór a scanrú agus nach mbeadh troid ar bith ann. B'fhéidir le Dia sin. Agus nár mhaith mar sin é? Nár bhreá an scéal a bheadh le hinse aige? Bhí na focla ag teacht chun an bhéil chuige '. . . Dúirt sé nach raibh aon fhear ó Thóin na Peillice go Tóin na Cruaiche nach mbuailfeadh sé. Lean mé isteach tigh Dhónaill Antain é go dtug mé air a chuid cainte a shlogan . . .' agus an chuid ab fhearr den scéal bheadh fianaise aige leis, rud nach raibh riamh roimhe aige . . . In ainm an áidh rachadh sé ina cheann. B'fhéidir go rachadh aige an fear mór a chur fá smacht le bagar agus le caint gháifeach. Chuaigh sé siar go dtí an fear mór agus chuir sé forrán air. Agus thoisigh eatarthu.

'Tusa an fear a dtugann siad Ceallaigh Mór Bhaile an Teampaill air?'

'Bheir daoine an t-ainm sin orm.'

'Mánas Ó Dubhaigh anseo agat. As baile a dtugann siad Rinn na bhFeadóg air.'

'Sé do bheatha, a Mhánais Uí Dhubhaigh as Rinn na bhFeadóg. Goidé a ólfas tú?'

'Ní ólfaidh mé a dhath go fóill beag, go raibh maith agatsa. Tá achrann beag le réiteach agam. Beidh an t-ól ina dhiaidh sin againn, má bhíonn fonn óil ort.'

'Do phléisiúr féin, a mhic.'

'Cheannaigh tú bó inniu?'

'Cheannaíos.'

'Bhí fear eile á ceannacht romhat?'

'B'fhéidir go raibh. Níl a fhios agam. Ní raibh aon duine á ceannacht nuair a tháinig mise i láthair.'

'Ó, bhí. Bhí fear eile á ceannacht. Agus chuaigh tú ar a bhéala.'

'Ní raibh, chan do do bhréagnú é. Ní raibh aon duine á ceannacht nuair a tháinig mise chun tosaigh.·Fágaim d'fhianaise é ar an fhear a dhíol í.'

'Eadraibh bíodh sé. Deir seisean go ndeachaigh tú ar a bhéala. Deir tusa nach ndeachaigh. Is cuma. Ach dúirt tú nach raibh aon fhear ó Thóin na Peillice go Tóin na Cruaiche nach mbuailfeá. An dtig leat sin a shéanadh?'

D'amharc Ceallaigh Mór ina thimpeall sular labhair sé. 'Ní thig liom a shéanadh,' ar seisean. 'Agus níl mé ag iarraidh a shéanadh.'

'Ó Thóin na Peillice go Tóin na Cruaiche,' arsa Mánas. 'Eadar an dá reannaigh sin a tógadh mise. Caithfidh tú mo throid, sin nó a ghabháil ar gcúl i do chuid cainte.'

'Maith go leor,' arsa Ceallaigh Mór. 'Bí aige.'

'D'fhág tú gann i gcéill mé,' arsa Mánas, 'má mheas tú go rachainn a throid anseo agus gan aon duine agam a sheasóchadh ceart domh. Bheadh seisear agaibh sa mhullach orm chomh luath is a thoiseochadh an comhrac.'

'Is dona an bharúil atá agat d'fheara Bhaile an Teampaill,' arsa Ceallaigh Mór. 'Ach áit ar bith ar mian leat, troidfidh mise thú. An mbeifeá sásta le léana Mhullach Dearg?'

'Beidh mé sásta le háit ar bith a bhfaighidh mé *fair play* fir,' arsa Mánas. 'Is cuma liom cá háit. *Green grass or bare boards, me son.*'

'Maith go leor,' arsa Ceallaigh Mór. 'Seachtain ó inniu ar léana Mhullach Dearg, ar a trí a chlog tráthnóna. Bíodh beirt fhear leat a sheasóchas *fair play* duit. Beidh beirt eile liomsa. Ach mholfainn duit breith ar do chéill. Bhuail mise an fear is iomráití sna Rosa, anseo ar an bhaile seo tá trí bliana ó shin.'

'Is iomaí fear riamh a raibh iomrá leis agus gan é tuillte aige,' arsa Mánas. 'Ach tógfaidh mise ón talamh le doirne thú ar léana Mhullach Dearg seachtain ó inniu.'

'Beidh le féacháil,' arsa Ceallaigh Mór. 'Beidh tú buartha nuair nach mbeidh breith ar d'aithreachas agat.'

'Nuair a bheidh mise réidh leat,' arsa Mánas, 'beidh a fhios agat go bhfuil corrógánach cruaidh eadar Tóin na Peillice agus

Tóin na Cruaiche. B'fhéidir gur casadh fir ort ar chuir tú eagla orthu le do chuid gaoithe móire. Ach casadh fear as na Rosa inniu ort nár chuir tú eagla ar bith air.'
Bold and undaunted stood young Brennan on the moor.

IV

Shiúil Mánas agus Liam Beag leo ag tarraingt ar an bhaile. Bhí Mánas imníoch. Bhí eagla air. Bhí an cluiche caillte aige. Bhí an bagar déanta aige agus gan a dhath ar a shon aige. Gheobhadh sé de chroí a dhorn a tharraingt agus Liam Beag a bhualadh. An marla beag scallta, ba é a tharraing an troid!

Ar a theacht go Gleann na hEilte dóibh chuaigh siad isteach i dteach tábhairne. D'ól Mánas cupla gloine eile. Ansin thoisigh sé a chur thairis mar a bheadh fear ann a mbeadh racht feirge air. 'Nuair a bheas mise réidh leis,' ar seisean, 'ní bheidh a dheifre arís air ag tabhairt dúshlán aon fhir ó Thóin na Peillice go Tóin na Cruaiche. Coinneochaidh mé sa spéir de dhoirne é. Cuirfidh mise múineadh air,' ar seisean, ag baint macalla as an chabhantar le dorn.

Tháinig sé chun an bhaile. D'fhuaraigh an bhiotáilte ann. Ní raibh a dhath aige a bhéarfadh uchtach dó. Níor chodail sé aon néal an oíche sin, ach ina luí ansin ag meabhrú. Leis na blianta roimhe sin bhí sé ag aithris a chuid éacht. D'aithris sé chomh minic sin iad is gur samhladh dó sa deireadh go mb'fhíor iad. Ach an oíche seo chonaic sé é féin mar a bhí sé. An raibh tú riamh i mbuaireamh? Thit tú i do chodladh agus thoisigh tú a bhrionglóidigh. Bhí an saol mar a d'iarrfadh do bhéal a bheith. Ní raibh in ábhar do bhuartha ach rud a samhladh duit . . . Mhuscail tú. Bhí dath liath ag teacht ar ghloine na fuinneoige. Bhí deireadh le d'aisling bhréige! Sin mar a bhí ag Mánas Pheadair Úna an oíche seo. Chonaic sé é féin mar a bhí sé. Tuigeadh leis nach raibh sé ach ag brionglóidigh nuair a bhí sé ag troid le hEoin Fheargail. Ní raibh sé ag troid le hEoin Fheargail ná le fear ar bith eile riamh. Ní raibh sé ach ag brionglóidigh. Nár mhór an truaighe nár mhuscail sé sular casadh Ceallaigh Mór Bhaile an Teampaill air?

An lá arna mhárach bhí an scéala ar fud an bhaile, óir níor

cheil Liam Beag é. Agus, ar ndóigh, bhíothas ag caint air an oíche sin i dteach an airneáil.

'Diabhal gur móruchtúil an mhaise dó é. Níor shamhail mé riamh go rachadh sé sna lámha le fear ar bith. Shíl mé nach raibh ina chuid gaisciúlachta ach gaoth mhór. Níl a fhios agam goidé mar a rachas sé eadar é féin is fear Bhaile an Teampaill Dé Céadaoine seo chugainn?'

'Bhuailfidh fear Bhaile an Teampaill é, má tá maith ar bith ann. Agus is mór an truaighe. Bhí sé gan mhúineadh aige dul ar bhéala fir ar bith ag déanamh margaidh.'

'Níl a fhios agam goidé a dhéanfadh Eoin Fheargail dá mbeadh sé sa láthair. An mbagóradh sé ar fhear Bhaile an Teampaill?'

'Ní bhagóradh. Níl ciall ar bith do bhagar ag Eoin Fheargail. Níl sé ina chuid cainte. Ní labharfadh sé aon fhocal. D'fhágfadh sé Ceallaigh Mór sínte faoi bholg na bó le haon dorn amháin. Sin a mbeadh ann. D'éireochadh Ceallaigh Mór agus d'imeochadh sé. Agus rún daingean aige gan a ghabháil ar bhéala aon fhir go brách arís.'

★ ★ ★

Bhí na laetha á gcaitheamh agus is mó a bhí an eagla ag teannadh le Mánas. Oíche Mháirt bhí tinneas cinn air ar mhéad a bhuartha. Sa deireadh dúirt sé leis féin nach rachadh sé go láthair an chomhraic ar chor ar bith. Ní gan crá croí a chinn sé sin féin. Ach sa deireadh smaoinigh sé ar leithscéal. Ní thiocfadh leis locadh gan leithscéal.

'A mhic ó, ná déan troid,
Agus ná loic í más éigean duit.'

Smaoinigh Mánas ar an dá aithne seo. Bhí sé ar tí gach ceann acu a bhriseadh. É féin a thóg an troid. É féin a d'fhuagair an cath. Agus nuair ab éigean dó bhí sé ag locadh! Chaithfeadh sé leithscéal a fháil. Agus fuair.

'Beidh mise is Eoin Rua leat go Mullach Dearg amárach,' arsa Micheál Eoghain Óig leis oíche Mháirt.

'A Mhicheáil, a rún, bíodh ciall agat,' arsa Mánas. 'Dhéanfaidh fear rud as tallann feirge,' ar seisean, 'agus gan neart aige air. Is í an fhearg is cúis leis an troid. Tarrónaidh focal focal eile. Ansin tiocfaidh an fhearg. Agus na buillí as deireadh na feirge. Murab é go raibh mise liom féin lá an aonaigh bhuailfinn fear Bhaile an Teampaill nuair a chuaigh sé ar bhéala Liam Bhig sa mhargadh. Agus ní abóradh aon duine liom go mb'olc a rinne mé é. Ach imeacht go Mullach Dearg i mo chéill is i mo chéadfaí a throid le fear nach bhfuil olc ná urchóid agam dó! Ní bheadh ciall leis.'

Ón lá sin amach ní chuala aon duine Mánas ag caint ar throid. Ar a éachtaí féin ná ar éachtaí fir eile. Agus ar dhóigh ba mhór an truaighe. Ba bhreá an caitheamh aimsire é. Bhainfeá sult is pléisiúr as a chuid cainte. Bhí a fhios agat nach raibh aon fhocal amháin dá sheanchas fíor. Ach sin mar ab fhearr é. Ba mhó an pléisiúr a bhain tú as a chuid cumraíochta ná a bhainfeá as scéal fíor a d'inseochadh duine eile.

Is iomaí uair ina dhiaidh sin a thug lucht an airneáil iarraidh Mánas a chur ar obair a dh'aithris a chuid éacht. Ach ní raibh gar ann.

'An chuid is lú den troid an chuid is fearr,' a deireadh sé. Agus sin a n-abradh sé.

V

Cúig bliana ina dhiaidh sin chuaigh mé féin go haonach an Chlocháin Bhric le bromach. Ní raibh mé i bhfad ar an aonach go dtáinig fear meánaosta agus gur cheannaigh sé an bromach uaim. Nuair a bhí an bromach díolta is ceannaithe d'inis gach aon fhear againn a ainm is a shloinneadh agus a bhaile dúchais don fhear eile. Murchadh Ac Conóglaigh ab ainm don cheannaitheoir; agus b'as Baile an Teampaill é.

'Rinn na bhFeadóg!' ar seisean nuair a luaigh mé ainm mo bhaile. 'Chuala mé iomrá ar dhaoine as an taobh sin den tír.'

'Is dóigh,' arsa mise, agus tharraing mé scéal eile orm. Bhí náire ag teacht orm. Bhí a fhios agam goidé an t-iomrá a chuala sé, agus nár chliú don bhaile, ach míchliú mhór, an t-iomrá céanna. Fear as Rinn na bhFeadóg a chuir troid ar Cheallaigh Mhór Bhaile an Teampaill agus a loic nuair a tháinig báire na fola.

Cuireadh an bromach ar stábla, agus chuaigh mé féin is

Murchadh Ac Conóglaigh isteach tigh Bhraonáin. Bhíomar inár suí ag an chabhantar taobh istigh den doras agus dhá phionta againn, agus mise ag moladh an bhromaigh. Bhí a fhios agam go raibh sé inmholta. Ach níorbh é sin an rud a bhí ag baint na cainte asam, ach eagla orm, dá bhfágainn an comhrá ag Mac Conóglaigh gur scéal a thabhóchadh míchliú do mo bhaile dúchais a tharrónadh sé air.

Leis sin féin tháinig fear mór ramhar isteach agus labhair sé go pléisiúrtha le Mac Conóglaigh. 'Chuala mé gur cheannaigh tú,' ar seisean.

'Cheannaíos,' arsa Mac Conóglaigh. 'Ón fhear seo anseo. Donnchadh Ó Dúgáin as íochtar tíre. As baile a dtugann siad Rinn na bhFeadóg air, má chuala tú iomrá riamh air. Tarlach Ó Ceallaigh agat,' ar seisean liomsa. 'Ceallaigh Mór Bhaile an Teampaill, mar a bheir siad air.'

Ní raibh ann ach nár thit mé féin ón stól ar mhéad is a tháinig d'aiféaltas orm. Ach ní thiocfadh liom teitheadh. Ní thiocfadh liom fanacht i mo thost ach a oiread: b'orm an deoch.

'Goidé a ólfas tú?' arsa mise le Ceallaigh Mór.

'Go raibh maith agatsa,' ar seisean. 'Ach tá fear thiar anseo ag fanacht liom, agus níor mhaith liom a fhágáil leis féin. Tífidh mé arís sibh,' ar seisean, agus d'imigh sé siar uainn. Bhí lúcháir ormsa nuair a chonaic mé ag imeacht é. Agus ba é an rún a bhí agam teitheadh sula dtigeadh sé ar ais, dá mb'fhéidir.

'Beidh an bromach sin inlódaíochta ar an earrach seo chugainn,' arsa mise le Mac Conóglaigh.

'Ní chuala tú iomrá riamh ar Cheallaigh Mhór Bhaile an Teampaill?' arsa Mac Conóglaigh.

'Ní chualas,' arsa mise, ag súil go sábhóladh an bhréag mo náire.

'Is iontach nach gcualais,' arsa Mac Conóglaigh. 'Bhail,' ar seisean, 'bhí lá is b'fhiú éisteacht leis. Is iomaí oíche airneáil a rinne mé aige, mé féin is an chuid eile d'fheara an bhaile. Bhíodh pléisiúr orainn ag éisteacht leis ag aithris a chuid éacht, cé go raibh a fhios againn nach raibh aon fhocal amháin fírinne ina sheanchas. Ach tá cúig bliana ó shin stad sé go tobann. Má labhrann aon duine leis ar throid anois déarfaidh sé gurb í an chuid is lú den troid an chuid is fearr. Ar ndóigh, is aige atá an manadh ceart. Ach gur bhreá an caitheamh aimsire é sular athraigh sé.'

'Agus goidé a thug air athrú?' arsa mise.

'Inseochaidh mé sin duit,' arsa Mac Conóglaigh. 'É féin is fear as an bhaile s'agaibhse a chuaigh thar a chéile thuas anseo i bpanc an eallaigh. Níl a fhios agam mar is ceart goidé a thóg an iaróg: bhí cupla inse ar an scéal. Ach is cuma. Labhair gach aon fhear acu go dána agus go borb leis an fhear eile. Dúirt fear an bhaile s'agaibhse go raibh sé leis féin agus gan cúl báire ar bith aige dá dtéadh an dara fear air. Dúirt Ceallaigh Mór go dtroidfeadh sé é áit ar bith ar mhian leis. Shocair siad go dtiocfadh siad in araicis a chéile go Mullach Dearg agus go dtroidfeadh siad seachtain ón lá sin. Níor luaithe a bhí an socrú déanta ná bhuail eagla Ceallaigh Mór. Ag éirí ní ba chritheaglaí a bhí sé ó sin go ceann seachtaine. Nuair a tháinig an lá loic sé. Ní dheachaigh sé go láthair na bruíne ar chor ar bith. Ní raibh rún ar bith troda lá an aonaigh aige. Ach shíl sé go scanróchadh bagar borb an fear a bhí os a choinne . . . Pionta eile?'

'Pionta eile,' arsa mise, agus fonn gáire orm.

'Seo do shláinte,' arsa Mac Conóglaigh. 'Is iomaí mallacht ó mo chroí a chuir mé ar fhear an bhaile s'agaibhse. Is é a chuir deireadh i mBaile an Teampaill leis an tseanchas a raibh an pléisiúr ann, bréagach féin is mar a bhí sé.'

An Bhean ó Thuatha Teamhrach

I

B'as Baile Átha Cliath an Dochtúir Ó Tuathail, agus b'as Condae na Mí an bhean a bhí pósta aige. I dtrátha an ama a dtáinig siad go Baile an Teampaill bhí mórán daoine ag caint ar *Home Rule*. Níor bhuair an dochtúir a cheann riamh le polaitíocht. Déarfadh sé leat nár dá ghnoithe é. Ach ní raibh sé féin is a chéile mar sin. Bhí sise iontach tintrí agus ní raibh mórán foighde aici leis na daoine a bhí ag cur a muiníne i *Home Rule*. Iníon Fínínigh a bhí inti agus chuala sí rudaí ag a hathair le linn a hóige nach raibh intuigthe i mBaile an Teampaill.

Bhí fear ar an bhaile mhór a raibh meas ag daoine ar a dhearcadh, mar a bhí Feilimí Ac Niallais. Bhí Feilimí ar fhear ranna chomh toiciúil is a bhí sa chondae. Bhí cupla siopa mór agus teach tábhairne aige. Agus bhíodh mná an dá phobal ag cleiteáil dó. Ar an ábhar sin bhí meas ar a fhocal. Bhí dóchas mór ag Feilimí as *Home Rule*, a deireadh sé. Agus ó tharla go raibh bhí mórán daoine i mBaile an Teampaill a bhí cinnte go rachadh an reacht sin ar sochar don tír.

Ní raibh bean an dochtúra i bhfad ar an bhaile mhór gur chuir sí in éadan Fheilimí. Shíl sé go gcuirfeadh sé ina thost í, ach bhí tuilleadh is a sháith os a choinne. Bhí bean an dochtúra ní ba líofa sa teanga ná é. Bhí léann aici nach raibh aige. Agus bhí eolas aici ar stair na tíre nach raibh aige. B'fhéidir nach fiú mórán na rudaí seo, ach cuireann siad aiféaltas ar an té atá ina n-easpa. *'Home Rule'* a deireadh bean an dochtúra. 'Ár gceart atáimid a iarraidh agus ní déirce. Ní bheidh lá ratha ar mhuintir na hÉireann choíche go stada siad d'iarraidh déirce agus go n-éilí siad a gceart go dána mar ba dual sinsear dóibh. Ní bhfuair aon tír riamh a saoirse mar dhéirce. Ba chóir go mbeadh sin chomh soiléir le grian an mheán lae. Le láimh láidir a cuireadh na geimhle orainn; le láimh láidir a bhrisfear iad.'

Lá amháin tháinig sí isteach chun an tsiopa chuig Feilimí Ac Niallais agus cheannaigh sí luach chupla pingin de shnáthaidí. Ní raibh sna snáthaidí aici ach leithscéal. Bhí loinnir áthasach ina súile mar a bheadh buaidh de chineál éigin aici. 'An bhfaca tú an páipéar inniu?' ar sise le fear an tsiopa.

'Ní raibh faill agam a léamh go fóill,' arsa Feilimí. 'Ní léimse an páipéar lá ar bith go tráthnóna. Bím róghnoitheach.' Agus dúirt sé sin go searbh, mar a bheadh sé ag maíomh an té nach raibh a dhath eile le cur i gcrích aige go mb'fhurast dó an páipéar a léamh ina rogha am.

'Ba cheart duit faill a dhéanamh de,' arsa an bhean. 'Ba chóir duit páipéar an lae inniu a léamh chomh luath is a bhí d'urnaí ráite agat. Tá rud amháin ann a thaiteonadh leat. Tá sé anseo agam,' ar sise, ag tarraingt uirthi an pháipéir agus ag toiseacht á léamh:

'We know but one definition of Freedom. It is Tone's definition. It is Mitchel's definition. It is O'Donovan Rossa's definition. Let no man blaspheme the cause by giving it any name or definition other than their name and their definition.'

'Anois,' ar sise go tintrí, 'nach minic a dúirt mé leat é le dhá bhliain. Shíl tú nach raibh ann ach glórtha ban. Ach fear a dúirt an chaint seo, agus fear a gcluinfear uaidh lá is faide anonn. Nuair a thiocfas an lá sin imeochaidh *Home Rule* mar a imíos an ceo ó bhun na gcnoc nuair a éiríos an ghrian maidin shamhraidh.'

Baineadh an anál d'fhear an tsiopa. Bhí daoine eile istigh. Bheifí ag inse arís nár fhág bean an dochtúra focal ann. Ach ní rachadh sé i ndeabhaidh léithi an mhaidin seo. Chaithfeadh sé fanacht go léadh sé an páipéar agus go smaoiníodh sé air féin . . . Tráthnóna léigh sé an páipéar. 'Sin an rud a raibh sí ag maíomh as,' ar seisean lena mhnaoi. 'Ach an dara huair a tharrónas sí uirthi é istigh i mo shiopasa cuirfidh mé ina tost í. Cuirfead, le cupla focal. Tá siad réidh fána coinne agam. Is mór an íde oilc an bhean chéanna i bpobal ar bith. Chuirfeadh sí daoine óga ar bhealach a n-aimhleasa dá dtugadh siad aird uirthi. Tá an t-am cosc a chur léithi. Agus cuirfear, chomh cinnte is a gheobhas mise an áiméar. An rud atá le rá agam léithi níor mhaith liom a rá, ach níl neart air.'

'Mar achainí ort is lig lena holc féin í,' arsa an bhean.

'Agus cuireadh sí do mhacsa is fiche mac eile ar bhealach a n-aimhleasa?' arsa Feilimí. 'Á mbrostú chun troda agus gan aon mhac aici féin in aois saighdiúireachta. Rud a déarfas mise léithi an chéad fhaill a gheobhas mé.'

Tháinig an fhaill i gceann chupla lá; agus a dhálta sin bhí daoine eile sa tsiopa. Ní raibh an comhrá i bhfad ar obair gur dhúirt bean an dochtúra rud éigin a chuir an lasóg sa bharrach. 'Is furast duit a bheith ag caint, a bhean uasal,' arsa Feilimí Ac Niallais agus crith ar a ghlór. 'Tá gasúr agat féin, agus gasúr breá, slán a bheas sé. Níl sé in aois saighdiúireachta agus ní bheidh go ceann tamaill eile. Dá mbeadh sé seacht mbliana níos sine ná atá sé, an aois atá mo mhacsa anois, níl a fhios agam an mbeadh an manadh agat atá agat?'

'Ar béal maidine bhrostóchainn chun na teagmhála é, dá mbeadh sé in aois fir,' arsa an bhean. 'Agus seachtar mac dá mbeadh siad agam le cur chun an chatha,' ar sise agus mothú feirge ag teacht uirthi.

Bhí Feilimí Ac Niallais agus bean an dochtúra míshásta i ndiaidh an chomhraic seo. Dúirt gach aon duine acu leis féin gur mhairg ar casadh ar a chéile an mhaidin sin iad. Bhí gach duine acu mar a bheadh sé ag meas gur ag an duine eile a bhí buaidh an chluiche.

II

Nuair a bhí Emmet Ó Tuathail, mac an dochtúra, i gceann a ocht mblian déag cuireadh go Baile Átha Cliath a dh'fhoghlaim dochtúireachta é. Ní raibh sé i bhfad ansin go ndeachaigh sé sna hÓglaigh. B'fhéidir gur sa dúchas aige a bhí sé. B'fhéidir gurbh é an oiliúint a thug a mháthair dó ba chúis leis. B'fhéidir go raibh an dúchas agus an oiliúint ag cur le chéile. Ach cár bith mar a bhí, bhí sé sna hÓglaigh agus rún aige a ghabháil i ndeabhaidh le namhaid a thíre.

Bhí dúil mhór in iascaireacht aige, mar Emmet. Is annamh lá sa tsamhradh, nuair a bhíodh sé sa bhaile, nach dtéadh sé soir go loch Ghleann an Iolair agus a shlat is a chléibhín leis. Ní duine cainteach a bhí ann. Ní dhéanadh sé caidreamh le duine ar bith de mhuintir na mbailte ach le duine amháin. Agus goidé an cineál duine an té a raibh an phribhléid seo aige? Ainnir álainn a raibh Emmet i ngrá léithi agus a bhéarfadh misneach dó nuair a thiocfadh báire na fola? Níorbh ea. Seanduine liath a raibh eagna na mblianta aige agus a mb'fhiú suí ag a chosa agus éisteacht le gach focal dá n-abóradh sé? Níorbh ea. Stócach ligthe gasta móruchtúil a chuirfeadh cath óglach ar a mbonnaí i mBaile an Teampaill? Níorbh ea. Ach gasúr beag i gceann a shé nó a sheacht de bhlianta – gasúr beag darbh ainm Ruairí Ó hEarcáin. Bhí Ruairí bocht creapalta. Bhí leathchos dá chuid marbh leis ón scoróig síos, agus ní raibh mórán mothaithe ná urraidh sa chois eile ach a oiread. Ní raibh ann go díreach ach go dtiocfadh leis rud beag dá mheáchan a ligean uirthi, agus rud beag a shiúl le croisíní ar thalamh chothrom.

Ní raibh ag a mháthair ach é, agus bhí sí ina baintrigh. Nuair a thigeadh lá maith sa tsamhradh chuireadh an mháthair lámh in ascaill an ghasúra agus bheireadh sí síos go cladach an locha é. Agus d'fhágadh sí ina shuí ar laftán é agus mála cocháin lena dhroim, sa chruth is go dtiocfadh leis luí ar a shleasluí dá n-éiríodh sé tuirseach ina shuí os cionn a choirp. Bhíodh sé leis féin an mhórchuid den am. Ní raibh mórán airde ag an chuid eile de pháistí an bhaile air. Bhí siad cineálta leis, ar ndóigh. Dá mbeadh nuaíocht ar bith acu rannfadh siad leis í. Ach ní shuífeadh aon duine acu is comhrá a choinneáil leis. Agus cé a bheadh ina dhiaidh sin orthu? Ní de nádúir an pháiste suí go socair.

Sin mar a fuair Emmet Ó Tuathail aithne ar Ruairí bheag Ó Earcáin. Is iomaí tráthnóna a tháinig Emmet agus shuigh sé ag a thaobh. Bhí toil ag an óigfhear do chomhrá an leinbh. Is minic a dúirt sé sin lena mhuintir i ndiaidh a ghabháil chun an bhaile. 'Gasúr iontach é,' a deireadh sé. 'Shílfeá go mbeadh uaigneas air ina shuí ansin leis féin lá i ndiaidh an lae. Ach deir

sé liom nach mbíonn. Deir sé go mbíonn éanacha an aeir ag
gabháil cheoil dó agus go dtuigeann sé iad. Ní cosúil dó go
gcuireann rud ar bith buaireamh air. Tá sé mar a bheadh
cúiteamh ó Dhia aige san aineamh a fágadh air.'

'B'fhéidir go bhfuil sin féin aige,' a deireadh bean an
dochtúra. 'Dá mháthair atá an truaighe agamsa.'

'A dhuine uasail,' arsa an gasúr lá amháin le hEmmet, 'an fíor
go bhfuil an cogadh ag teacht?'

'Ní thiocfaidh aon chogadh chun na tíre seo choíche,' arsa
Emmet.

'Chuala mé daoine ag caint air go minic,' arsa an gasúr. 'Bhí
fear ag cuartaíocht i dtigh s'againne an lá fá dheireadh. Ar an
bhaile mhór a chuala sé é. Deir sé go mbeidh an cogadh ann,
agus go mbeidh tusa ann. Chuir sin eagla orm. Bhí mé ag
brionglóidigh gur marbhadh thú. Agus bhí mé ag caoineadh. Ar
ndóigh, ní bheidh tú sa chogadh ar chor ar bith?'

'Ní bhead,' arsa Emmet.

'Is maith sin,' arsa an gasúr. 'An bhfuil tú cinnte nach mbeidh
tú sa chogadh?'

'Cinnte dearfa, ó tharla gur iarr tú an achainí sin orm,' arsa
an t-óglach leis an leanbh. Agus ansin ina intinn féin, 'Go
maithe Dia an bhréag sin domh. Ach ní raibh neart air. Dá
n-insinn an fhírinne dó bheadh sé fá bhrón.'

Caitheadh an samhradh agus páirt mhór den fhómhar, agus
chuaigh Emmet ar ais go Baile Átha Cliath. Tháinig sé chun an
bhaile an samhradh sin a bhí chugainn, agus an mhaidin i
ndiaidh a theacht chuaigh sé caol díreach go Gleann an Iolair.
Bhí leabhar leis a raibh pioctúirí inti agus thoisigh sé a theagasc
na litreacha don ghasúr. 'Nuair a imeochas mise,' arsa Emmet,
'cuideochaidh an máistir leat. Gheall sé domh é. Agus fá
cheann chupla bliain eile beidh tú ábalta léamh agus scríobh.'

'Goidé a scríobhfas mé?'

'An uile rud dá dtiocfaidh i do cheann.'

'An mbeidh mé ábalta comhrá na n-éan a scríobh?'

'Beidh, ar ndóigh, ó tharla go dtuigeann tú iad.'

'Tuigim ar chineál de dhóigh iad. Ach ní thuigim iad mar a

thuigim thusa. Ní chuirim ceist ar bith orthu. Ní bheadh maith liom ann. Ní thabharfadh siad freagra ar bith orm, ach iad féin ag caint le chéile.'

Sin an cineál comhráidh a bhíodh ag Emmet Ó Tuathail agus ag Ruairí beag Ó hEarcáin.

III

Tháinig an scéala go Baile an Teampaill gur fhág Emmet an choláiste agus go raibh sé ina cheann feadhna ar shlua óglach. Chonacthas do chuid de mhuintir an bhaile gur dhíchéillí an mhaise dó é. Chonacthas do chuid eile gur dhona an seanadh a bhí ann. Nárbh é an anairí é, dar leo! Ag imeacht gan rath i ndiaidh an méid a bhí caite ag a mhuintir leis ag tabhairt foghlaim coláiste dó! Bhí fear ar an bhaile mhór a bhí iontach déanfasach. Fear a bhí ann a raibh an uile eolas aige. Bhí aithne aigesean ar dhaoine mórluacha i mBaile Átha Cliath, má b'fhíor dó féin. Scríobhfadh sé chucu agus d'iarrfadh sé orthu dul chun cainte le hEmmet agus comhairle a chur air! Sin an scéal a bhí leis chuig bean an dochtúra. Agus bhí a scéal féin le hinse aige ag teacht ar ais dó.

'Bhail, níl sé ag cur lá buartha uirthi,' ar seisean leis an chéad duine a casadh ina shlí. 'Bród atá uirthi as. Is é an chuma atá uirthi go measfadh sí gur imigh a mac as maíomh dá ligeadh sé an teagmháil seo thairis gan a chuid a bheith aige di. Deir sí, fear óg ar bith a bhfuil fuil ina mhuineál gur 'buaidh nó bás' an manadh ba chóir dó a bheith aige ar an aimsir seo.'

Tháinig fuacht an gheimhridh. Bhí an tír geal bán le sneachta agus bhí síon polltach anoir ó na sléibhte. Maidin amháin tugadh fá dear gasúr an phosta ag tarraingt ar theach an dochtúra agus mála beag leathair ar a thaobh leis. Níorbh ábhar mór iontais sin. Is iomaí duine a d'fhéadfadh teileagram a chur chuig dochtúir. B'iomaí uair roimhe a tháinig scairt ghéibheannach ar an dochtúir chéanna. Ach ba ghairid go raibh fios na fírinne ag óg is ag aosta. Bhí Emmet Ó Tuathail marbh. Marbhadh i gCill Mhantáin é tráthnóna aréir roimhe sin.

Bhí Feilimí Ac Niallais buartha nuair a chuala sé an scéala seo. Bhí dhá bhuaireamh air. Bhí sé buartha fán tubaiste, agus bhí aithreachas air as an éagóir a rinne sé ar bhean an dochtúra an lá úd a dúirt sé léithi dá mbeadh a mac in aois saighdiúireachta nach mbeadh sí ag cothú cogaidh. Dhruid sé na siopaí. Tháinig sé isteach agus shuigh sé chois na tineadh agus a bhos lena leiceann. I gceann tamaill labhair sé lena mhnaoi. 'Caithfidh mé a ghabháil anonn ar a thásc,' ar seisean, 'agus b'fhearr liom a ghabháil go dtí mo mhuineál san fharraige an lá atá inniu ann ná an t-astar céanna a dhéanamh. Ach caithfidh mé a ghabháil. Sa chéad chás de caithfidh mé maithiúnas a iarraidh uirthi. Agus lena chois sin caithfidh mé ligean orm féin go bhfuil urraim agam don stócach a marbhadh – agus nach urraim atá agam dó ach truaighe. Truaighe amach ó mo chroí. Nuair a smaoiním ar mo dhuine bocht ina luí ag fáil bháis ar thaobh cnoic agus b'fhéidir gan aon duine aige a déarfadh an Gníomh Dóláis ina chluais ná a fhliuchfadh a bhéal . . . Níl suim ar bith agamsa i bpolaitíocht agus ní raibh riamh. Nach mairg gan mé ar an neamhacra sa chruth is go dtiocfadh liom an rud atá ar mo chroí a rá.'

'Ach nach mbítheá ag caint ar *Home Rule* sna blianta a chuaigh thart?' arsa an bhean. 'Nach ndearna tú óráid an lá fada ó shin a bhí an cruinniú mór anseo i mBaile an Teampaill?'

'Is fíor sin,' arsa Feilimí. 'Ach bhí an mhórchuid de mhuintir na tíre ag iarraidh *Home Rule* san am. Anois tá siad ag athrú. Ach ní raibh suim ar bith sna gnoithe agamsa, an uair úd ach a oiread le anois. Sin an tógáil a thug m'athair domh. Chuaigh sé féin go Meiriceá nuair nach raibh sé ach ina stócach. Tháinig sé ar ais agus dornán beag airgid leis – airgead a shaothraigh sé as allas a mhalacha, agus chuir sé suas siopa thíos ansin in íochtar an tSean-Bhaile. Nach maith is cumhain liom an chomhairle a bheireadh sé domh, "A mhic," a deireadh sé, "oibir an lá agus codail an oíche. Ná santaigh cuid na comharsan, ná déan leatrom ar bhochtán. Agus coinnigh na daoine leat. Can leo focal nó a dhó, agus mura dtara siad leat tar leo." Sin an manadh a bhí riamh agamsa. Thug mé iarraidh i gcónaí ar a theacht leis an dearcadh a bhí ag an mhórchuid de na daoine. Ní tháinig aon phingin d'airgead mhí-ionraic isteach i mo shiopa riamh. Níor theann mé ar fhear bhocht riamh nuair a bheadh ocras ar a pháistí agus cairde na bliana roimhe sin gan íoc. Ba é mo mhian a oiread a shaothrú go hionraice is a thiocfadh liom, sa chruth is go mbeadh sé ag mo pháistí i mo dhiaidh. Ach suim dá laghad is ní raibh agam i bpolaitíocht. Ba chuma liom cé a bheadh i réim ná cé nach mbeadh.'

Níor chan Feilimí Ac Niallais aon fhocal amháin sa méid a dúirt sé ach an focal a bhí fíor. Bíodh do rogha barúil agat de ina dhiaidh sin.

IV

Bhí Ruairí beag Ó hEarcáin ag gabháil ar aghaidh go maith leis an léann. Bheireadh an máistir leabhra chuige a raibh scéalta beaga deasa iontu. 'Beidh mé ábalta ar a léamh nuair a thiocfas Emmet ar ais chun an bhaile,' a deireadh sé. 'Cupla bliain eile agus beidh sé ina dhochtúir. B'fhéidir go leigheasfadh sé mé. Dúirt sé liom go bhféachfadh sé leis.'

Bhí sin goilliúnach ar a mháthair. Choinnigh sí bás an óglaigh ceilte ar a leanbh, ar eagla go mbeadh sé róthrom air. Agus thaobh sí leis na comharsana gan labhairt leis air.

Tháinig tús an tsamhraidh. Bhí na héanacha ag seinm agus ag déanamh a gcuid neadrach. Bhí dreach álainn ar an tsaol, mar a bhíos i gcónaí an tráth sin den bhliain, nuair a bhíos an aimsir maith. Bhí Ruairí beag Ó hEarcáin ina shuí amuigh agus leabhar aige agus é ag léamh. Tháinig a mháthair amach ionsair agus shuigh sí ag a thaobh. 'Thig liom a léamh óna tús go dtína deireadh,' arsa an gasúr. 'Gheall mé d'Emmet go léifinn na scéalta seo dó. Is gairid anois go mbí sé ar ais. Cúig lá dhéag eile. Cothrom an lae a dtáinig sé anuraidh.'

'B'fhéidir nach dtiocfadh sé i mbliana ar chor ar bith,' arsa an bhaintreach.

'Cad chuige nach dtiocfadh sé i mbliana chomh maith le gach bliain?' arsa an gasúr.

' "B'fhéidir" a dúirt mé,' arsa an bhaintreach. 'Bhí sé ag caint ar a ghabháil go Meiriceá agus cupla bliain a chaitheamh thall. A mháthair a chuala mé á rá.'

Agus sin an fáth nach raibh Emmet ag teacht chun an bhaile sa tsamhradh. Bhí sé i Meiriceá!

V̇

Chuaigh seacht mbliana thart. Bheadh Ruairí beag Ó hEarcáin ag éirí aníos ina stócach dá mbeadh lúth na gcnámh leis. Ach ní raibh. Ní tháinig biseach ar bith air. Ní raibh ann ach go dtiocfadh leis giota beag a shiúl ar thalamh chothrom leis na croisíní. Ní raibh de chaitheamh aimsire aige ach léitheoireacht. Agus ní ligeadh sé lá ar bith thart gan trácht ar Emmet. 'Nach fada atá sé gan teacht ar ais as Meiriceá? An scríobhann sé chuig a mhuintir? Cá huair atá siad ag súil leis? Nach iontach nár scríobh sé chugamsa ó d'imigh sé? Dá mbeadh a fhios agam cá bhfuil sé scríobhfainn chuige agus d'iarrfainn air teacht chun an bhaile.'

'Ach an dtiocfadh sé ar do chomhairle?'

'Thiocfadh, cinnte. Dhéanfadh sé rud ar bith dá n-iarrfainnse air. Rachadh sé sna hÓglaigh – agus b'fhéidir go muirfí é – murab é gur iarr mise air fanacht astu . . . tá scéalta maithe sa leabhar seo. Thig liom an uile cheann acu a léamh . . . A mháthair, ba chóir duit an páipéar a thabhairt chugam an chéad lá a bheas tú ar an bhaile mhór. Is minic a chluinim daoine ag rá go bhfaca siad siúd nó seo ar an pháipéar.'

'Maith go leor, a leanbh,' arsa an bhaintreach. 'Beidh mise ar an bhaile mhór Dé hAoine, le cuidiú Dé, agus beidh an páipéar liom chugat.'

Tráthnóna Dé hAoine tháinig an bhaintreach as an bhaile mhór agus páipéar an lae léithi. B'iontach an rud páipéar nuaíochta. Ach ní raibh sé leath chomh furast leis na leabhra. Bhí mórán rudaí ann nach raibh intuigthe aige ar chor ar bith. Ach tháinig sé ar rud amháin a bhí soiléir go leor. Long de chuid Mheiriceá a tháinig i dtír i gCóbh Chorcaí inné roimhe sin, agus bhí corradh le dhá chéad Éireannach léithi a bhí ag teacht ar ais chun an bhaile, 'daoine as gach cearn den tír.'

'Cuirfidh mé do rogha geall go raibh Emmet ar an tsoitheach sin,' arsa Ruairí lena mháthair. 'Daoine as gach cearn den tír! Beidh sé sa bhaile anocht. Tiocfaidh sé amach anseo tráthnóna amárach,' ar seisean, agus thiontóigh sé duilleog eile den pháipéar.

Leis sin féin tháinig rinn ar a shúile, mar a bheadh sé ag amharc ar rud éigin nach raibh dul aige a thuigbheáil agus a bhí á scanrú san am chéanna. Gairm ar mhuintir na bpoibleacha ag iarraidh orthu teacht ina slóite go Baile an Teampaill Lá Fhéile Muire sin a bhí chugainn, '*for the unveiling of a monument in memory of Captain Emmet O'Toole of Ballintemple who was killed in action in Wicklow in 1921.*'

Chuir Ruairí scread chaointe as féin agus ní raibh ann ach nár thit sé den chathaoir. 'Níor inis tú riamh domh é,' ar seisean lena mháthair. 'Nár fhéad mé fios a bheith agam nach raibh sé beo?' ar seisean, agus thoisigh sé a chaoineadh arís. Chaoin sé fad is bhí aon deor le caoineadh aige. Ansin chuir a bhos lena leiceann, agus bhí sé ina shuí ansin ag amharc isteach sa tine.

VI

'Tá mise ag gabháil go Baile an Teampaill amárach,' arsa Ruairí lena mháthair an tráthnóna roimh Lá Fhéile Muire.

'A leanbh, cá bhfuil mar a dhéanfá an siúl?' arsa an mháthair.

'Bhéarfaidh na stócaigh siar mé,' arsa Ruairí. 'Bhéarfaidh Muircheartach Ac Suibhne siar mé ar chairt na hasaile. Gheall sé domh é.'

An *National Graves Association* a chuir tús ar ghnoithe an leachta. Ach ní raibh ann ach tús. Feilimí Ac Niallais a rinne an chuid eile. Chaith sé dhá bhliain ag cruinniú airgid, agus dhíol sé féin a oiread ann le cúigear ar bith eile ar an bhaile mhór. Níorbh é rud a d'athraigh a dhearcadh de thairbhe polaitíochta. Ach bhí sé ina cheann ar fad go ndearna sé éagóir ar bhean an dochtúra agus ba mhaith leis leorghníomh a dhéanamh san éagóir sin. 'Tá fiamh aici riamh ó shin liom,' a deireadh sé lena mhnaoi. 'Aithnim uirthi é. Bíonn sí lách go leor liom nuair a bhíos sí ag caint liom. Ach tá amharc nimhneach ina súile. Ní thug sí maithiúnas riamh domh. Ach cuirfidh mise mo pheaca i bhfaoiside do na poibleacha Lá Fhéile Muire. Sin a dtig liom a dhéanamh. Mura dtuga sí maithiúnas ansin domh níl neart agam air.'

Tráthnóna Lá Fhéile Muire bhí na slóite síoraí cruinn i mBaile an Teampaill. Tamall beag roimh a ceathair a chlog tháinig cairt asaile isteach i gceann an bhaile. Bhí stócach ag tiomáint na hasaile agus bhí bean ag siúl ina dhiaidh. Agus bhí Ruairí Ó hEarcáin ina luí ar a shleasluí ar an chairt agus péire croisín lena thaobh. Tháinig siad chomh cóngarach don leacht is a thiocfadh leo. Ansin sheasaigh siad. Dar le Ruairí: 'Is breá an leacht é. Ach níl ann ach cloch!'

Bhí tóicheastal mór i mBaile an Teampaill an lá sin. Bhí cainteoir líofa ansin agus níor fhág sé fuíoll molta ar Emmet O'Toole. 'Beidh sé ar an liosta le hAodh Rua is Gofraidh is leis an chuid eile acu.' Ansin dúirt Feilimí Ac Niallais a raibh le rá aige féin. Dúirt sé go raibh sé san éagóraigh do bhean an dochtúra lá den tsaol. Go raibh sé ina ualach ar a chroí riamh ó shin. Agus nach bhfaigheadh sé suaimhneas oíche ná lae go gciontaíodh sé é féin os coinne cách. Cinnte le Dia thiocfadh bean an dochtúra chun cainte leis i ndiaidh an chruinnithe agus déarfadh sí leis go raibh ar dhúirt sé riamh maiteach aige!

Ach ní tháinig sí ar a amharc ná ar a éisteacht. Nuair a bhí deireadh leis an chruinniú chuaigh sí anonn ionsar Ruairí Ó hEarcáin. 'Siúil leat liomsa,' ar sise, 'is fágfaidh mé thú féin is do mháthair sa bhaile. Tá tú marbh tuirseach ag an chairt sin do do chroitheadh ar an bhealach anoir. Is leor aon turas amháin den chineál sin san aon lá amháin.' Chuir sí an bheirt isteach ina carr agus thug sí soir go Gleann an Iolair iad. Agus níor fhan sí i mbun comhráidh ag Feilimí Ac Niallais ná ag aon duine eile.

VII

Nuair a bhí siad thoir i nGleann an Iolair dúirt Ruairí Ó hEarcáin go suífeadh sé ar an laftán chois an locha go mbíodh an tae réidh ag a mháthair. Agus shuigh. Níor mhaith leis an bhaintrigh bean an dochtúra a thabhairt isteach ina cró bheag bhocht. Agus san am chéanna bheadh sé doicheallach aici gan cuireadh a thabhairt di. Agus thug. 'Suigh abhus anseo,' ar sise agus chuimil sí an deannach de sheanchathaoir a bhí ann.

Shuigh bean an dochtúra ar an chathaoir agus bhí dreach brónach uirthi, rud nach bhfaca aon duine uirthi riamh roimhe sin. Chuir an bhaintreach móin ar an tine. Ní raibh ceachtar acu ag labhairt. Sa deireadh dar leis an bhaintrigh: caithfidh mé rud éigin a rá. Caithfidh mé féacháil leis an chomhrá a choinneáil ag gabháil, ó tharla i mo theach féin mé!

'Ní raibh aon chruinniú riamh i mBaile an Teampaill mar a bhí inniu ann,' ar sise. 'Agus nár bhreá an óráid a rinne fear Bhaile Átha Cliath?'

I nglór leathíseal bhrónach thug an bhean eile freagra uirthi, agus shílfeadh duine gur ag caint léithi féin a bhí sí.

> *'Can Honour's voice provoke the silent dust,*
> *Or Flattery soothe the dull cold ear of death?'*

Níor thuig an bhaintreach an 'Béarla galánta' seo. Ach bhí iontas uirthi. Bhí dreach ar bhean an dochtúra nach raibh riamh roimhe sin uirthi. Ar chuir aon duine míshásamh uirthi? Arbh fhéidir go raibh focal molta inráite agus gur fágadh gan rá é? An míshásta a bhí sí cionn is nár dhúirt aon duine gur óna mháthair – ó dhúchas agus ó oiliúint – a thug a mac an grá a bhí aige dá thír?

Leis sin féin thoisigh bean an dochtúra a chaoineadh. Caoineadh a chroith a croí is a cliabhlach is a corp uilig. Nuair a bhí an chéad racht thairsti aici tháinig an chaint léithi. 'Mo leanbh agus mo leanbh go deo!' ar sise. 'Shíl siad ar feadh na mblianta nach raibh brón ar bith orm. Choinnigh mé ceilte é de leisc a shásamh a thabhairt do chuid acu. Ach réabfadh mo chroí inniu mura liginn amach mo racht . . . Mo leanbh beag féin! Mo leanbh beag deas! Nach iomaí uair a shamhailtear domh go bhfeicim ina pháiste é. Ina shuí i m'ucht agus a lámh bheag gheal mhín ar mo leiceann aige,' ar sise, agus mhair sí tamall fada ag caoineadh is ag mairgnigh.

Sa deireadh, arsa an bhaintreach, mar a bheadh sí ag smaoineamh ar a tubaiste féin: 'Níl neart air. Caithfidh gach aon duine a chroch féin a iompar ar an tsaol seo.'

'Is fíor sin, ar ndóigh,' arsa bean an dochtúra. 'Ach ní thuigeann tú mo bhuaireamh mar is ceart. Tá do chrá croí féin ort, ach tá do leanbh beo. Má tá sé creapalta féin tá sé beo. Tá sé ansin agat agus é ag caint is ag comhrá leat. Nár mhéanar

domhsa dá mbeadh mo leanbh féin beo? Nár chuma liom ach
é a bheith ina shuí chois na tineadh ag caint liom? Shíl daoine
nár ghoill a bhás orm. Á, dá mbeadh a fhios acu! Dá mbeadh
a fhios acu gur chuma liomsa cé a bheadh i réim in Éirinn ach
mo leanbh a bheith beo . . . Rinne mé mo sheacht ndícheall
leis ag iarraidh a choinneáil as na hóglaigh. Ach ní ghlacfadh
sé mo chomhairle . . . Ná lig aon lá thart fad is a bheas tú beo
gan míle buíochas a thabhairt do Dhia as do leanbh a fhágáil
agat . . . Glóir, onóir, liosta na laoch! Nach mb'fhearr liomsa
mo leanbh beo agam ná a raibh de ghlóir is d'onóir is de
leachtanna ar an tsaol riamh . . . Ach rinne an chuairt seo maith
domh. Lig mé amach mo racht. Thóg sin cuid den ualach díom
atá ar mo chroí le seacht mbliana.'

Rún Gadaí

I

Ní raibh mé i bhfad i Ros na Searrach gur chuir mé sonrú sa tseanmhnaoi seo. Nóra Nic Ailín ab ainm di. Bhí sí ina cónaí léithi féin i dteach bheag cheann tuí os cionn an chamais. Níodh sí garaíocht do mhná na comharsan agus gheibheadh sí greim bídh mar luach saothair. Eadar sin is an pinsean, agus má bhí pingneacha beaga ar bith i dtaisce aici, bhí a oiread aici is a riarfadh di.

Cad chuige ar chuir mé sonrú inti? B'fhéidir go sílfeá gurbh ar a gnaoi é. Go raibh scáile na scéimhe le feiceáil inti d'ainneoin na mblianta. Gurbh í gile na gile agus áille na háille í nuair a bhí sí óg. Go raibh buachaillí na dúiche ó chodladh na hoíche féachaíl cé acu a gheobhadh mar chéile í. Ach gur spéirbhean gan chroí gan chineáltas a bhí inti agus nach ligfeadh an eagla do mhac rí ceiliúr cleamhnais a chur uirthi. Ach ní hamhlaidh a bhí. Níor bhrúigh aon fhear riamh cumann uirthi. Ní thug aon fhear riamh grá di. Ní raibh sí dóighiúil. Ní raibh an bhuaidh eile aici ach a oiread: ní raibh airgead aici. D'fhág sin ar an tráigh fhoilimh í.

Ach cad chuige ar chuir mo mhacasamhailse d'fhear óg sonrú inti i ndeireadh a saoil is a laetha? Tá, gnás a bhí aici. Is annamh tráthnóna maith samhraidh nach dtéadh sí siar go dtí laftán foscaíoch a bhí os cionn na farraige, agus chaitheadh sí tamall fada ansin agus í mar a bheadh sí ag amharc siar ar luí na gréine. Dá mbeadh sí dóighiúil b'fhéidir go n-abórainn liom féin gur ródhoiligh a shásamh a bhí sí nuair a bhí sí i mbláth a hóige. Go dtáinig gaiscígh ar eachraí slime sleamhaine á hiarraidh le pósadh. Gur dhiúltaigh sí iad, fear i ndiaidh an fhir eile, mar a bheadh bean ann a bheadh ag feitheamh leis an ógánach a bheadh ag cur lena haisling. Agus i ndeireadh a saoil go dtigeadh siabhrán uirthi ar uairibh, agus go suíodh sí ar laftán binne tráthnóna samhraidh, mar a bheadh sí ag súil gur cheart di an gaiscíoch a fheiceáil chuici aniar ó bhun na spéire.

Thug mé iarraidh cupla uair comhrá a chur ar an tseanmhnaoi seo, ach ní raibh gar ann. Ní raibh ann ach go dtug sí freagra orm nuair a dúirt mé gur bhreá an aimsir a bhí ann. Eadar sin is tráthas dúirt mé le Micheál Rua go bhfacthas domh go raibh sí corr.

'Tá sí corr,' arsa Micheál, 'más ionann is a bheith corr gan iarraidh a bheith agat ar chaidreamh na comharsan. Ach má tá sí corr féin b'fhéidir gurb é a ábhar sin atá aici. Tharraing sí míchliú uirthi féin tráth dá saol. An créatúr, ní raibh sí ach i gceann a seacht mblian nuair a fágadh ina dílleachta í, gan athair gan máthair. Ní raibh daoine muinteartha féin aici. B'as baile isteach a máthair agus ní raibh fágtha in Éirinn den teaghlach ar de an t-athair ach é féin. Ach b'fhéidir gur chóir domh toiseacht ar thús an scéil,' ar seisean.

Agus thoisigh.

II

Ní raibh Éamonn Mór Ó Cuireáin ach i gceann a scór bliain nuair a chuaigh sé go Meiriceá. Fiche bliain a chaith sé thall. Agus ag teacht ar ais dó bhí gach uile phingin dá shaothrú cruinn balach leis. Bhí sé thar a bheith ceachartha. Níor ól sé aon ghloine leanna riamh. Níor chaith sé aon toit thobaca riamh. Ní raibh ar a intinn ach airgead. Nuair a tháinig sé chun an bhaile as Meiriceá bhí iomrá an airgid air agus, ar ndóigh, b'fhurast dó cailín óg a fháil mar chéile. Ach ní raibh iarraidh ar bith ar na 'heireogaí aeracha,' aige. Bean 'chéillí' a bhí sé a iarraidh. Bean a mbeadh crothán céille aici. Bean a mbeadh dornán airgid aici le cur leis an méid a bhí aige féin. Fuair sé a iarraidh. Phós sé Caitlín Sheáin Ruaidh as Rinn na bPortán.

Bhí Caitlín ag tarraingt ar an daichead san am. Agus bhí dornán maith airgid aici. Bhí, ar an ábhar gur chaith sí féin seal fada i Meiriceá agus, dálta Éamoinn, nár lig sí aon phingin riamh sa dul amú.

Nuair a pósadh an lánúin dúirt cuid de na comharsana go raibh siad daite dá chéile ó cruthaíodh an saol. Níl a fhios agam. Ach bhí siad ag fóirstean dá chéile. Cheannaigh siad teach ar an Mhurlach a raibh siopa is tábhairne ann. Agus ní raibh ar a n-intinn ó mhaidin go hoíche ná ó Dhomhnach go Satharn ach ag iarraidh luach an tí sin a shaothrú agus ansin toiseacht a chur leis.

Beirt de theaghlach a bhí acu – beirt iníonacha. Bhí na páistí ina gcúram agus ina n-ualach ar Chaitlín. Ba doiligh léithi a bhfágáil leo féin i bhfad, agus níor mhaith léithi fanacht as an tsiopa ach lán chomh beag. Thiocfadh léithi, ar ndóigh, cailín aimsire a fhostó. Ach chosónadh sin airgead. Chomhairligh daoine di an rud a dhéanamh a níthí ar uairibh sa tír s'againne – seanbhean a thabhairt amach as teach na mbocht. Bhí sí féin is Éamonn ag caint air tráthnóna amháin.

'Is tearc bean acu sin nach mbeadh ag súil le snaoisín,' arsa Éamonn.

'Níor mhiste liom fán tsnaoisín,' arsa Caitlín. 'Ach is beag an chabhair seanbhean den chineál a bhíos i dteach na mbocht. Ní bhíonn tapa ná fuinneamh iontu. Agus níl aon lá dá dtiocfaidh orthu nach ag éirí níos lú dhe mhaith ar an uile dhóigh a bheas siad. B'fhearr míle uair tachrán girsí. Is é rud a bheadh an ghirseach ag éirí mór agus ag éirí láidir nuair a bheadh an tseanbhean ag meath. Ba ghairid go mbeadh an ghirseach inchuidithe linn. B'fhéidir gur fanacht againn ar thuarastal bheag a dhéanfadh sí nuair a bheadh sí mór.'

Ba ghairid ina dhiaidh sin go bhfuair máthair Nóra Nic Ailín bás agus thug bean Éamoinn Mhóir léithi an dílleachta. Ach má b'fhíor di féin, de ghrá Dia a rinne sí é. 'Thiocfadh liom, ar ndóigh,' a deireadh sí, 'bunbhean láidir a fháil i dteach na mbocht. Bean a bhéarfadh aire do na páistí agus a chuideochadh liom obair an tí a dhéanamh. Ach choscair mo chroí nuair a smaoinigh mé ar an dílleachta bhocht, gan athair gan máthair, gan duine muinteartha. Dia ár sábháil, dá mbeinn féin i mo bhaintrigh agus mé ar leaba an bháis nach dúthrachtach an phaidir a chuirfinn ó mo chroí leis an té a thiocfadh chugam agus a gheallfadh domh go dtabharfadh sé dídean do mo pháistí go dtigeadh ann dóibh. Caithfidh duine dearcadh uaidh mar a dhearcfas sé chuige.'

III

Sin mar a chuaigh Nóra Nic Ailín ar seirbhís tigh Éamoinn Mhóir Uí Chuireáin. Níor cuireadh chun na scoile í, mar Nórainn. Ar feadh na mblianta níor tugadh aon phingin thuarastail di ná luach saothair ar bith ach greim a béil agus bratóga éadaigh. Baineadh neart oibre aisti, a oiread is a thiocfadh léithi a dhéanamh. Ach níor ligeadh ocras uirthi. Agus ní raibh Éamonn Mór ná a bhean cadránta léithi. 'Níor leag mé barr méir uirthi ón lá a tháinig sí chugam,' a deireadh Caitlín. 'Agus de thairbhe bídh tá an rótham céanna aici atá ag mo pháistí féin. Agus cad chuige nach mbeadh? Is mairg a dhéanfadh leatrom ar dhílleachta. Is mairg a mbeadh sé ar m'anam ag gabháil i láthair an bhreithiúnais.'

B'fhíor do Chaitlín é nuair a deireadh sí go raibh an rótham céanna ag an dílleachta a bhí ag a páistí féin. Ach níor smaoinigh sí riamh go raibh sé d'oibleagáid uirthi an dílleachta a chur chun na scoile, ná, ní ba mhoille ná sin, culaith dheas a cheannacht di a chuirfeadh sí uirthi nuair a rachadh sí i lúb chruinnithe. Ní raibh gnoithe ar bith ag an dílleachta le léann ná le culaith dheas, dar le Caitlín. Níor samhladh do Nórainn go mbeadh fonn ar bith choíche uirthi a ghabháil i lúb chruinnithe. De réir mar a bhí sí ag éirí mór is é rud a bhí sí ag éirí seachantach. Ach scoith oibrí a bhí inti. Agus ba mhaith ab fhiú a cuid í.

Tháinig an dílleachta i méadaíocht. Agus de réir chosúlachta bhí sí sásta go leor dá saol is dá dóigh. Bhí a greim is a deoch is foscadh an tí aici, agus cupla scilling sa tseachtain de thuarastal. Bhí sí mar a bheadh sí cinnte nach raibh ní ba mhó i ndán di. Ní raibh sí dóighiúil. Ní bhfuair sí aon lá scoile

riamh. Ní raibh airgead aici. Ní chuirfeadh aon fhear choíche
ceiliúr pósta uirthi.

An raibh spéis ar bith sna fir aici? Ní raibh. Ach bhí cuimhne
aici ar ghasúr as an chomharsain aici féin a bhí lách cineálta
léithi nuair a bhí siad araon ina bpáistí – gasúr le Micheál
Eoghain Óig as Ros na Searrach. Bhíodh Séimí Mhicheáil ar an
Mhurlach go minic agus bhíodh sé lách cineálta léithi nuair a
chastaí dá chéile iad. Ba chumhain léithi go n-abradh sí léithi
féin gur mhaith léithi a phósadh nuair a d'éireochadh siad mór.
Ba mhinic a d'iompair Séimí bucaeid an uisce di gur fhág sé
ar leic an dorais aici í. Ach níor mhair an cumann beag
carthanach seo ach seal. Nuair a d'éirigh Séimí aníos
ina leathstócach thug sé cúl don dílleachta. Cad chuige
nach dtabharfadh? Bhí Nóra sa mhéid agus san aois a dtiocfadh
léithi féin bucaeid uisce a iompar. Agus bhí Séimí san aois a
raibh sé ag toiseacht a chur spéise i gcailíní dóighiúla. Sin mar
a d'imigh siad ó chéile, gach duine acu a bhealach féin. Ní
raibh fágtha ag an dílleachta ach cuimhne ar na laetha nach
dtiocfadh léithi bucaeid uisce a thabhairt as an tobar gan cuidiú
ó ghasúr na comharsan. Ní raibh an chuimhne sin féin fágtha
ag Séimí.

Nuair a bhí Séimí i gceann a bhliana is fiche bhí sé ar fhear
chomh breá is a bhí ó fhearsaid Ghaoth Dobhair go fearsaid
Ghaoth Beara. Ach bhí an duine bocht tugtha don ól. Déarfadh
daoine gurbh é an póitín a chuir ar obair é, gur thoisigh sé a
dh'ól póitín nuair nach raibh sé ach ina leathstócach. Níl a
fhios againn, ach cár bith mar a bhí ní raibh tógáil a chinn as
an ól aige. Agus bhí díth céille de chineál eile air: shílfeadh sé
go mbeadh sé náirithe dá siúladh sé chun na beairice leis an
phíléar a thiocfadh a bhreith air. Throideadh sé i gcónaí leis na
píléirí. Agus, ar ndóigh, d'íocadh sé as nuair a thigeadh lá an
dlí.

Chuaigh sé go hAlbain agus chaith sé bliain go leith thall.
Chaith sé cúig mhí den am sin i bpríosún, as troid agus as
bualadh póilíní. Nuair a tháinig sé chun an bhaile thoisigh sé a
dhéanamh póitín. Rinneadh scéala orthu nuair a bhí siad ag
toiseacht a dhúbláil. Triúr a bhí fán téamh. Rinneadh
príosúnaigh de bheirt acu. Bhuail Séimí an dá phíléar a bhí i
ngreim ann féin agus d'imigh sé orthu. Theith sé go hAlbain.

Trí mhí a bhí sé thall gur beireadh air agus gur tugadh anall é. Dhá bhliain i bpríosún a cuireadh air.

An raibh truaighe ag Nóra Nic Ailín dó? Ní thiocfadh léithi a rá go raibh truaighe don fhear aici. Ach nuair a smaoiníodh sí ar an ghasúr lách charthanach a d'iompradh bucaeid an uisce di nuair a bhí sí ina girsigh bhig deireadh sí léithi féin gur mhór an truaighe go ndeachaigh sé chun drabhláis nuair a tháinig sé i méadaíocht.

IV

Bhí na deich mbliana fichead fágtha ina diaidh ag Nórainn. Bhí a hóige caite – má bhí óige ar bith riamh aici. Ach ba chuma. D'fhanfadh sí i dtigh Éamoinn Mhóir a fhad is a choinneochadh siad í, ag obair ar chupla scilling sa tseachtain. Bhí Éamonn agus a bhean ag éirí aosta. Ach nuair a d'imeochadh siad ba dóiche go dtabharfadh na hiníonacha fáras di. Corruair smaoiníodh sí ar an méid dá saol a bhí caite. Ní raibh cuimhne ar bith ar a hathair aici; ní raibh sí ach i gceann a bliana nuair a fuair sé bás. Ach bhí neart cuimhne aici ar a máthair, agus an dóigh a mbíodh sí ar greim láimhe léithi nuair a bhíodh siad ag gabháil chuig Aifreann an Domhnaigh.

Sa deireadh, lá amháin, cé a tháinig ar ais go Ros na Searrach ach Séimí Mhicheáil Eoghain. Casadh Nóra air ar a gcoiscéim. Bheannaigh sí dó. Ach sin a raibh ann. Agus sin a mbeadh ann murab é go raibh mar a bheadh a gcinniúint á dtarraingt in araicis a chéile. Bhí mórán eadar lámha ag Éamonn Mór san am. Bhí sé ag éirí aosta agus ag éirí creapalta (agus ag éirí ní ba santaí ná a bhí sé riamh). Agus ní thiocfadh leis freastal ar iomlán a chuid oibre. Ní fhostóchadh sé buachaill siopa agus a choinneáil ó cheann go ceann na bliana. Chosónadh sin barraíocht airgid. Agus an buachaill a gheobhadh sé, b'fhéidir nach mbeadh sé iontaofa. Dá mbeadh fear aige a d'oibeoradh cupla lá sa tseachtain dó. Fear a bhéarfadh lód earraidh ón stáisiún inniu agus lód mónadh ón phortach amárach. D'fhágfadh sin é féin is a theaghlach fá réir le hiomlán a gcuid ama a chaitheamh leis an tsiopa is leis an bheár. Macasamhail Shéimí Mhicheáil Eoghain. Agus rachadh sé ar sochar do Shéimí é féin, a dúirt Éamonn. B'fhearr dó go mór trí lá oibre sa tseachtain sa bhaile ná a bheith ar shiúl ar an drabhlás in Albain!

Sin mar a tháinig Séimí a dh'obair chuig Éamonn Mór Ó Cuireáin. Chastaí ar Nórainn é go minic, mar Shéimí, agus níodh siad corrthamall comhráidh. Chonacthas do Nórainn go raibh sé ag éirí lách carthanach arís – mar a bhí sé nuair a bhí sé ina ghasúr. Agus bhíodh truaighe aici dó ar uairibh. Maidin amháin tháinig sé chuig a chuid oibre agus dreach cloíte tuirseach air. Bhí sé i ndiaidh a bheith ag ól ó oíche. D'amharc sé ar Nórainn go truacánta. Ba mhaith leis gar a iarraidh uirthi. Ba dhoiligh leis é ach ní raibh neart air. Bhí sé i riocht titim as a sheasamh. Dúirt sé le Nórainn nach mbeadh sé beo go tráthnóna gan cupla gloine uisce bheatha, agus d'iarr sé cupla scilling uirthi 'de gheall ar Dhia.' Thug sí sin dó.

Cad chuige a dtug Nóra luach an óil don phótaire? Chuir sí an cheist sin uirthi féin, agus thug sí féin freagra uirthi. Rud éigin a tháinig ina cuimhne. Samhail a chonaic sí mar a tífeadh duine i mbrionglóid. Lá feannach Márta, le coim na hoíche. Girseach bheag ag teacht as an tobar agus bucaeid uisce léithi. Bhí an bhucaeid lán agus bhí sí trom. Ní raibh an ghirseach i bhfad ón tobar gur éirigh a sciathán nimhneach, mar a bheifí á scoitheadh as an ghualainn aici. D'athraigh sí an bhucaeid go dtí an lámh eile. I gceann tamaill chuir sí an dá láimh inti agus bhí sí ag iarraidh a hiompar ar an toiseach. Sa deireadh buaileadh an bhucaeid in éadan a glúin agus doirteadh steall den uisce uirthi. Tamall beag ina dhiaidh sin doirteadh steall eile. Ba ghairid go raibh an bhucaeid leathfholamh agus an ghirseach fliuch báite ó na scoróga síos. Goidé a dhéanfadh sí? Ní bheadh trian na bucaeide fágtha nuair a bheadh sí ag an teach . . . Leis sin tháinig gasúr mór láidir chun tosaigh. Rug sé ar an bhucaeid. Rith sé chun an tobair gur líon sé í agus d'iompair sé í gur fhág sé ag doras Éamoinn Mhóir í . . . 'Sin an fáth a dtug mé luach naigín uisce bheatha dó,' arsa Nóra léithi féin. Dúirt sí an chaint sin trí huaire, mar a bheadh sí á rá le duine eile. Ansin smaoinigh sí go raibh Séimí lách carthanach arís. Go dtógadh a gháire cian di agus go dtugadh glór a chinn sólás di.

Tráthnóna Dé Domhnaigh sin a bhí chugainn casadh an

bheirt ar a chéile ar chladach Ros na Searrach. Bhí gnúis phléisiúrtha ar Shéimí. Bhí sé mar a bheadh lúcháir roimh Nórainn air. Shiúil an bheirt siar an tráigh. 'Rachaimid suas go suífimid ar an laftán seo thuas agus go ligimid ár scíth,' arsa Séimí. 'An áit is deise ar an domhan tráthnóna den chineál seo.'

'Shábháil tú mo bheo an lá fá dheireadh,' arsa Séimí, nuair a bhí siad ina suí ar an laftán. 'Bhí mé sa smeach dheireanaigh. Bheinn marbh roimh an oíche. Bhí pian i mo chloiginn a mhuirfeadh na céadta.'

'Ba cheart duit féacháil le stad den ól,' arsa Nóra.

'B'fhéidir go nglacfainn do chomhairle,' arsa Séimí.

Níor chuir Nóra an scéal ní b'fhaide. Bhí a oiread ráite agus a thug léaró beag dóchais di, agus d'fhágfadh sí mar sin é. Ní raibh fonn ar bith cainte uirthi. B'fhearr léithi ina suí ansin ina tost, ag meabhrú ar na haislingí a bhí ag fabhrú ina croí . . . Níorbh é an chéad fhear é a stad den ól mar gheall ar mhnaoi!

Nuair a chonaic Séimí nach raibh fonn comhráidh uirthi thost sé féin. Shuigh siad ansin tamall fada, ar aghaidh na gréine. Sa deireadh chuala siad clog Bhaile an Teampaill.

'Tá an t-am agamsa a bheith ag imeacht,' arsa Nóra, ag éirí ina seasamh.

V

Maidin amháin cupla mí ina dhiaidh sin mhuscail Éamonn Mór Ó Cuireáin. 'Cumhdach an Athar Shíoraí orainn,' ar seisean, ag teacht de léim amach as an leaba agus ag tarraingt air a bhríste.

'Goidé faoi Dhia atá ort?' arsa an tseanbhean, ag muscladh as a codladh go tobann.

'Bhí a fhios agam gur fhág mé rud éigin gan déanamh aréir,' arsa Éamonn. 'Bhí mé ag scansáil leis an *traveller* mhallaithe sin gur chuir sé i mbarr mo chéille mé. Níor chuimhnigh mé ar an airgead a thabhairt isteach. Corradh le fiche punta. Luach adhmaid a dhíol Antain Mór an Oileáin liom. D'fhág mé an t-airgead sa drár agus gan glas féin air,' ar seisean, agus amach leis gan fanacht lena bhróga a cheangal.

D'fhoscail sé doras an tsiopa agus chuaigh sé isteach. Tharraing sé amach an drár. Bhí páipéir is leitreacha is billí ann. Ach ní raibh a oiread is pingin rua d'airgead ann . . . Phill sé ar ais chun an tí agus dath geal bán san aghaidh air.

'Níl aon phingin ann,' ar seisean agus glór scáfar aige. 'Goideadh an t-iomlán. Nach orm a bhí an mí-ádh? An oíche chorr chointinneach a tháinig an gadaí. Nuair a thig an chaill thig an fhaill.'

'Beir ar do chéill,' arsa an tseanbhean. 'Bí cinnte gur bean de na cailíní a thug fá dear an drár gan ghlas agus go dtug sí an t-airgead chun an tí, ach nár chuimhnigh sí ar a inse duit.'

Muscladh na hiníonacha. Bhain sé tamall astu sular thuig siad mar ba cheart cá hair a raibh an t-athair ag caint. Ansin dúirt siad a raibh le rá acu. Ní thug ceachtar acu isteach airgead ar bith. Ní raibh a fhios acu go raibh aon phingin sa drár ó d'fhág an t-athair an siopa.

Eadar sin is tráthas bhí Éamonn Mór ina shuí ar cathaoir agus a bhos lena leiceann. Bhí sé mar a bheadh duine ann a bhuailfí le buille d'ord mhór. 'Nuair a thig an chaill thig an fhaill,' a deireadh sé i nglór leathíseal, mar a bheadh duine ann a bheadh ag mairgnigh leis féin ar uaigh a charad. Bhí an tseanbhean í féin dona go leor, ach níor chaill sí a stuaim go hiomlán. Dúirt sí cupla uair go gcaithfí rud éigin a dhéanamh. Nach dtiocfadh an gadaí ar ais dá lóntaí féin agus an chreach a aisíoc. Sa deireadh chuir sí bean de na hiníonacha chun na beairice. Tháinig na píléirí. Chuir siad ceisteanna ar gach aon duine den teaghlach. Chuir siad ceisteanna ar Nóra Nic Ailín. Chuir siad tuilleadh ceisteanna ar Éamonn Mhór. An raibh custaiméir ar bith dá chuid a mbeadh amhras aige air? Ní raibh. An raibh aon duine eile ach teaghlach an tí amach is isteach sa tsiopa inné roimhe sin? Bhí. Buachaill a bhí ag obair acu. Séimí Ó Searcaigh as Ros na Searrach. Bhí siad ag súil leis i dtrátha an mheán lae.

'Maith go leor,' arsa an sáirsint. 'Cuirigí scéala chugainn nuair a thiocfas sé. Cuirfimid ceisteanna air féacháil an mbeadh eolas ar bith aige a chuirfeadh ar lorg an ghadaí sinn. Sin a dtig linn a dhéanamh – go fóill beag ar scor ar bith.'

Ach ní tháinig Séimí i dtrátha an mheán lae. Ní tháinig sé

an lá arna mhárach. Ní tháinig sé ar chor ar bith. Ní raibh sé le feiceáil beo ná marbh, ach a oiread is dá slogadh an talamh é.

VI

Bhí Séimí ar a sheachnadh i mbeanna an chladaigh agus rún aige éaló go hAlbain nuair a stadfadh an tóir. D'fhiafraigh a mháthair de arbh fhíor an scéal a bhí amuigh air. Dúirt Séimí nárbh fhíor. Nár ghoid seisean airgead ar bith. Má goideadh ar chor ar bith é gur dhóiche gur bean de na hiníonacha a ghoid é. Nuair a chuala an mháthair go raibh sé neamhchoireach chuaigh sí suas tigh Éamoinn Mhóir agus racht millteanach feirge uirthi.

'Nach mór an croí duit,' ar sise le hÉamonn, 'gadaíocht a chur síos do mo mhacsa. Is iomaí rud gan chéill a rinne sé ó tháinig ann dó, eadar troid is ólachán. Ach níor fhág sé a lámh thíos le cuid na comharsan riamh. Ní raibh sé i ndáil ná i ndúchas aige, ní hionann sin is daoine eile. Cuardaigh do theach féin go maith,' ar sise, 'is ná bí ag cur síos gadaíochta do mo leanbhsa.'

'A bhean chroí, beir ar do chéill,' arsa Éamonn Mór go stuama. 'Níl mise ag cur síos gadaíochta do do mhac. Goideadh mo chuid airgid. Níl a fhios agam cé a ghoid é. Tháinig na píléirí agus chuir siad ceisteanna ar an uile dhuine againn. Dá mbeadh do mhacsa sa láthair chuirfí na ceisteanna céanna air. Ach ní raibh. D'imigh sé ar a sheachnadh. Sin an rud a tharraing an t-amhras air. Abair leis gur iarr mise air teacht anseo agus dul i gceann a chuid oibre. Tiocfaidh na píléirí agus cuirfidh siad ceisteanna air. Ach is cuma dó, ó tharla neamhchoireach é.'

'Is cinnte féin go bhfuil sé neamhchoireach,' arsa an mháthair, agus í ag fuarú san fheirg. 'Iarrfaidh mise air teacht aníos amárach,' ar sise, agus d'imigh sí. Bhí sí sásta. B'fhurast dá mac é féin a shaoradh. Agus bhí aithreachas ag teacht uirthi as masla chainte a thabhairt d'Éamonn Mhór.

Ar a bealach chun an bhaile tháinig Nóra Nic Ailín roimpi. 'Ba mhaith liom a ghabháil chun cainte le do mhac,' arsa Nóra. 'Tá na píléirí iontach cleasach ar uairibh, dar liom. Dá gcluinfeá na ceisteanna a chuir siad ar an chuid eile againn – ceisteanna a bhéarfadh ar dhuine é féin a chiontú mura mbeadh sé ar a fhaichill. Tá do mhac tobann. Bheadh contúirt ann go dtiocfadh fearg air leo agus go n-iarrfadh sé orthu a ghabháil go tigh an diabhail. Sin an fáth ar mhaith liom a ghabháil chun cainte leis – go gcuirfinn ar a fhaichill é. Tá barúil agam ar na ceisteanna a chuirfear air, ar an ábhar gur cuireadh orm féin iad.'

An oíche sin casadh Séimí is Nóra ar a chéile ar uaigneas na Trá Báine, thiar i mbéal na toinne. 'Anois,' arsa Nóra, ar an chéad fhocal, 'inis an fhírinne domh. Má inseann sílim go dtig liom tarrtháil a thabhairt ort. Ach má cheileann tú an fhírinne orm ní thig liom cuidiú ar bith a thabhairt duit. An tú a ghoid an t-airgead?'

'Is mé,' ar seisean go brúite.

'Má bheirtear ort,' arsa Nóra, 'cúig bliana a chuirfear ort, an áit nach gcuirfí ar dhuine eile ach sé mhí.'

'Tá a fhios sin agam,' arsa Séimí.

'Bhail, anois,' arsa Nóra, 'tá comhairle agam le tabhairt duit, agus comhairle a rachas ar sochar duit. Ach ní thabharfaidh mé duit í go ngealla tú go ndéanfaidh tú an rud a iarrfas mé ort . . . An bhfuil tú ag éisteacht liom? An ngeallfaidh tú go ndéanfaidh tú an rud a iarrfas mé ort?'

'Geallaim,' arsa Séimí.

'Maith go leor,' arsa Nóra. 'Gabh suas tigh Éamoinn Mhóir amárach i dtrátha an mheán lae agus gabh i gceann do chuid oibre. Má thig na píléirí agus ceist a chur ort an tú a ghoid an t-airgead abair leo nach tú. Má fhiafraíonn siad duit cé a ghoid é abair leo nach bhfuil a fhios agat cé a ghoid é nó cé nár ghoid. Ná habair ach sin agus ní heagal duit.'

'Ach tá amhras acu orm,' arsa Séimí.

'Is cuma duit fán amhras,' arsa Nóra. 'Cuimhnigh ar mo chomhairlese. Agus cuimhnigh gur gheall tú domh go ndéanfá an uile fhocal di a chomhlíonadh,' ar sise, agus d'imigh sí.

Níor chodail Nóra aon néal an oíche sin. Agus bhí fad seachtaine san oíche chéanna, dar léithi. Nuair a d'éirigh sí ar maidin bhí dreach cloíte caite uirthi agus amharc scáfar ina súile. Cuireadh ceist uirthi an tinn a bhí sí. Dúirt sí nárbh ea. I gceann tamaill chuir sí uirthi a seál agus chuaigh sí amach. Níor chuir aon duine de mhuintir an tí ceist uirthi cá raibh a triall. Bhí siad mar a bheadh eagla orthu roimpi. Ba chosúil le duine a mbeadh a chiall ag imeacht chun seachráin.

Chuaigh sí chun na beairice. 'Bhail,' arsa an sáirsint, 'an bhfuair aon duine agaibh eolas ar bith ó shin?'

'Tá an t-eolas ag cuid againn a bhí i gcónaí againn,' arsa Nóra. 'Mise a ghoid an t-airgead. Chuir an diabhal na cathuithe orm nuair a tháinig an fhaill. Smaoinigh mé nár pheacadh domh an beagán sin a thabhairt liom in éiric na mblianta a chaith mé ag obair ar an ghreim a bhí mé a chur i mo bhéal. Ach ansin smaoinigh mé go raibh contúirt ann go gciontófaí duine éigin nach raibh baint ar bith aige leis. Is minic a rinneadh é, cluinim. Is furast duine a chiontú gan chruthú má tá an choir ag cur lena chliú.'

Sé mhí i bpríosún a cuireadh uirthi, agus dúirt an breitheamh gur bliain iomlán a bhéarfadh sé di murab é gur aidmhigh sí an choir.

Chuaigh Nóra chun an phríosúin agus, ar ndóigh, bhí mná na mbailte ag cúlchaint uirthi ar feadh naoi lá. Bhí a fhios acusan, a dúirt siad go raibh an drochdheor inti. Ar ndóigh, níorbh í an chéad duine den dream í a shín an lámh. Bhí sé inti ó thaobh na dtaobhann.

'Chomh luath is a chuala mise gur goideadh an t-airgead,' arsa Nualaidín, 'bhí a fhios agam gurbh í a chuir ceal ann. Ní bheadh le déanamh agat ach amharc uirthi aon lá riamh agus d'aithneofá ar chlár a héadain go raibh an mí-ionracas agus an lochtaíl inti . . . Agus an stócach bocht a raibh sé fágtha air ag cuid de na daoine, agus gan ansin ach cionn is go raibh sé tugtha don ól is don drabhlás . . . Ach scanraigh sí nuair a tháinig an tóir, agus thug sí í féin isteach. Ba den chríonnacht sin di. Murab é go dtug sí í féin isteach trí bliana a gheobhadh sí.'

Bhí Éamonn Mór Ó Cuireáin imníoch. Agus níorbh é an t-airgead ba mhó a bhí ag déanamh buartha dó. Eagla a bhí air nach raibh ann ach tús tubaiste. Má bhí sé saolta féin bhí sé pisreogach. Ba mhinic a chuala sé dá mbeadh seilbh chaorach ag fear agus dá marbhadh madadh aon chaora amháin go dtiocfadh na seacht ngalar ar an chuid eile den tréad agus go

leáfadh siad ón tsaol, ceann i ndiaidh an chinn eile. Agus ba
mhinic a chuala sé an té a ngoidfí airgead uaidh go
n-imeochadh mírath ar a stór is ar a mhaoin ina dhiaidh sin.
'Nach bhfuilimid ag éisteacht riamh leis?' a deireadh sé. 'Rún
gadaí agus rún madaidh.'

VII

Chuaigh Séimí Mhicheáil Eoghain go Meiriceá. Ní raibh sé ach
bliain thall gur thiontóigh sé ar dhea-staid. Goidé a thug air a
bheatha a leasú? B'fhéidir go n-inseochadh sé féin dúinn amach
anseo é. Rinne sé leorghníomh sa ghadaíocht. Rinne sé an
t-airgead a aisíoc agus d'iarr sé d'achainí ar Éamonn Mhór Ó
Cuireáin an scéal a reic fada leitheadach. Agus chuaigh Nóra ar
ais ar seirbhís tigh Éamoinn Mhóir. Bhí lúcháir orthu roimpi.
'Níor chreid mé riamh é,' arsa an tseanbhean. Agus sílim go
raibh sin ar a croí.

Ach na mná a bhí ag cúlchaint roimhe sin uirthi, an raibh
aiféaltas orthu nuair a fágadh bréagach iad? Ní raibh aiféaltas ar
Nualaidín ar scor ar bith. 'Deir siad,' arsa Nualaidín, 'go
dtiocfaidh an fhírinne ina háit féin. Agus tháinig an iarraidh
seo. Ach bhí a fhios agamsa i gcónaí nár ghoid Nóra Nic Ailín
an t-airgead ach oiread is a ghoid mise é. Bhí a fhios agam go
raibh sí ar chailín chomh hionraice cneasta is a bhí i sé
ceathrúnacha déag na Rosann. Ach, a Rí na Glóire, nár bheag
a ciall!'

Scríobh Séimí chuig Nórainn dhá uair. D'aithin sí gur uaidh
an dara leitir. Choinnigh sí an leitir trí lá ina hochras go
bhfaigheadh sí áiméar ar ghasúr as an chomharsain a léifeadh
di í, gasúr a raibh muinín aici as. Tráthnóna Dé Domhnaigh
tháinig an gasúr chuici. Ba mhaith mar a tharla. Ní raibh istigh
ach í féin.

Thoisigh an gasúr a léamh na leitreach agus, ar an ábhar gur
gaiste fiche uair an smaoineamh ná an focal, bhí Nóra ag
meabhrú agus a hintinn ag tabhairt freagra ar an rud a bhí an
gasúr a léamh.

' . . . Cúig bliana a gheobhainn dá mbeirtí an uair úd orm.
Ach shábháil tusa mé. Chuir tú isteach sé mhí i bpríosún ar
mhaithe liom. D'fhuiling tú míchliú ar mhaithe liom.'

Chuirfinn isteach fiche bliain ar mhaithe leat. D'fhuileonainn míchliú i rith mo shaoil ar mhaithe leat.

'Ach an t-aithreachas a bhí orm níl léamh ná scríobh air. Is minic a smaoiním gur doiligh do Dhia maithiúnas a thabhairt domh.'

Is cinnte féin go dtabharfaidh Dia maithiúnas duit. I dtaca liomsa de, tá luach mo shaothair agam. Thiontóigh tú ar dheastaid.

'Agus anois ná bíodh eagla ort go rachaidh mé chun drabhláis choíche arís.'

Ach níl iomrá ar bith aige ar a theacht ar ais chun an bhaile.

'Tá deireadh agam leis an drabhlás is leis an ól, buíochas don Athair Shíoraí. Tá mé ag brath pósadh an bhliain seo chugainn. Cailín d'iaróibh Éireannach. As Connachta a muintir. D'inis mé an t-iomlán di. Níor cheil mé a oiread is focal uirthi. Níor cheil mé sin, ar an ábhar go measaim nár chóir go mbeadh rún ar bith ceilte eadar lánúin phósta. Agus an bhfuil a fhios agat goidé a dúirt sí liom?'

A Dhia, nach cuma goidé a dúirt sí leat!

' "Is fiú ór an cailín sin," ar sise, "agus tá súil agam go mbeidh mé beo go bhfeice mé í." Agus, ar sise, "tá súil agam go gcúiteochaidh tú a dea-ghníomh léithi." Sin a caint liom.'

Ach a oiread is dá dtigeadh leat a chúiteamh domh anois!

Nuair a bhí an leitir léite d'éirigh Nóra agus chuaigh sí amach. D'fhan sí tamall maith amuigh. Sa deireadh tháinig sí isteach ar ais. 'Scríobhfaidh tú leitir anois domh, mar a bheadh gasúr maith ann,' ar sise, ag teacht ionsair le peann is le páipéar . . . 'An bhfuil tú réidh? Maith go leor. Abair leis go bhfuil mé buíoch de as a dhea-mhéin . . . Abair leis gur mhaith liom dá fheabhas dá mbeidh sé . . . Abair leis go bhfuil súil agam go n-éireochaidh an pósadh leis agus go mbeidh séan is sonas air féin is ar a chúram . . . An bhfuil sin thíos agat? Maith go leor. Anois abair leis go bhfuil aon achainí amháin agam le hiarraidh air – go bhfuil mé ag iarraidh air gan scríobh choíche arís chugam.'

Dhá Phioctúir

I

Lá amháin ar an tsamhradh seo a chuaigh thart bhí mé ag cuartaíocht i dteach ar an bhaile s'againne agus bhí an t-athair is a chlann mhac ag díospóireacht. Bhí na mic i ndiaidh crág mhór airgid a shaothrú in Albain agus ba mhaith leo bád den chineál úr a cheannacht agus a mbeatha a thabhairt i dtír ar iascaireacht. Ní raibh an t-athair ag teacht leo ar an scéal. 'Títear domhsa,' ar seisean, 'gur rud gan chéill do dhuine iomlán a chuid airgid a chur ar chluiche ar bith. Bhfeiceann tú Séamas Chathaoir Airt thoir ansin i Rinn na mBroc. Chuir sé a sholáthar saolta i mbád. Agus ní raibh sí ráithe aige go ndearnadh smionagar di ar Bhinn Bhuí Mhachaire Ó gCathaláin.'

Tamall ina dhiaidh sin chuaigh na mic amach, agus bhí gnoithe an bháid gan socrú. Ní raibh istigh ach mé féin is an seanphéire.

'Mise atá ag tabhairt comhairle a leasa dóibh,' arsa an t-athair. 'Ní bhíonn ciall ag daoine óga. Ach ba chóir go ndéanfadh Séamas Chathaoir Airt a súile dóibh féin is do gach aon duine eile. Chaill Séamas bocht a sholáthar saolta, dó féin a hinstear é, agus bhí an t-ádh air nár chaill sé a chiall ina chuideachta.'

'Chaillfeadh sé í murab é an rud a rinne a bhean,' arsa an tseanbhean. 'Bhí sé i dteach mhór Leitir Ceanainn inniu murab é stuaim na mná sin aige. Agus murab é an tubaiste a tharla. Ach sin mar a bhíos. Mar a deir an nathán: "ní thig olc i dtír nach fearrde duine éigin." '

218

Leis sin tháinig fear de na mic isteach ar ais agus stadadh de chaint ar Shéamas Chathaoir Airt. Ach ní thiocfadh liom féin caint na seanmhná a ligean as mo cheann. B'iontach amach an rud a dúirt sí. An ag rámhailligh a bhí sí? An raibh scéalaíocht is fírinne in aimhréitigh ina chéile ina hintinn? Bhí sé sa tseanchas nuair a thigeadh tallann mearaidh ar an Amadán Mhór nach raibh le déanamh ag a chéile chaoin ach labhairt leis agus go dtitfeadh sé ar a chéill. Arbh é an scéal seo, nó scéal den chineál, a bhí i gceann na seanmhná? An raibh a cuimhne ag imeacht chun seachráin? Ach ní raibh. Rinne sí tamall mór comhráidh ina dhiaidh sin, agus í ar sheanmhnaoi chomh géarchúiseach is a casadh riamh orm.

II

Cupla lá ina dhiaidh sin bhí mé taobh thall de Ghaoth Dobhair, agus ar mo bhealach aníos as Machaire Ó gCathaláin chuaigh mé isteach tigh Shéamais Chathaoir Airt. Ní raibh mórán aithne agam ar Shéamas ná ar a mhnaoi. Ach sa tír s'againne féadaidh fear a ghabháil isteach i dteach ar bith agus a phíopa a dheargadh. Má tá sé tuirseach féadaidh sé suí is a scíth a ligean, agus ní bheidh aon duine ag doicheall roimhe.

Labhair Séamas agus a bhean go forbhfáilteach liom, agus d'iarr siad orm suí. Shuíos. Ní raibh mé i bhfad mar sin go dtug mé fá dear dhá phioctúir a bhí crochta ar bhinn na tineadh os mo choinne, ceann ar gach taobh den tsimléir. Bhí an dá phioctúir fá mhéid a chéile, agus gan iad rómhór. Pioctúirí a bhí iontu den chineál a d'fhéadfadh duine a iompar ina phóca. Lena chois sin b'ionann ábhar dóibh – bean óg agus páiste bliana ar bhacán a láimhe.

Thug an bhean fá dear mé ag stánadh ar na pioctúirí.

'Is iomaí duine a d'amharc orthu,' ar sise. 'An uile dhuine dá dtig chun an tí.'

'Sin thú féin,' arsa mise léithi, ag síneadh mo mhéir chuig ceann de na pioctúirí.

'Sin mé féin,' ar sise. 'Dhá bhliain déag ó tarraingeadh an pioctúir sin. An gasúr a casadh duit sa doras ag teacht chun an tí duit, sin ansin é ina leanbh i gceann a bhliana. Dhá bhliain

déag. Seal beag gearr. Agus nach mór an t-athrach a tháinig ó
shin orm féin is ar an leanbh.'

'Tháinig athrach ar an leanbh, beannú air,' arsa mise. 'Cúig
nó sé bliana eile is beidh sé ina fhear, slán a bheas sé. Ach ní
tháinig athrach ar bith ort féin ar fiú trácht air. Níl ann ach nach
bhfuil tú chomh dorcha sa ghruaig is a bhí tú.'

'Dorcha!' ar sise. 'Dubh a bhí mé. Chomh dubh le cleite an
fhéich. Cé a shamhóladh anois é? Tháinig an t-athrach sin orm
i ngearraimsir. Scanradh a fuair mé. Ach,' ar sise, 'ní aithneann
tú an bhean seo eile?'

'Ní cumhain liom go bhfaca mé riamh í,' arsa mise. 'Agus
b'fhéidir go bhfacas, ach tá an chuimhne ag meath orm.
Deirfiúr duit féin nó d'fhear an tí anseo í?' arsa mise. 'Agus ina
dhiaidh sin níl sí cosúil le ceachtar agaibh . . . Is dóiche nach
bhfaca mé riamh í.'

'Ní fhacais,' arsa an bhean. 'Ní fhacamar féin í ach a oiread
leatsa.'

'Cé hí féin, mura miste domh a fhiafraí?' arsa mise.

'Níl a fhios againn cé hí féin agus ní bheidh,' arsa Séamas
Chathaoir Airt. 'Ach ní scarfainn leis an phioctúir sin ar a bhfuil
d'ór i Meiriceá.'

D'éirigh sé ina sheasamh agus d'amharc sé go gradamach ar
an phioctúir. Ansin labhair sé leis mar a bheadh an pioctúir
beo. 'Tá súil agam go bhfuil Dia go maith duit féin is do do
leanbh,' ar seisean. 'Ba mhaith agamsa sibh an lá úd a bhí mé
chomh gann i gcéill is go ndearna mé dearmad de thíolacthaí
Dé.'

·Gan bhréig gan amhras, ag éirí duibheagánach a bhí an scéal
seo. Ach chuir mé faisnéis agus hinseadh domh.

III

Phós Séamas Chathaoir Airt cailín as an chomharsanacht aige
féin, agus cailín breá. Bhí sé sásta go leor dá shaol. Agus bhí
rún aige rud a dhéanamh nach ·ndearna a mhuintir roimhe – a
theaghlach a thógáil gan imeacht as an bhaile. Bhí áit dhá bhó
de thalamh oibeartha aige. Bhí fairsingeach sléibhe aige agus
bhíodh sé ag baint mhónadh is á díol. Bhí eangach aige agus
bhíodh sé ag iascaireacht scadán an séasúr a bheadh siad

fairsing. Eadar gach aon rud bhí sé inuchtaigh go dtiocfadh leis a theaghlach a thógáil gan imeacht as an bhaile.

Ansin tháinig an cogadh. Agus an saothrú a bhí in Albain bhí sé ag cur iontais ar an uile dhuine. Thiocfadh leathchéad punta ó fhear inniu, agus mí ó inniu thiocfadh leathchéad eile uaidh. Thoisigh na fir a dh'imeacht, mar a d'imeochadh siad chun an chladaigh nuair a thiocfadh scéala go dtáinig éadálacha fá thír. Seandaoine nach raibh thall le cúig bliana roimhe sin, leathstócaigh nach raibh thall riamh, bhí siad ag imeacht ina slóite lá i ndiaidh an lae. Thoisigh Séamas Chathaoir Airt a mheabhrú ina chroí. Nuair a bheadh an cogadh thart thiocfadh fir na comharsan chun an bhaile agus iad ina sáith den tsaol. Agus bheadh seisean chomh bocht is a bhí sé riamh. Ba doiligh le Séamas an saibhreas sin a ligean thairis gan a chuid de a bheith aige. Agus ba doiligh leis imeacht. Bheadh sé uaigneach ar an choigrígh. Bheadh cumha air i ndiaidh an bhaile. Os cionn an iomláin bheadh cumha air i ndiaidh a leinbh – gasúr i gceann a bhliana. Ach sa deireadh chinn sé ar imeacht.

Seachtain sular imigh sé dúirt sé rud lena mhnaoi a chuir iontas uirthi. 'Rachaimid go Leitir Ceanainn amárach, sinn féin is an leanbh, le cuidiú Dé,' ar seisean.

'Faoin spéir,' arsa an bhean, 'goidé an gnoithe atá go Leitir Ceanainn againn?'

'Go bhfaighe mé do phioctúir féin is pioctúir an leinbh,' arsa Séamas.

Chuaigh siad go Leitir Ceanainn agus tarraingeadh an pioctúir – an bhean ina seasamh agus an leanbh ar bhacán a láimhe. Cupla lá ina dhiaidh sin tháinig an pioctúir chuig Séamas. 'An rud a bhí mé a iarraidh,' ar seisean. 'An mhéid cheart. Tiocfaidh liom a iompar i mo phóca Domhnach is dálach.'

Chuaigh sé go Glaschú agus chuaigh sé a dh'obair. Bhí sé ag saothrú neart airgid, ach bhí cumha ar fad air i ndiaidh an bhaile. An uile thráthnóna nuair a thigeadh sé isteach óna chuid oibre tharraingeadh sé an pioctúir as a phóca agus chaitheadh sé tamall ag amharc air. Is minic a chualathas ag monamar é, mar a bheadh sé ag caint leis an leanbh.

Trí bliana go leith a chaith sé in Albain – amach ó chuairt seachtaine ar an bhaile le linn saoire. Ansin tháinig sé chun an bhaile agus gan aon duine ag súil leis. Oíche amháin thug an Luftwaffe ruathar ar Ghlaschú. An oíche arna mhárach chuaigh Séamas ar bord ar bhád Dhoire agus tháinig sé chun an bhaile. Dar leis féin, is mór an truaighe nuair a bhí mé thall nach dtiocfadh liom fanacht ann go mbeadh an phingin dheireanach liom. Ach níl neart air!

Bhí crág bhreá airgid saothraithe aige, ach goidé a dhéanfadh sé leis? Dá dtoisíodh sé á chaitheamh ní mhairfeadh sé ach tamall. Ansin bheadh sé folamh san am ba chruaidhe a mbeadh an saol air – nuair a bheadh a chúram ag méadú agus a ndola ag éirí trom. Chaithfeadh sé rud éigin a dhéanamh leis an airgead a dtiocfadh sochar as. Dá dtoisíodh sé ar shiopa? Ach bhí barraíocht siopaí sa chomharsanacht aige. Bheadh an choimhlint róchruaidh ag fear nach mbeadh ach ag toiseacht. Sa deireadh chinn sé ar bhád a cheannacht – bád den chineál a chonaic sé aon uair amháin i gCuan na gCeall. Bád mór acmhainneach a dtiocfadh léithi an t-iasc a leanstan fiche míle i bhfarraige, is gan a bheith ag fanacht go dtigeadh sé isteach chun na gcaslach, mar a chaithfeadh an fear a dhéanamh nach mbeadh aige ach bád beag foscailte, agus gan le siúl a bhaint aisti ach seol nuair a bheadh cóir aici agus rámhaí nuair nach mbeadh. Bheadh, ar ndóigh, foireann de dhíobháil air. Ach b'fhurast dó sin a fháil. Agus bheadh dhá sciar éisc ag teacht chuige féin – sciar báid agus sciar fir.

Cheannaigh sé an bád agus trealamh iascaireachta. Bád breá a bhí inti, agus bhí Séamas bródúil aisti. 'Níl a macasamhail eile ó na Cealla Beaga go mbí tú sna Dúnaibh,' a deireadh sé leis féin agus é ag amharc uirthi. Is iomaí uair a shuigh sé ar an chladach tamall mór fada agus é á breathnú, nuair a bhíodh sí ar ancaire sa chamas. 'Nach fada atá na scadáin gan teacht?' a deireadh sé leis féin. 'Ach tiocfaidh siad.' Agus ansin shamhailtí dó go raibh an bád ag teacht isteach chun na céadh agus lasta éisc léithi.

IV

Ach ní dhearnadh an aisling sin a chomhlíonadh agus ní dhéanfar. Oíche amháin i dtrátha na Sean-Samhna tháinig doineann, agus tháinig sí go tobann. Chuaigh an ghaoth siar go raibh sí aniar ó cheann Árann – an aird ghaoithe is mó a ní dochar sa tír s'againne. Shéid sí i rith na hoíche. Agus ag cur air ar maidin a bhí sé, in áit a bheith ag socrú. Bhí an fharraige thar a bheith trom. Bhí sí ag teacht aniar ó bhun na spéire ina cruacha glasa agus ag briseadh ina méilte cúir ar éadan na mbeann agus i mbéal na trá.

Níor chodail Séamas Chathaoir Airt aon néal an oíche sin. Bhí sé imníoch fán bhád. Bhí an bhean imníoch, fosta, ach go raibh sí ag ligean uirthi féin nach raibh, ag iarraidh uchtach a thabhairt do Shéamas. 'Níl contúirt ar bith ar an bhád,' a deireadh sí. 'Ní hionann is dá mba as cábla cnáibe a bheadh sí feistithe. An slabhra atá uirthi ní bhrisfeadh sé dá mbeadh an ghaoth deich n-uaire chomh trén is atá sí.'

'Níl eagla ar bith orm go mbrisfidh an slabhra,' arsa Séamas. 'Ach tá eagla orm go dtarrónaidh sí an t-ancaire. Má scoitheann sé as grinneall tarrónaidh sí ina diaidh é mar nach mbeadh ann ach slat chorráin.'

Teacht dheirg an dá néal d'éirigh Séamas agus a bhean agus d'imigh leo ag tarraingt ar an chladach. Bhí corradh le míle le siúl acu. Ní raibh ceachtar acu ag labhairt. Ní raibh aon fhocal le rá acu. Bhí eagla orthu araon. Ní thiocfadh an camas ar a n-amharc go mbeadh siad ar an airdeacht os cionn an chladaigh. Goidé an t-amharc a bheadh fána gcoinne? An mbeadh an bád ansin ar ancaire agus í ag tabhairt dúshlán mara is gaoithe? Nó an briste ina smionagar thoir ar thóin na Binne Buí a bheadh sí?

Sa deireadh tháinig siad ar amharc an chamais. Bhí an bád ansin ar fad. Bhí sí ag éirí ar bharr toinne fad is a ligfeadh an ceangal í, agus ansin ag titim siar i ngleann ar lorg a deiridh. 'Tá sí beo go fóill,' arsa an bhean. 'Ach títear domh nach bhfuil an ghaoth chomh trén is a bhí sí.'

'Mar a dúirt mé leat,' arsa Séamas, 'ní roimh an ghaoth is mó atá eagla orm, ach roimh an fharraige. Ag éirí atá sí in áit a bheith ag titim. An bhfeiceann tú an tonn sin? . . . Sin an áit a bhfuil an chontúirt. Níl aon uair dá n-éireochaidh sí ar thoinn acu sin nach bhfuil sí ag scoitheadh an ancaire. Is é an deireadh a bheas air, ach grásta Dé, go dtarrónaidh sí é . . . Coiscreacadh an Athar Shíoraí orainn, tá sé tarraingthe aici!'

B'fhíor é. Bhí an bád ag imeacht soir ag tarraingt ar thóin

Mhachaire Ó gCathaláin . . . Tháinig sí isteach ar bharr toinne ag bun na Binne Buí. Bhí sí mar a bheadh sí eadar dhá chomhairle moiminte beag. Ansin greadadh anuas ar na carraigeacha í. Ar feadh uaire bhí sí á greadadh in éadan na mbeann le muir is le gaoth. Briseadh na taobhanna aici go dtí go raibh a cuid casadhmad ris. Bhéarfadh sí i do cheann ainbheithíoch a bháithfí ráithe roimhe sin agus a bheadh ag teacht i dtír is gan fágtha de ach na cnámha.

Bhí Séamas Chathaoir Airt ina sheasamh ansin agus cuma is dreach air mar a bheadh ar dhuine a mbeadh a chiall ag imeacht uaidh. Ní raibh gar don mhnaoi labhairt leis. Ní thabharfadh sé freagra ar bith uirthi. Bhí sé mar a bheadh a chorp is a anam á gcéasadh, agus é ag amharc ar a sholáthar saolta ina smionagar ar an chladach. Goidé a bhí i ndán dó féin is dá theaghlach? An dtáinig a thubaiste ar aon fhear eile riamh? . . . Thug an bhean iarraidh comhairle a thabhairt dó. Ach nuair a d'amharc sí air bhí a fhios aici nach mbeadh gar di ann. Bhí scíon scáfar ina shúile, mar a tífeá ainmhí allta a bheadh ag bun binne agus na sealgairí ag teacht air ar an toiseach agus ar an dá eite.

'A Dhia na glóire gile,' arsa an bhean ina meanmain, 'sábháil ar mhearadh é. Nach beag an tsuim an bád? Nár bheag an tsuim fiche bád le taobh na tubaiste seo?'

V

Sa deireadh d'amharc an bhean síos bealach na farraige. Bhí toirt éigin cupla scór slat amach ó bhéal na trá agus an ghaoth is an fharraige á síobadh isteach. Leis sin chuir an bhean scread aisti féin. 'Dia ár sábháil! Fear báite!' ar sise, agus d'imigh sí síos na fargáin ag tarraingt ar an tráigh. Ach níor chorraigh Séamas as an áit a raibh sé. Bhí sé ina sheasamh ansin mar a bheadh stacán cloiche ann a bheadh sáite sa talamh.

Caitheadh an corp isteach i mbéal na trá. Fear óganta a bhí ann a raibh culaith oifigigh loinge air. Chuartaigh bean Shéamais Chathaoir Airt a phócaí, féacháil an mbeadh leitir ar bith iontu. Ach ní raibh. Bhí Coróin Mhuire ina phóca ascaille agus bhí scaball donn fána mhuineál.

Chruinnigh muintir na mbailte. Bhí truaighe acu do Shéamas

Chathaoir Airt, ar ndóigh. Ba mhillteanach an chaill a tháinig
ar an duine bhocht. A sholáthar saolta ina smionagar ag bun
na mbeann! Ba mhór an truaighe é agus ba rómhór. Ach
ní raibh neart air. Ní leigheasfadh mairgneach an scrios a
bhí déanta. Agus bhí dualgas eile le comhlíonadh. Bhí corp ina
luí i mbéal na trá. Chaithfí an corp sin a chur, agus a chur i
gcré choisreactha, ó tharla cruthú acu gur dá gcreideamh féin
é.

Cuireadh teachtaire fá choinne an tsagairt agus tháinig sé sin.
'Tusa an chéad duine a tháinig air, cluinim,' ar seisean le bean
Shéamais Chathaoir Airt. 'An raibh leitir nó scríbhinn nó
leabhar ina phócaí?'

'Ní raibh leitir ná scríbhinn ná leabhar ina phócaí,' arsa an
bhean.

'Níl fios a ainme againn,' arsa an sagart. 'Ach is cosúil a
chulaith le héide na Gearmáine. Dá mbeadh an bearád againn
is dóiche go mbeadh ainm an tsoithigh air. Ach, ar ndóigh, cár
bith ainm a bhí air nó nach raibh air caithfear a chur. Gabhadh
duine agaibh chun an Bhuna Bhig le scéala chuig na gardaí
cósta.'

Eadar sin is tráthnóna cuireadh an laoch anaithnid i reilig
Mhachaire Ó gCathaláin – sa choirnéal thiar, os cionn na
mbeann. Bhí an mhórchuid de mhuintir an phobail ar an
tórramh. Ach ní raibh Séamas Chathaoir Airt ann. Bhí sé ag siúl
leis féin aniar is siar chois na trá agus gan cuma air go raibh iúl
aige ar rud ar bith. Dá mbeadh sé ar an tórramh agus léaró
beag ar bith céille a bheith fágtha aige b'fhéidir go gcluinfeadh
sé comhrá a bhéarfadh chuige féin é.

'Níl a fhios agam cárb as é?' arsa seanbhean a bhí ann.

'Cár bith áit arb as é,' arsa an dara bean, 'bí cinnte go bhfuil
duine nó daoine in áit éigin ar an domhan a mbeadh a gcroí á
choscairt le brón dá mbeadh a fhios acu go bhfuil sé ina luí
anseo i reilig Mhachaire Ó gCathaláin. B'fhéidir athair is
máthair. B'fhéidir bean is páistí ag feitheamh lena theacht ar
ais. Faraor! Is fada an feitheamh dóibh é, is fada sin.'

'A Mhaighdean gheal ghlórmhar Mhuire,' arsa an tríú bean,
'nach beag an chaill bád, nó céad bád, le taobh na tubaiste
seo?'

Ach, ar ndóigh, go mb'fhéidir nach gcluinfeadh Séamas

comhrá na mban seo. Nó dá gcluineadh féin nach bhfágfadh sé lorg ar bith air.

'Fanadh beirt nó triúr agaibh ina aice go dtara sé de mhian air féin a ghabháil chun an bhaile,' arsa bean Shéamais le fir na comharsan. Agus d'imigh sí.

VI

Le coim na hoíche tháinig Séamas Chathaoir Airt chun an bhaile. Bhí tine bhreá thíos ag an mhnaoi. Bhí Séamas fuar agus bhí sé tuirseach. Chaith sé é féin i gcathaoir a bhí sa chlúdaigh mar a bheadh sí ag feitheamh leis. Má b'iontach leis gur tugadh an chathaoir mhór seo anuas as an tseomra níor dhúirt sé é. Tháinig an bhean chuige le gloine uisce bheatha. 'Ól seo is téifidh sé thú,' ar sise. 'Dhéanfaidh mise greim bídh a ghiollacht duit.'

Níor labhair Séamas ach rug sé ar an ghloine agus d'fholmhaigh sé é. Tamall beag ina dhiaidh sin thit sé ina chodladh. Tuairim ar leathuair a chodail sé. Ansin chlis sé go tobann, mar a chlisfeadh duine a bheadh ag muscladh as tromluí. Bhí an lampa lasta ag an mhnaoi. D'amharc Séamas in airde ar bhinn na tineadh. Mhair sé tamall ag stánadh ar an bhalla agus dreach air mar a bheadh ar dhuine a bheadh ag iarraidh cuimhneamh ar rud éigin a bhí ligthe i ndearmad aige. Sa deireadh labhair sé – an chéad fhocal a labhair sé ó mhaidin roimhe sin. 'Nach ar an taobh thall den bhinn a bhí an pioctúir?' ar seisean. 'Cá huair a d'athraigh tú anall é go dtí an taobh seo?'

'Níor athraigh mé é,' arsa an bhean. 'Tá sé anseo go fóill, pioctúir do leinbh agus a mháthara, an áit ar chroch tú féin é nuair a tháinig tú chun an bhaile as Albain. Gabh anall anseo go bhfeice tú.'

Chuaigh Séamas anonn go lár an teallaigh. Bhí pioctúir a mhná is a leinbh san áit a raibh sé i gcónaí.

'Ach an pioctúir seo eile?' arsa Séamas. 'Cá has a dtáinig sé? Cé a chroch ansin é?'

'Mise a chroch ansin é,' arsa an bhean.

★ ★ ★

Cupla lá ina dhiaidh sin bhí Séamas ina sheasamh ar leic an teallaigh agus é ag amharc ar an dá phioctúir. Agus bhí dreach brónach air. 'Goidé an ghruaim atá ort?' arsa an bhean leis. 'Nár chóir gur leor an taispeánadh a fuair tú le do thabhairt chugat féin. Stad de smaoineamh ar an bhád. Ár dtubaiste léithi, mar a deireadh na seandaoine nuair a gheobhadh bó bás. A Dhia, nach acu a bhí an chiall, mar sheandaoine?'

'Níl buaireamh ar bith fán bhád orm,' arsa Séamas. 'Agus ná samhail go bhfuil. Aithreachas atá orm. Aithreachas as gan a bheith buíoch de Dhia ar shon a thíolacthaí. Aithreachas as a bheith i riocht mo chiall a chailleadh ar mhaithe le bád. Is fearr míle uair an tuigse agus an eagna atá agatsa.'

'Ghoill briseadh an bháid ormsa,' arsa an bhean. 'Ná síl nár ghoill. Ach tháinig mé chugam féin nuair a chonaic mé an corp á luascadh eadar na tonna i mbéal na trá. Dar liom féin, a chréatúir, cér bith thú féin nó cár bith tír arb as thú, bhí máthair agat. B'fhéidir go bhfuil sí beo go fóill. B'fhéidir go bhfuil bean is leanbh ag feitheamh le do theacht ar ais chun an bhaile chucu, mar a bhí mise is mo leanbh féin seal ag feitheamh le Séamas a theacht as Glaschú . . . Chuaigh mé síos go béal na trá. Chuartaigh mé pócaí an mharbhánaigh, féacháil an mbeadh leitir nó scríbhinn ar bith iontu. Ach ní raibh ann ach Coróin Mhuire agus pioctúir – pioctúir a mhná is a leinbh, tá mé cinnte. Cuireadh an Chóroin Mhuire sa chónair leis, agus í casta ar a mhéara. Ach thug mise liom an pioctúir. Chomh luath is a chonaic mé é bhuail smaoineamh mé. Dar liom féin, bhéarfaidh mé liom é agus crochfaidh mé ar an taobh eile den tsimléir é. Nuair a amharcóchas Séamas ar an dá phioctúir smaoineochaidh sé ar dhá thubaiste agus gheobhaidh sé biseach.'

Goldilocks

I

Bhí Eoghan Mór Ó Dónaill ina sheanduine nuair a tháinig mise go Ros na bhFeannóg. Seanduine tostach a bhí ann. Seanduine dúrúnta i gcosúlacht. Bheannóchadh sé an t-am de lá duit nuair a chasfaí ort é. Ach sin a mbíodh ann. Thug mise iarraidh comhrá a chur air fiche uair. Ach ní raibh gar ann. Gach aon uair acu sin bheannaigh mé go forbhfáilteach dó. Thug sé freagra orm go múinte stuama agus shiúil leis.

Ba mhaith liom a ghabháil chun comhráidh leis. Cionn is go raibh sé seachantach, an ea? Bhí sin ann, ar ndóigh. Is annamh duine a bhíos seachantach gan fáth. Agus bhí mise ag meas go mb'fhéidir go raibh scéal arbh fhiú éisteacht leis ag an tseanduine dhúrúnta seo dá dtigeadh liom a chur ar obair. Agus lena chois sin bhí rud eile a bhí do mo tharraingt ionsair. Tráthnóna ar bith a bheadh maith théadh sé síos go barr na mbeann, agus shuíodh sé ar laftán agus a bhos lena leiceann agus é ag amharc siar ar luí na gréine. Cá hair a mbíodh sé ag amharc? Aislingí na hóige? Ach, de réir chosúlachta, na haislingí a bhí aige le linn a óige rinneadh a gcomhlíonadh. hInseadh domh go raibh sé féin is a chéile mná fíorgheallmhar ar a chéile ó óige go haois. Bhí a mhac agus bean an mhic agus na páistí istigh acu. Agus, de réir mar a chuala mé, teacht maith le chéile ag an iomlán acu. Bhí an bhanchliamhain ní ba chaintí ná an chuid eile den teaghlach. Déarfadh sí a dtiocfadh chun an bhéil chuici, cé acu a bhí sé inráite nó nach raibh. Ach bhí sí dea-chroíoch agus ina ceann maith don tseanlánúin.

An dara rud a chuala mé go raibh Eoghan Mór Ó Dónaill ina

cheoltóir bhreá agus nach raibh aon amhrán ó Mhálainn go
Gleann Cholm Cille nach raibh aige. Dar liom féin, nár
mhéanar a chluinfeadh ar obair ag gabháil cheoil é! Nár
mhéanar a gheobhadh cuid de na hamhráin uaidh! An raibh
dóigh ar bith a dtiocfadh liom a mhealladh? Braon beag
biotáilte, b'fhéidir. Chuaigh mé i gcomhairle le Séimí Néill
Sháibhe – seanduine as an chomharsanacht. 'Ní bhainfidh do
chuid biotáilte ceol ar bith as,' arsa Séimí. 'Níl sé ach anuraidh
féin ó bhí mise ar bhainis ina chuideachta – thall i Rinn na
Mónadh. D'ól sé braon cothrom, a oiread is a chuirfeadh aoibh
ar dhuine ar bith a bheadh ina shláinte. Bhí neart comhráidh
aige. Bhí, dar leat, aoibhneas air ag amharc ar an aos óg ag
damhsa. Ach ceol! Rinne cuid againn ár seacht ndícheall air ag
iarraidh air aon amhrán amháin féin a rá. Ach ní raibh gar ann.
Ní dhéanadh sé ach a cheann a chroitheadh. Deir daoine go
bhfuil mionna air. Daoine eile a deir gur seachrán céille atá air.
Ach cár bith is cúis leis, tá sé mar atá sé, agus duine aisteach
é.'

Nárbh é an seanduine gan sásamh é, mar Eoghan? Bhí na
céadta amhrán aige – amhráin nach raibh ag an dara duine,
b'fhéidir, agus ní abóradh sé aon cheann acu. Bhéarfadh sé leis
chun na cille iad. Bhí guth breá cinn aige agus ní chluinfeadh
aon duine choíche arís ag gabháil cheoil é. Na tíolacthaí a bhí
aige ó Dhia, bhí sé á gcoinneáil ceilte ar an tsaol. Ag caint ar
an té a lasfadh coinneal agus a chuirfeadh faoi bhéal buiséil í!

Gan amhras ar bith bhí an seanduine seo ag gabháil eadar
mé is codladh na hoíche. Is iomaí uair a dúirt mé liom féin go
muscólainn mo mhisneach agus go rachainn chun cainte leis. Is
iomaí uair a bhí an chaint sin ullamh agam ón chéad fhocal go
dtí an focal deireanach. Ach chomh luath is a chuaigh mé ina
láthair bhí mé balbh. Ní raibh le déanamh aige ach amharc orm
agus bhí glas ar mo theanga aige.

II

Tráthnóna amháin san earrach bhí mé thíos ag an chladach.
Bhí an aimsir tirim ach bhí sí iontach fuar, mar a bhíos i gcónaí
nuair a bhíos an ghaoth thoir. Bhí sé luath sa bhliain agus ní
raibh aon duine as baile isteach ar cuairt i Ros na bhFeannóg

ach bean as Doire agus tachrán girsí léithi, girseach a bhí tuairim ar sheacht mbliana d'aois. Bhí an ghirseach agus a máthair thíos ar an chéidh an tráthnóna seo. Bhí bábóg ag an ghirsigh. Bábóg dheas a raibh gruag rua agus pluca dearga uirthi. Níorbh fhada go dtáinig Eoghan Mór Ó Dónaill anuas. Shuigh sé ar an laftán, chuir sé a bhos lena leiceann, agus thoisigh sé a dh'amharc siar ar bhun na spéire mar ba ghnách leis. Dar liom féin, a sheanduine, tá seachrán de chineál éigin ar d'intinn. Níl maith d'aon duine féacháil le comhrá ná le ceol a bhaint asat. Bíodh agat; ligfidh mé le d'olc féin thú!

Bhí an ghirseach ag siúl ar imeall na céadh agus í ag luascadh na bábóige aniar is siar. Leis sin féin d'imigh an bhábóg as a láimh agus caitheadh a cúig nó a sé de shlata amach san fharraige í. Chuir an ghirseach scread léanmhar aisti féin. 'Oh, my doll,' ar sise. '*My own Goldilocks. Oh, mammy, save her, save her!* Ach ní thiocfadh le mamaí a dhath a dhéanamh ach seasamh ansin agus amharc ar an bhábóig ar bharr an láin mhara.

Rith mé féin síos agus rug mé ar rámha a bhí ina luí le balla na céadh, féacháil an dtiocfadh liom a shíneadh amach agus an bhábóg a thabhairt i dtír lena bhois. Ach sháraigh sin orm: bhí an rámha cupla troigh róghairid. D'amharc mé soir is siar, féacháil an mbeadh curach ar na gaobhair in áit ar bith. Ach ní raibh. Bhí sé ag trá san am, ach bhí an sruth lag istigh ar an chamas. Mar sin féin bhí an bhábóg ag éaló léithi amach go fadálach. Nuair a rachadh sí amach thar an ghob agus thiocfadh meáchan an tsrutha uirthi chartfadh sé amach go béal an bharra í i ngearraimsir. Bhí an ghirseach ag screadaigh go léanmhar agus an mháthair ag iarraidh ciall a chur inti.

'Nuair a rachaimid chun an bhaile go Doire ceannóchaidh mise bábóg duit a bheas míle uair níos deise ná í.'

'Níl aon bhábóg ar an domhan chomh deas le Goldilocks,' arsa an ghirseach, agus chuir sí scread léanmhar eile aisti féin.

Leis sin féin seo chugainn anuas Eoghan Mór Ó Dónaill an méid a bhí ina chorp. Tháinig sé anuas go raibh sé ar an chéidh. Níor labhair sé le haon duine. D'amharc sé trasna an chamais, agus chuaigh sé de léim san fharraige. Shiúil sé go raibh sé amuigh ag an bhábóig agus gur rug sé greim uirthi. Tháinig sé isteach agus í leis agus shín sé don tachrán í.

'Seo dhuit do Gholdilocks,' ar seisean, 'agus ná caith san fharraige feasta í, ar eagla go mbeadh sé chomh domhain is nárbh fhéidir tarrtháil a thabhairt uirthi.'

'Goidé a thug ort sin a dhéanamh?' arsa an mháthair, agus san am chéanna lúcháir uirthi go raibh a peata beag féin as buaireamh. 'An bhfuil ciall ar bith agat? Do do chur féin i gcontúirt do bháite mar mhaithe le bábóig!'

'Ní raibh contúirt ar bith báite orm, a bhean uasal,' arsa Eoghan Mór. 'Bhí a fhios agam nach raibh. An bhfeiceann tú an stacán cloiche sin thall?' ar seisean, ag síneadh a mhéir chuig cloich a bhí ar an taobh thall den chamas. 'Am ar bith ó thiocfas sí sin ris siúlfaidh fear deich slata taobh amach de cheann na céadh.'

'Ach an fuacht,' arsa an bhean. 'I gcontúirt slaghdán a fháil a thógfadh aicíd na scamhán ort. Imigh chun an bhaile chomh tiubh géar is a thig leat agus gabh a luí ar do leaba. Abair leo cupla gloine brandaí a thabhairt ionsort,' ar sise, ag foscladh mála a bhí ar iompar léithi. Ach ní thug sí a dhath amach as. Dhruid sí ar ais é agus tháinig luisne ina haghaidh mar a thiocfadh ar dhuine a mbeadh náire air. Ina dhiaidh sin d'inis sí domh goidé a thug uirthi athsmaoineamh a dhéanamh agus a cuid airgid a choinneáil aici féin.

'Thug sé aon amharc amháin orm a chuaigh go dtí an croí ionam,' ar sise. 'Nár thrua mé go lá mo bháis murab é gur thuig mé an t-amharc sin. Bhí mé ar tí rud a dhéanamh nach bhfuil inmhaite ar an tsaol seo – meas bacaigh a thabhairt ar fhear uasal.'

Shiúil mé féin aníos bealach an tí leis an tseanduine, agus ní raibh doicheall ar bith roimh mo chuideachta air. Nuair a bhíomar ag ceann an chabhsa d'iarr sé orm teacht isteach agus mo phíopa a dheargadh. Agus, mar a deireadh an mhuintir a tháinig romhainn, sin an guth a fuair a fhreagar.

Ar a ghabháil isteach dó cuireadh ceist air an titim san fharraige a rinne sé. 'Ní hea,' ar seisean, ag toiseacht is ag inse. Ansin chuaigh sé suas chun an tseomra agus thug a bhanchliamhain éadach tirim ionsair. Ar theacht anuas ar ais dó thug a mhac gloine uisce bheatha dó, agus gloine eile domhsa, 'ó b'annamh leat teacht ar cuairt chugainn,' ar seisean.

' 'Athair,' ar seisean leis an tseanduine, 'an raibh sé fuar?'

'M'anam, a mhic, nach raibh sé te,' arsa Eoghan Mór.

'Bhail, títear domhsa go raibh tú gann i gcéill,' arsa an bhanchliamhain. 'Ag gabháil go dtí do mhuineál san fharraige tráthnóna feannach Aibreáin, ar mhaithe le bábóig. Iad sin a bhfuil neart airgid acu, nárbh fhurast dóibh bábóg eile a cheannacht di?'

'Ní thabharfadh sin faoiseamh di,' arsa an seanduine, agus thost sé. Thost gach aon duine ar feadh tamaill. Agus chuimil an tseanbhean a súile le beannóg a naprúin.

III

Chonacthas domh an tráthnóna sin go raibh athrach mór ar an tseanduine, mar a bhéarfadh an tumadh tobann chuige féin é. Bhí neart comhráidh aige. Ach an éireochadh sé tostach arís nuair a rachadh an ócáid sin thart? Níor éirigh. An dara huair a casadh orm é bhí aoibh bhreá air. Agus bhí dóchas ag teacht chugam gur ghairid uaim an lá a n-abóradh sé cupla amhrán domh. Agus lá amháin thrácht mé leis ar an cheol. Níor lig sé air féin go gcuala sé mé. 'Beidh séasúr maith bradán i mbliana ann,' ar seisean, agus bhí sé ar obair ag caint ar iascaireacht. D'aithin mé nach n-abóradh sé aon amhrán choíche domh ar m'achainí féin. Dá mbeadh cara sa chúirt agam! Smaoinigh mé ar an rud a dúirt Fionn trath a mhair: 'Ná bí choíche i gcúirt ná i gcaisleán gan bean a bheith ag gabháil do leithscéil.' Smaoinigh mé ar bhean Eoghain Mhóir. Bhí sí iontach lách liom an tráthnóna úd a bhí mé ar cuairt acu. B'fhéidir, dá dtéinn chun cainte léithi, go gcuirfeadh sí comhairle ar a chéile. Lá amháin chuaigh mé anonn tigh Eoghain. Ní raibh istigh ach an tseanbhean agus a banchliamhain. Tharraing mé orm an scéal.

Thost an tseanbhean tamall mar ba náir léithi mo dhiúltú fá m'achainí ar a hurlár féin. Sa deireadh, ar sise go gruama: 'Níl gar duit a bheith leis. Ná d'aon duine eile ach a oiread leat. Dhiúltóchadh sé mise chomh cinnte is a dhiúltóchadh sé duine eile. Agus ansin chuirfeadh sé cumha air. Bhéarfadh sé an seansaol ina cheann. Níor dhúirt sé aon amhrán ó d'imigh sí. Agus ní abóraidh go dtige sí ar ais. Má thig sí ar ais choíche,' ar sise agus tocht ag teacht uirthi.

'Cé a d'imigh?' arsa mise.

'Iníon dúinn a chuaigh go Meiriceá tá seacht mbliana déag ó shin,' arsa an tseanbhean. 'Chuaigh an chumha fána chroí d'Eoghan, agus riamh ó shin ní raibh sé mar a bhí sé roimhe sin. Is iomaí uair a d'fhéach mise le comhairle a chur air, siúd is go raibh cumha orm féin agus go bhfuil.'

'Nár imigh a seacht sinsear roimpi?' arsa an bhanchliamhain. 'Tá sé corradh le céad bliain ó d'imigh Eoghan Rua Néillín as an bhaile seo. Ní raibh aon bhróg ar a chois go dtí an lá a d'fhág sé Ros na bhFeannóg. Agus ní raibh aon fhocal Béarla ina chloiginn. Is neamhionann sin is cailín an tí seo. Tugadh scoil is léann di. Bhí neart Béarla aici. Bhí sí ullamh fá choinne na coigríche nuair a tháinig uirthi imeacht. Agus glóir do Dhia, bhí an t-ádh uirthi. Tá sí pósta anois agus cúigear páistí aici, agus í ina suí go te. Rud nach mbeadh, dá bhfanadh sí anseo i Ros na bhFeannóg.'

'Is fíor sin,' arsa an tseanbhean go brúite. 'Ach díreach go dtig cumha ar dhuine ar uairibh nuair a bhíos na blianta á gcaitheamh agus gan a leanbh ag teacht.'

IV

Ón lá sin amach bhí a fhios agam nach n-abóradh Eoghan Mór Ó Dónaill aon amhrán choíche domh mura dtaradh a iníon ar ais. Ach bhí mé sásta cionn is go raibh sé lách carthanach liom agus go ndéanadh sé a chaint is a chomhrá liom. Ba mhaith sin féin, i dtaca le holc. Bhí sé seachantach le daoine eile. Ach ba chuma; bhí sé lách liomsa, agus bhí a fhios agam, má bhí sé corr féin, go raibh an croí san áit cheart aige. Bhí a fhios sin agam ón lá úd a chuaigh sé go dtína mhuineál san fharraige nuair a chonaic sé an léan a bhí ar thachrán girsí fána bábóig.

Tráthnóna amháin sa tsamhradh bhí sé ina shuí ar laftán os cionn an chladaigh mar ba ghnách leis agus é ag amharc siar ar luí na gréine. Agus chuaigh mé féin ionsair. Bheannaigh sé go forbhfáilteach domh agus rinne sé áit domh ag a thaobh. Ní raibh, ar ndóigh, rún ar bith agamsa labhairt leis ar an cheol. Bhí deireadh dúile bainte de sin agam. Ach tharraing sé féin air é.

'An tseanbhean a bhí ag inse domh,' ar seisean, 'gur mhaith

leat mo chluinstin ag gabháil cheoil. Agus is dóigh go measann tú gur dúlaí an mhaise domh do dhiúltú. Ach níl neart agam air. Níor dhúirt mé aon amhrán ó d'imigh m'iníon go Meiriceá, agus ní abórad choíche, mura dtara sí ar ais sula bhfaighe mé bás.

'Bhí sé de chliú agamsa go raibh mé i mo cheoltóir mhaith. Agus, ní cionn is mé féin á rá, bhí an chliú sin tuillte agam. Ach an lá ab fhearr a bhí mé ní raibh mé leath chomh maith le Nórainn. Is iomaí tráthnóna a chaitheamar anseo ar an laftán seo agus gach dara hamhrán againn, ar feadh dhá uair an chloig. Is minic a chonaic mé na hiascairí, nuair a thigeadh siad aníos go bun na mbeann ar a mbealach chun na caslach, is minic sin a chonaic mé ina suí ansin iad ar feadh leathuaire ag éisteacht léithi ag gabháil cheoil. Oíche amháin tháinig bád as Ros Scoite aníos an gaoth, ar a bealach chun an Mhurlaigh le lasta scadán, agus shíl gach aon fhear den fhoirinn gur ceol sí a chuala siad.

'Bhí mé iontach geallmhar ar an iníon seo agam. Ní raibh againn dá cineál ach í, agus bhí mo chroí is m'anam istigh inti. Nuair a bhí sí ina girsigh bhig bhíodh sí liom gach aon áit dá dtéinn. Nuair a bhínn amuigh ag rómhar san earrach bhíodh sí ina suí ag ceann an iomaire agus í ag gabháil cheoil. Is iomaí uair a sháith mé an spád agus tháinig mé aníos gur shuigh mé ag a taobh. Sin an chuimhne is glinne atá agam uirthi. Sin mar a tím í i mo néalta – ina ghirsigh bhig ina suí ag ceann an iomaire agus í ag gabháil cheoil.

'Ach nuair a bhí sí i gceann a seacht mblian déag nó fán tuairim sin thoisigh athrach a theacht uirthi. Níorbh é rud a thóg sí í féin le cuideachta is le damhsa mar a dhéanfadh leathchailíní den aois sin. Is é rud a bhí sí ag éirí tostach. Thigeadh sí anuas anseo go barr na mbeann. Shuíodh sí ar an laftán seo agus chaitheadh sí tamall ag amharc amach ar bhun na spéire. Maidin amháin tháinig sí isteach agus dúirt sí go bhfaca sí soitheach mór Mheiriceá ag gabháil siar taobh amuigh de na Mic Ó gCorra, agus gur mhéanar a bheadh ar bord uirthi. D'aithin gach aon duine againn an lá sin goidé a bhí ina ceann. Thug mé féin iarraidh comhairle a chur uirthi, féacháil an bhfanfadh sí sa bhaile. Ach ní raibh gar ann. Bhí Meiriceá á mealladh chun siúil. Lena chois sin is dóigh go raibh an imirce sa dúchas aici. Ar ndóigh, d'imigh a seacht sinsear roimpi.

'An raibh cumha uirthi ag imeacht? Níor aithin na comharsana cumha ar bith uirthi. Ach bhí barúil agamsa go raibh, ach gur éirigh léithi a coinneáil ceilte. Agus tá an bharúil sin go fóill agam. An oíche sular imigh sí bhí an teach lán ó chúl go doras. Í féin is mise agus gach dara hamhrán againn. Mise a dúirt an t-amhrán deireanach, go díreach le spéartha an lae ar maidin. "A athair," ar sise liom, "ná lig na hamhráin sin chun dearmaid. Bí á rá go minic." "A iníon," arsa mise, "ní chluinfidh aon duine ag gabháil cheoil mé go mbí tú ar ais ar an urlár seo. Mar sin de," arsa mise, "ná bí i bhfad amuigh. Fá cheann chupla bliain eile beidh mo ghuth ag meath," arsa mise.

'Níor chuir sin tocht ar bith uirthi. Nuair a bhí a cairde gaoil ag fágáil slán aici bhí siad ag gol. Ach ag gáirí a bhí sise. Shílfeá gur chun bainise a bhí sí ag gabháil in áit a bheith ag imeacht go Meiriceá. Bhí mé féin is an mháthair léithi go Doire. Le coim na hoíche d'imigh an *tender* agus bhí ceobáisteach dhlúith á síobadh aníos an loch. Ní dhéanfaidh mé dearmad choíche den tráthnóna sin, agus ní dhéanfainn dá bhfaighinn saol go mbeinn míle bliain d'aois. D'fhág sí slán againn agus shiúil sí isteach ar an *tender*. Ba ghairid go ndeachaigh sí as ár n-amharc sa cheo . . . Tá sin seacht mbliana déag ó shin. Ní fhaca mise ó shin í. Agus níor dhúirt mé aon amhrán ó shin. Ach is air a bhí mé ag caint, d'imigh sí agus níor shil sí aon deor.'

'Ach deir tú liom gurb é do bharúil go raibh cumha uirthi,' arsa mise.

'Tá mé chóir a bheith cinnte de,' ar seisean. 'Agus inseoch-aidh mé duit an fáth atá le mo bharúil agam. Bábóg a bhí aici. An bhábóg ab fhíordheise a chonaic tú riamh. Bhéarfá mionna gur leanbh í agus go raibh sí beo beathach. Nuair a chuir tú a luí í dhruid sí a súile. Nuair a thóg tú í d'fhoscail sí iad. Ní raibh Nóra ach ina tachrán bheag nuair a cuireadh an bhábóg seo as Meiriceá chuici, agus cupla culaith shíoda le cur uirthi. Bhí ainm ar an bhábóig ag teacht di – í baiste réidh mar a déarfá,' ar seisean, agus thost sé mar a bheadh deireadh inste aige.

'Agus deir tú go raibh cumha uirthi ag imeacht,' arsa mé féin an dara huair.

'Cluinfidh tú,' arsa an seanduine. 'Nuair a tháinig tuilleadh dá blianta chuir sí an bhábóg isteach i mbocsa agus chuir sí an glas air. Ach an mhaidin a bhí sí ag imeacht, go díreach nuair a bhí sí réidh le siúl amach ar an doras, bhain sí an glas den bhocsa agus thug sí léithi an bhábóg. Bhí sí ar a glún aici sa traen i rith an bhealaigh go Doire. Bhí sí ar bhacán a láimhe léithi ag gabháil ar bord di, mar a bheadh sí ag smaoineamh ar na laetha a bhí caite. Sin an rud a bheir orm a rá go raibh cumha uirthi. Agus sin an rud is mó a ghoill ormsa. Fuair mé amharc eile ar mo leanbh. Chonaic mé í mar a bhí sí nuair a bhí sí ina tachrán agus í ina suí ag ceann an iomaire ag gabháil cheoil agus *Goldilocks* ina hucht aici.'

'*Goldilocks?*' arsa mise.

'Sin an t-ainm a thug an mhuintir thall ar an bhábóig a chuir siad chuici,' ar seisean. 'Nár inis mé duit go raibh sí baiste ag teacht di?'

Mé Féin is mo Mhadadh

I

Nuair a bhí mé i mo ghasúr bhí madadh againn a raibh Bran air agus madadh gan úsáid. Nuair a rachas an seanchas ar obair fá mhadaí Rinn na Feirste de thairbhe críonnachta, is beag is fiú Bran s'againne le taobh cuid eile acu. Bhí madadh ag Pádraig Mór a shiúil go Doire, lá a bhí Pádraig ag gabháil go hAlbain. Sheasaigh sé ar an chéidh agus chaoin sé go truacánta nuair a chonaic sé an soitheach ag éaló síos Loch Feabhail agus Pádraig ar bord uirthi. Ansin phill sé agus bhain sé Rinn na Feirste amach ar ais. Bhí madadh ag Proinsias Chathail a shiúladh leis an bhoin nuair a bhíodh sí ag innilt ar imeall na curaíochta. Agus bhí madadh ag Tarlach Shiobháine a bhogadh an cliabhán. Ach níl iomrá ar bith inniu orthu. Níl siad sa Táin.

Ní raibh críonnacht ar bith sa mhadadh s'againne. Ach gaiscíoch madaidh a bhí ann. Creidim gurb é sin an fáth nach raibh an rud ann ar a dtugann daoine saolta 'críonnacht.' Dá ndreasófá sna cearca é agus iad sa choirce, bhéarfadh sé aon léim amháin isteach sa churaíocht, agus tífeá cluimhreach ag éirí sa spéir, agus na cearca ina rith soir is siar ag teitheadh roimhe. Ach bhí aon bhuaidh amháin aige a d'fhág fad ar a shaol: bhí sé iontach maith ag troid. Nuair nach raibh sé ach i gcreann a dhá bhliain, ní raibh aon mhadadh ó Ghaoth Dobhair go Gaoth Beara nach raibh faoi smacht aige.

Bhí madadh ag Micheál Shéamais Bháin a raibh bród mór air as. Chuaigh sé féin is Bran s'againne le chéile lá amháin agus thug Bran bogmharbhadh air. Ghoill seo ar Mhicheál, ach níor lig sé dada air. Bhí an díoltas ina chroí agus bhí rún aige, cár bith mar a gheobhadh sé é, madadh a fháil a bhainfeadh éiric amach. Bhí a shliocht air: an tSamhain sin a bhí chugainn tháinig sé chun an bhaile as Albain agus coileán de phór éifeachtach leis. Bhí sé amuigh air gur dhúirt sé go dtug sé luach colpaí air, agus gur cheannaigh sé é d'aon ghnoithe le Bran s'againne a chur faoi smacht.

Thoisigh an coileán a dh'éirí mór agus, gan bhréig ar bith, nuair a bhí sé i gceann a bhliana, ba mhillteanach an chosúlacht madaidh é. Bhíothas á bhreathnú agus ag déanamh tairngreachta dó. Agus nuair a bhí sé i mbun a mhéide ba é an bharúil a bhí ag muintir na mbailte nach ndéanfadh Bran maith ar bith dó. Agus sin an bharúil chéanna a bhí ag m'athair. Dúirt sé cupla uair go mb'fhearr leis Bran a bháthadh ná a shásamh a thabhairt do Mhicheál Shéamais Bháin go mbeadh an bhuaidh aige. Agus sílim go mbáithfeadh sé é murab é go raibh mise chomh geallmhar air is a bhí mé.

San am sin bhíodh gasúraí ag troid ar scoil. Agus beirt ar bith a bhí fá thuairim aoise a chéile bhíodh siad le chéile go mion is go minic. Bhí beirt ghasúr ar an scoil na blianta sin agus b'ionann aois dóibh go fiú an lae. Aon uisce amháin a bhaist iad. An ionann sin is a rá go raibh grá agus carthanas ina gcroí dá chéile? Dar leat gurb amhlaidh. Dar leat, beirt ar bith a bhaist aon uisce amháin, go mbeadh dáimh acu le chéile choíche. Ach ní hamhlaidh a bhí ar chor ar bith nuair a bhí mise i mo ghasúr. Má bhí gasúr bliain ní ba sine ná thú, níor náire ar bith duit locadh, dá gcuireadh sé troid ort. Má bhí sibh sa leathbhliain, dhéanfaí amach go mb'ionann aois daoibh, cé nárbh onóir rómhór don fhear ba sine an bhuaidh a bheith leis. Má bhí sibh in aon mhí, chaithfeadh sibh troid go minic. Agus más aon uisce amháin a bhaist sibh, chaithfeadh sibh troid gach aon lá agus gach aon uair sa lá a bhfaigheadh sibh an fhaill, go dtí go mbíodh an bhuaidh ag fear éigin den bheirt agaibh. B'fhéidir, nuair a d'éireochadh sibh mór, gur dáimh a bheadh agaibh le chéile cionn is gur baisteadh sibh i gcuideachta a chéile. B'fhéidir go mbeadh sibh ag comrádaíocht le chéile sna Flaithis i rith na síoraíochta as siocair gur aon bhraon amháin a ghlan an chéad smál díbh. Ach nuair atá sibh in bhur ngasúraí ar an scoil, caithfidh sibh troid. Is ionann aois daoibh. Níl seachtain féin eadraibh. Tá cruthú ar bhur n-aois nach féidir a bhréagnú. Aon uisce amháin a bhaist sibh.

Ní raibh gasúr ar bith fá m'aois ar an scoil na blianta sin. Ní raibh aon ghasúr ar an bhaile fá m'aois ach gasúr a bhí ag Micheál Shéamais Bháin – fear a raibh Donnchadh air. B'ionann aois domhsa agus do Dhonnchadh. Aon lá amháin a rugadh sinn. Aon uisce amháin a bhaist sinn. Ach ní raibh Donnchadh Mhicheáil Shéamais ar scoil Rinn na Feirste. Ar scoil Mhín na nGabhar a bhí sé, ar an ábhar gur i dtigh a mháthara móire a chaith sé bunús a shaoil ó bhí sé ina leanbh. Dá mba ar scoil an bhaile s'againne a bheadh sé, chaithfeadh sé féin is mise a chéile a ionsaí. Ní bheadh dul thairis againn. B'ionann aois dúinn. Aon uisce amháin a bhaist sinn. Ach nuair nach rabhamar ar an scoil i gcuideachta a chéile ní raibh fiacha ar bith orainn a ghabháil a throid le chéile.

II

Ach bhí an chinniúint ár dtarraingt i gcuideachta a chéile. Nuair a bhí Donnchadh Mhicheáil Shéamais i gceann a dhá bhliain déag thug an t-athair leis chun an bhaile é, ag brath a chur ar fostó nuair a thiocfadh an t-earrach. Agus chuir sé go scoil Rinn na Feirste an geimhreadh sin é.

An chéad lá a tháinig sé chun na scoile thoisigh na gasúraí eile a dh'iarraidh an iaróg a chothú eadar é féin is mise. Buaileadh Donnchadh i gcúl an mhuineáil le dartán mónadh agus hinseadh dó gur mise a chaith é. Briseadh an barr de mo pheannsa agus fágadh ar Dhonnchadh é. Ach níor chuir sin an bheirt againn a throid. Nuair a ligeadh amach sinn i lár an lae bhíothas ár mbrú in éadan a chéile. Sa deireadh toisíodh a rá go foscailte gur cheart dúinn a chéile a fhéacháil. Gurbh ionann aois dúinn. Gur aon uisce amháin a bhaist sinn. Ach ní raibh cuma ar Dhonnchadh go raibh sé araiciseach chun bruíne. Gasúr mór moiglí a bhí ann. Agus, de réir mo bharúla, níorbh ionann an dearcadh a bhí ar ghnoithe an bhaiste ag scoil Mhín na nGabhar agus ag scoil Rinn na Feirste. Ní raibh sé sa tSoiscéal i Mín na nGabhar go gcaithfeá a ghabháil i ndeabhaidh laethúil leis an ghasúr a baisteadh san aon uisce leat. Agus ní raibh fonn troda ormsa ach a oiread. Chan díobháil creidimh a bhí orm. Ach bhí Donnchadh ní ba mhó agus ní b'urrúnta ná mé, agus ní raibh uchtach agam a ghabháil chun spairne leis. Mar sin de, ní rachaimis sna lámha choíche le chéile, mura mbíodh rud ar bith le hiaróg a thógáil eadrainn ach go mb'ionann aois dúinn.

Nuair a bhí a cúig nó a sé de sheachtainí caite ag Donnchadh ar scoil Rinn na Feirste agus gan cosúlacht ar bith comhraic eadar é féin is mise, rinneadh amach nach raibh gar a bheith linn, agus ligeadh dúinn. Ach tháinig ábhar na troda nuair nach raibh súil ag aon duine léithi.

Bhíomar thíos i gceann an tí, cruinn thart ar léarscáil na hÉireann agus sinn in ainm a bheith ag foghlaim Geografie. Bhí an leabhar ag gasúr amháin agus léadh sé corrphíosa amach seanard a chinn. Ach ní raibh ansin ach ag iarraidh dallamullóg a chur ar an mháistir. Nó bhíomar ag comhrá linn go leathíseal i rith an ama. Agus cá hair ar tarraingeadh an comhrá sa deireadh ach ar mhadaí!

'Níl aon mhadadh sna trí phobal ina throdaí chomh maith leis an cheann s'againne,' arsa Donnchadh Mhicheáil Shéamais.

'Bhéarfadh Bran Fheilimí a sháith, lá ar bith, dó,' arsa Tarlach Bhraighní Óig. 'Nach dtabharfadh, a Jimmy?'

'Ní bheadh sé ábalta ar chor ar bith ag Bran,' arsa mise.

'Bhail, a rún,' arsa Donnchadh, 'd'íosfadh Cameron s'againne do mhadadh go dtí na cnámha.'

'Ní íosfadh, ná a shaothar air,' arsa mise.

'Bhail, tabhair síos chun na Trá Báine é, lá ar bith ar mian leat é,' arsa Donnchadh.

Dúirt an chuid eile de na gasúraí nach raibh an dara dóigh lena shocrú. Dúirt fear amháin gur mhaith an lá an Satharn sin a bhí chugainn. Dúirt fear eile go mb'fhearr tráthnóna Dé Domhnaigh.

'Is cuma liomsa cén lá a shocóraidh sibh,' arsa Donnchadh. 'Lá ar bith ar mian leis é, bhéarfaidh mise mo mhadadh síos chun na Trá Báine.'

Ní raibh mé féin ag dúil leis an fhuagra seo ar chor ar bith, agus níor fágadh focal ionam. Bhí gáir mhór le madadh Mhicheáil Shéamais Bháin. Agus dá mbuaileadh sé

Bran bheadh an t-éileamh ormsa sa bhaile. Agus b'fhéidir gur a bháthadh a dhéanfadh m'athair, dá gcuirtí faoi smacht é.

'Cén lá is fearr leat?' arsa Paidí Sheáin Néill.

'Ní ligfeadh m'athair domh Bran a thabhairt síos ar chor ar bith,' arsa mise.

'Is maith an t-ábhar,' arsa Donnchadh, 'mar tá a fhios aige go strócfadh Cameron as a chéile é.'

Chuala an máistir ag comhrá sinn agus bhagair sé orainn. *'Go on with your work down there and stop talking,'* ar seisean. Agus ansin thoisigh an léitheoireacht agus an chogarnach againne, gach dara tamall.

Nuair a fuair mé féin leithscéal le gan Bran a thabhairt amach chun comhraic d'éirigh mé dána. Dar liom, 'Níl ann feasta ach scansáil agus scalladóireacht.' Agus bhí mé inuchtaigh go mbeinn trom sa teanga ag Donnchadh. Nó, inniu is an lá sin, ní raibh ann ach míoldamaide. Thoisigh an díospóireacht agus an Geograife, gach dara rois.

'D'íosfadh Cameron beo beathach é.'

'Rathlin Island north of Antrim; Copeland Island north-east of Down . . . Arranmore and Tory west of Donegal.'

'Dhéanfadh Bran bia míoltóg de do mhadadh.'

'Bréagach thú, a shocadáin bhig.'

'Bréagach thusa, agus bréagach lochtach thú, a spairt cháidheach an tochais a bhfuil stramhas na glas-seile ort.'

'Galway: Tuam, Loughrea and Ballinasloe. Mayo: Castlebar, Westport and Killala.'

'Caithfidh tú mise a throid i ndiaidh am scoile.'

A throid i ndiaidh am scoile! Baineadh an anál díom féin. Chonacthas domh go raibh sin éagórach. Chan ar throid a bhí mé ag smaoineamh ar chor ar bith ach ar scalladóireacht. Bhí an bheirt againn le chéile sa teanga, agus níor shamhail mé go rachadh sé thairis sin. Agus níor dhúirt mé leis ach an fhírinne, nó bhí pislín leis gach aon lá sa bhliain. Cad chuige nár dhúirt seisean rud éigin eile liomsa agus neamhiontas a dhéanamh den troid?

'Sligo, Ballymote and Collooney,' arsa an fear a raibh an leabhar aige.

'Níl an dara dóigh lena réiteach,' arsa Tarlach Bhraighní Óig.

'Is ionann aois daoibh. Aon uisce amháin a bhaist sibh.'

'Rachaimid suas chun an Pholláin Lín, sa dóigh nach bhfeiceann an máistir sinn ar a bhealach chun an bhaile,' arsa gasúr eile.

'Maith go leor,' arsa Donnchadh.

Thoiligh mé féin, agus mo sháith eagla orm. Ach ní raibh bealach éalóidh agam. Is cosúil go raibh sé fá mo choinne ag an chinniúint.

Nuair a ligeadh ár gceann linn tráthnóna d'imigh an scaifte suas chun an Pholláin Lín. Sheasaigh na gasúraí ina bhfáinne thart orainn agus chuaigh an bheirt againn le chéile. Ach níor mhair an teagmháil i bhfad. Bhí Donnchadh róláidir agam, agus níor throid mé leis ach moiminte beag gur ghéill mé. Moiminte beag a shábhálfadh mé ar aon duine a rá liom nach raibh uchtach agam a ghabháil i ndeabhaidh le gasúr a bhí fá m'aois.

Bhí scríobóg ar m'aghaidh i ndiaidh na bruíne, agus níor luaithe a tháinig mé chun an bhaile ná tugadh sin fá dear.

'Cé leis a raibh tú ag troid?' arsa m'athair.

D'inis mé féin dó.

'Cé agaibh ab fhearr?' ar seisean.

'B'fhearr mise cuid den am. B'fhearr eisean an chuid eile.'

'Cé agaibh ab fhearr sa deireadh?'

'Eisean. Ach bhí an chuid ab fhearr den tús agamsa.'

'Ar fhág tú marcanna ar bith air?'

'Sna heasnacha a bhuail mé é.'

'Nár chóir nach mbeifeá ag troid nuair nach bhfuil ionat troid a dhéanamh,' arsa mo mháthair go míshásta.

'Nach gcluin tú gur sna heasnacha a bhuail sé é,' arsa m'athair, ag déanamh draothadh gáire. Agus, ar ndóigh, bhí mé chomh heolach ar m'athair is gur thuig mé gur aithin sé gur buaileadh mé, agus go raibh sé míshásta dá thairbhe.

An Satharn sin a bhí chugainn, chuaigh m'athair amach chun an phortaigh fá choinne cliabh mónadh. Bhí mé féin leis, agus bhí Bran liomsa, nó leanadh sé mé gach aon áit dá dtéinn. Agus cé a bhí ar an phortach, an lá céanna, ach Micheál Shéamais Bháin agus a mhadadh féin leis. Bhí Micheál ag teacht anoir ceann an locha agus sinne ag tarraingt soir. Agus níor luaithe a chonaic Cameron Bran ná siúd ina rith anoir chugainn é agus gach aon ghloim scáfar aige. Thug Bran freagra air agus bhí sé ag brath imeacht ina araicis. Ach bhagair m'athair go feargach air agus fuair sé greim muineáil air. Agus choinnigh sé ansin é go dtáinig Micheál Shéamais Bháin a fhad linn.

'Shílfeá gur mhaith leo a chéile a fhéacháil,' arsa Micheál.

'Sin an chuma atá orthu,' arsa m'athair.

'Níl a fhios agam goidé mar a rachadh sé eatarthu?' arsa Micheál. 'Nár fhéad tú a ligean amach go bhfeicimid?'

'Sin an uair a bheimis inár gcuid cuideachta,' arsa m'athair. 'Ag cur madadh a throid mar a bheadh beirt ghasúr ann!'

'Muise, troidfidh siad ar scor ar bith, fada gairid amuigh é,' arsa Micheál.

'Má throideann, troideadh,' arsa m'athair. 'Ní thiocfaidh iaróg ar bith as a gcuid troda ach gan mise is tusa á gcur le chéile.'

Níor fhan Micheál i mbun comhráidh againn ina dhiaidh sin. D'imigh sé féin agus a mhadadh siar an caorán.

'Chuir madadh Mhicheáil Shéamais Bháin troid ar an óganach,' arsa m'athair nuair a thángamar chun an bhaile. 'Ach níor lig mé chun an chuibhrinn é. Bhí eagla orm nach ndéanfadh sé maith sa teagmháil.'

'Creidim nach ndéanfadh,' arsa mo mháthair, mar nach mbeadh an chuid mhór suime sa chomhrá aici.

'Bheadh obair aige,' ·arsa m'athair. 'Beathach millteanach madaidh é siúd ag Micheál Shéamais Bháin. Agus dá bhfeicfeá an chuma fhiain a bhí air agus na súile a bhí aige! Bhí, mar a bheadh bladhairí tineadh ann. Bhí eagla orm go gcoscóradh sé Bran agus gan a bheith i bhfad leis. Sin an fáth ar choinnigh mé cúl ar an chomhrac. Nó dá bhfaigheadh madadh Mhicheáil Shéamais an bhuaidh, bhuailfinnse Micheál.'

'Sin an uair a dhéanfá é,' arsa mo mháthair.

'Bhuailfinn,' arsa m'athair. 'Chuirfinn go dtína dhá shúil sa bhachta é.'

'Bhail, is deas an cineál cainte sin ag athair teaghlaigh,' ar sise.

'Agus,' arsa m'athair, 'an síleann tú go ligfinn buaidh na bruíne dhá uair in aon seachtain amháin leo gan éiric a bhaint amach? Ní ligfinn. Agus thug mé sin le fios do Mhicheál. Agus nuair a thug, ní raibh fonn ar bith air na madaí a ligean a throid.'

III

Bhí go maith agus ní raibh go holc go dtáinig rabharta na gcorr, cupla seachtain ina dhiaidh sin. Chuaigh mé féin síos chun na trá a dh'iarraidh anlann mo chodach, agus bhí Bran liom. Bhí scaifte mór sa tráigh romham, agus, cibé nach raibh thíos, bhí Donnchadh Mhicheáil Shéamais ann agus Cameron leis. Nuair a bhí mé ag gabháil síos an Oitir Mhór, chuala mé Bran ag gnúsachtaigh go naimhdeach. D'amharc mé go bhfeicinn goidé a bhí ag cur chaite air, agus ní raibh aon ribe fionnaidh air ó chúl a mhuineáil go bun a rubaill nach raibh ina sheasamh mar a tífeá deilg ar ghráinneoig féir. D'amharc mé síos bealach Oitir na gCorr, agus goidé a tím ach madadh Mhicheáil Shéamais Bháin chugam aníos an méid a bhí ina chraiceann! Chuir sé gloim scáfar as féin ag teacht chun tosaigh dó. Chuir Bran an dara gloim as féin. Fuair siad dhá ghreim sceadamáin ar a chéile agus shéid an chlamhairt.

Nuair a bhíos scaifte fear i dtráigh chorr, ní bhíonn aird acu ar rud ar bith ach ar an tseilg atá eadar lámha acu. Is minic a bhíos madaí ag sclamhógacht ar a chéile fána gcosa, ach ní thógann fear ar bith a cheann. Ach iad ag rómhar leo go dícheallach agus ag tógáil na gcorr go fuinní. Is annamh a chluin tú comhrá féin i dtráigh chorr. Ní tráth comhráidh é nuair atá an líonadh ag teacht agus anlann a chodach le soláthar ag fear. Caithfidh sé deifre agus dícheall a dhéanamh agus a chuid de na corra a bheith leis as an tráigh sula dtara an 'srón gan urraim' trasna ar bhrollach na hOitreach Móire.

Ach, an lá seo, ní luaithe a chuir Bran s'againne agus Cameron Mhicheáil Shéamais an chéad ghloim astu ná thóg gach aon fhear a cheann. Bhí siad mar a d'aithneochadh siad nach dhá choileán shuaracha ar bith a bhí ag bagar ar a chéile, ach dhá árchoin go mbuaidh a raibh a gcliú agus a saol i ngeall ar an chomhrac. Sa mhoiminte, chaith gach aon fhear uaidh an spád, agus shín an rása aníos an oitir ag tarraingt ar na madaí. Ba ghairid go raibh cupla scór fear ina bhfáinne thart orthu, agus iadsan ag strócadh agus ag clamhairt a chéile mar a bheadh díoltas síoraí ina gcroí dá chéile. Mar a thuigfeadh siad araon gurbh é seo báire na fola, agus an ceann acu a mbeadh buaidh na bruíne leis go mbeadh sé ina rí ar mhadaí na Rosann lena sholas.

An t-anghlór a bhí acu, ní fhágfaidh sé mo chluasa go deo. Agus an chlamhairt agus an strócadh a bhí acu, níl léamh ná scríobh ná inse béil air. Ar feadh tamaill ar tús, ní raibh a fhios agat cé acu ar threise leis. Ach sa deireadh thug Cameron aon áladh amháin ar Bhran, agus, sular lig sé amach an greim, bhí leath na cluaise leis de. Chuir Bran uaill as féin a chluinfeá thall ar an Bhráid. Uaill a raibh pian agus mire agus díoltas inti. Chuaigh sé ar gcúl, mar a bheadh eagla ag teacht air. Thit sé ar a thaobh agus Cameron ina mhullach.

Dar liom féin, 'Nach trua seo agus nach róthrua!' Bhí Donnchadh Mhicheáil Shéamais ina sheasamh thall os mo choinne agus na súile ag gáirí ina cheann le tréan lúcháire.

'Cuirigí ó chéile iad, nó muirfidh sé madadh Fheilimí,' arsa Tarlach Phaidí. 'Tá sé náireach againn madadh an fhir a ligean á mharbhadh is gan é féin sa tráigh.'

'Ligigí dóibh a throid go gcuire ceann éigin acu an ceann eile faoi shlait,' arsa Conall Éamoinn Mhóir, 'is gan iad a bheith ag sclamhógacht ar a chéile gach aon lá.' Bhí Conall i gcleamhnas Mhicheáil Shéamais Bháin, agus ní raibh sé rógheal do m'athair ar scor ar bith.

D'éirigh Bran, cár bith mar a chuaigh aige air, agus chuaigh sé féin is Cameron i ngreamanna arís. Ar feadh chupla moiminte ní aithneochadh súil dá ndeachaigh i gcloiginn cé acu ab fhearr. Sa deireadh chuir Bran a chos tosaigh fá mhuineál Chameron agus leag sé é. I bhfaiteadh na súl bhí sé de léim ina mhullach agus greim cúil muineáil aige air. Ba é an chéad rud a tugadh fá dear Cameron ina luí go suaimhneach ar an tráigh agus Bran sa mhuineál aige.

'Cuirigí ó chéile iad,' arsa Conall Éamoinn Mhóir, ag tabhairt iarraidh isteach orthu.

'Seasaigh amach,' arsa Eoin Rua. '*Fair do* do na madaí. Nó an chéad fhear a rachas eatarthu, beidh sé aige féin is agamsa.'

'Ligigí dóibh a throid go gcuire ceann acu an ceann eile faoi shlait, Is gan iad a bheith ag sclamhógacht ar a chéile gach aon lá,' arsa Tarlach Phaidí, agus rinne sé gáire tarcaisneach.

Tharraing Bran madadh Mhicheáil Shéamais ina dhiaidh ar an tráigh cupla scór slat. Ansin thug sé croitheadh dó, agus an ghliúrascnach a bhain sé as cnámh an droma aige chluinfeá thíos ar na Maola Fionna é. Ansin lig sé amach é. Níor bhog Cameron. Chruinnigh na fir thart air go bhfeiceadh siad an raibh sé inleighis. Ach níor chroith sé an dara crúb. Bhí sé marbh.

Nuair a tháinig an líonadh bhain mé féin an baile amach agus Bran liom, agus é gonta cloíte i ndiaidh na troda.

'Tá cuma ar an ógánach go raibh sé i dteagmháil chruaidh,' arsa m'athair, ar theacht chun an tí dúinn. 'Cén madadh a raibh sé ag troid leis?'

'Madadh Mhicheáil Shéamais Bháin,' arsa mise.

'Goidé mar a chuaigh an lá?' arsa m'athair.

'Nuair a bhí mise ag tarraingt síos ar imeall na hoitreach,' arsa mise, ach níor lig m'athair ní b'fhaide leis an chineál sin seanchais mé.

'Cé acu ab fhearr?' ar seisean.

'Bran,' arsa mise.

'Maith é,' arsa m'athair. 'Gabh anall anseo,' ar seisean leis an mhadadh, 'go bhfeice mé an bhfuil coir ort.'

Chuaigh Bran anonn ionsair agus bhain sé cupla croitheadh beag as a ruball.

'Caithfidh sé go raibh teagmháil chruaidh ann,' arsa m'athair, agus obair aige a chreidbheáil go raibh buaidh na bruíne le madadh ar bith a raibh a leithéid de chneadhacha air.

'Ar cuireadh ó chéile iad?' ar seisean.

'Níor cuireadh,' arsa mise. 'Ligeadh dóibh a throid go deireadh.'

'Agus an bhfuil madadh Mhicheáil Shéamais beo ar chor ar bith?'

'Níl. Mharbh Bran é.'

'Mharbh sé é?' arsa m'athair.

'Mharbh,' arsa mise. 'Anois go díreach a d'iompair beirt fhear isteach eatarthu é agus d'fhág siad ina luí marbh ar inseán Phort an Churaigh é.'

'Bhail,' arsa mo mháthair, 'is maith an obair atá déanta ag scaifte fear a sheasaigh ag amharc ar dhá mhadadh ag troid gur mharbh ceann acu an ceann eile.'

'Is iad a rinne i gceart é,' arsa m'athair. 'Ní bheadh maith a gcur ó chéile. Mura socradh siad inniu é, bheadh lá eile ann.

Ní raibh áit ag an dá mhadadh sin sna Rosa. Agus ba mhaith madadh Mhicheáil Shéamais. Ba mhór an truaighe a bhás. Nó is é rud a bhí ann gaiscíoch madaidh. Cá háit ar casadh ar a chéile iad?' ar seisean.

Agus thoisigh mé féin ag brath an scéal a inse óna thús go dtína dheireadh. Ach ní bhfuair mé faill. Ní raibh ann ach go raibh mé ar obair air nuair a bheannaigh Eoin Rua faoin fhárdoras. Agus thug seisean a inse féin air.

'Bhfuil tú go maith inniu, a Eoin?' arsa m'athair leis.

'Go measartha,' arsa Eoin, ag teacht aníos an t-urlár. 'Dar Dia, a Fheilimí, inniu a bhí an lá againn,' ar seisean. 'An troid mhadadh ab fhearr a chonaic mé ó tháinig mo cheann ar an tsaol. Shíl gach aon duine go raibh madadh an tí seo sa smeach dheireanaigh. Bhí leath na cluaise ite de agus gan béal ná súil le feiceáil ann, le fuil. Bhí sé ina luí ar an tráigh agus é, dar leat, ar mhadaí buailte dá bhfaca tú riamh. Leis sin féin d'éirigh sé de léim ina sheasamh agus chuir sé an *bang* ar mhadadh Mhicheáil Shéamais mar a rinne Micheál s'againne le Johnny Mór McGraw as Belleek. Rug sé greim droma air agus thóg sé ina bhéal é mar a dhéanfadh sé le coinín. Agus eadar mé is Dia gur chaith sé seacht slata déag sa spéir é.'

Ón lá sin ní ba mhó níor thóg aon mhadadh de chuid na mbailte a shúil le Bran. Bhí an t-iomlán acu faoi eagla aige. Ach ina dhiaidh sin ní raibh sé araiciseach chun troda. Ní raibh ann ach, corruair, nuair a chasfaí madadh urrúnta air, go gcroitheadh sé an chluas ghiortach a bhí air, mar a bheadh sé ag maíomh, an lá a fágadh an lear sin air, go ndearna sé éacht a thug le fios do mhadaí na Rosann go mb'fhearr dóibh a ghabháil lena thaobh ná a ghabháil ina dheabhaidh.